应用型本科院校财经类课程教材

管理会计

GUANLI KUAIJI

◎主　编　林佳丽　金　辉
◎副主编　祝红庆　张　诺

西安电子科技大学出版社

内 容 简 介

本书融合经典理论与案例分析，系统、全面地介绍了管理会计的基本概念、理论和方法。本书介绍的经典理论包括成本性态分析、生产经营费用的归集与分配、产品成本计算的主要方法、变动成本法、本量利分析、预测分析、短期经营决策、长期投资决策、标准成本法、作业成本法、全面预算、责任会计等内容。本书每章开篇有"案例导入"，配以思考问题，引导学生从管理者的角度去思考专业知识；每章后配有"闯关考验"和"知识拓展"等内容，可用于考查学生的知识掌握情况和实际运用能力。

本书可作为普通高等院校会计学、财务管理、审计学等专业管理会计及成本管理会计课程的教材，也可作为企业财务管理人员、会计工作者、大中专院校师生的参考资料。

图书在版编目 (CIP) 数据

管理会计 / 林佳丽，金辉主编 . -- 西安：西安电子科技大学出版社 , 2024. 9. -- ISBN 978-7-5606-7416-2

Ⅰ. F234.3

中国国家版本馆 CIP 数据核字第 2024B5P968 号

策　　划　吴祯娥
责任编辑　吴祯娥
出版发行　西安电子科技大学出版社 (西安市太白南路 2 号)
电　　话　(029) 88202421　88201467　　　　邮　　编　710071
网　　址　www.xduph.com　　　　　　电子邮箱　xdupfxb001@163.com
经　　销　新华书店
印刷单位　广东虎彩云印刷有限公司
版　　次　2024 年 9 月第 1 版　2024 年 9 月第 1 次印刷
开　　本　787 毫米 × 1092 毫米　1/16　印 张　17.5
字　　数　414 千字
定　　价　55.00 元
ISBN 978-7-5606-7416-2
XDUP 7717001–1

*** 如有印装问题可调换 ***

为了贯彻落实党的二十大做出的新部署、新要求，全面落实立德树人根本任务，推动党的二十大精神走进学校、走进一线、走进课堂、走进师生头脑，我们组织专业人员编写了本书。管理会计作为会计学、财务管理等专业的核心课程，旨在培养学生树立专业理念以及提高管理决策能力。同时，对于现代企业来说，通过成本管理，降低生产成本，提高经营利润，才有可能在激烈的市场竞争中脱颖而出。本书旨在为广大师生和企业管理人员提供成本管理会计方面的学习参考。

本书共 13 章，基本内容大致分为三部分，具体如下：

第一部分帮助学生形成成本管理会计以战略为起点、以价值创造为目的的逻辑思维。本部分包括第 1 章和第 2 章，主要内容包括管理会计的含义、发展历史、基本内容、职能，管理会计与财务会计的联系和区别，管理会计师的能力框架与职业道德以及成本性态分析。

第二部分以生产费用核算和产品成本计算为主题，重点介绍生产费用的核算和产品成本的计算。本部分包括第 3 章到第 5 章，主要内容包括生产经营费用的归集与分配，产品成本计算的品种法、分批法、分步法，以及变动成本法等。

第三部分以成本核算所产生的信息为主题，通过分析这些信息为企业战略管理提供服务。本部分包括第 6 章到第 13 章，主要内容包括本量利分析、预测分析、短期经营决策、长期投资决策、标准成本法、作业成本法、全面预算与责任会计等。

本书的特色主要有以下几点：

第一，践行"立德树人"的教育观，精心提炼各章节所包含的思政要点。为突出课程思政内容，每章内容前单独设置"思政要点"小板块，强调本章所涉及的课程思政内容。在每章最后设置"小尚寄语"，内容包含企业家语录、名言警句等，与"思政要点"前后呼应。

第二，坚持"求知原本，崇德尚用"的理念，做到理论与实务相结合。本书除了知识点的讲解外，每章最后以二维码的形式列出了财政部 2018 年以来颁布的《管理会计应用指引》以及管理会计师考试经典练习题，以供读者参考阅读和练习。

第三，内容设计注重多样性、综合性和完整性。本书在语言表述上力求严谨，同时用通俗易懂的语言对知识点进行讲解和推导，在方法上运用举例、类比、图形、表格等多种形式配合文字，尽力做到图文并茂，直观剖析。全书以"尚铭股份有限公司"的经济活动为背景，从业财融合的角度进行讲解。本书在章末设置"闯关考验""知识拓展""考证对接"等环节，主要包括每章对应的练习题、管理会计应用指引、相关的政策法规、经典热点管理会计实务案例、历年考试典型真题等，目的是让读者拓展思维，加深对知识点的理解与掌握。

第四，配备丰富的教学资源，主要包括 PPT、教学大纲、教案、习题解析等，需要者可登录出版社网站下载。

黑龙江工商学院林佳丽副教授和金辉副教授担任本书主编，祝红庆和张诺老师担任副主编，林佳丽负责全书的统稿工作。各章编写分工如下：林佳丽编写第 1 章、第 10 章、第 11 章、第 12 章，金辉编写第 2 章、第 3 章、第 4 章、第 13 章，祝红庆编写第 5 章、第 6 章、第 7 章，张诺编写第 8 章、第 9 章。

在本书撰写过程中，编者参考了众多相关书籍及文献，在此向这些书籍及文献的作者致以深深的谢意，另外也要感谢本书的出版单位西安电子科技大学出版社的鼎力支持。

由于编者自身的实践经验有限，书中难免存在一些不足之处，望各位读者批评指正，以便后期修订补充。

编　者
2024 年 5 月

目录

CONTENTS

第1章
总 论

目标规划

学习目标：了解管理会计的含义与发展历史；了解管理会计的基本内容和职能；理解管理会计与财务会计的联系和区别；知晓对管理会计师的职业能力和职业道德的要求。

技能目标：理解管理会计所提供的信息是为企业决策和管理服务的，通过分析成本、收益、风险等相关信息，帮助管理层制订更有效的经营策略，做出更明智的决策。

思维导图

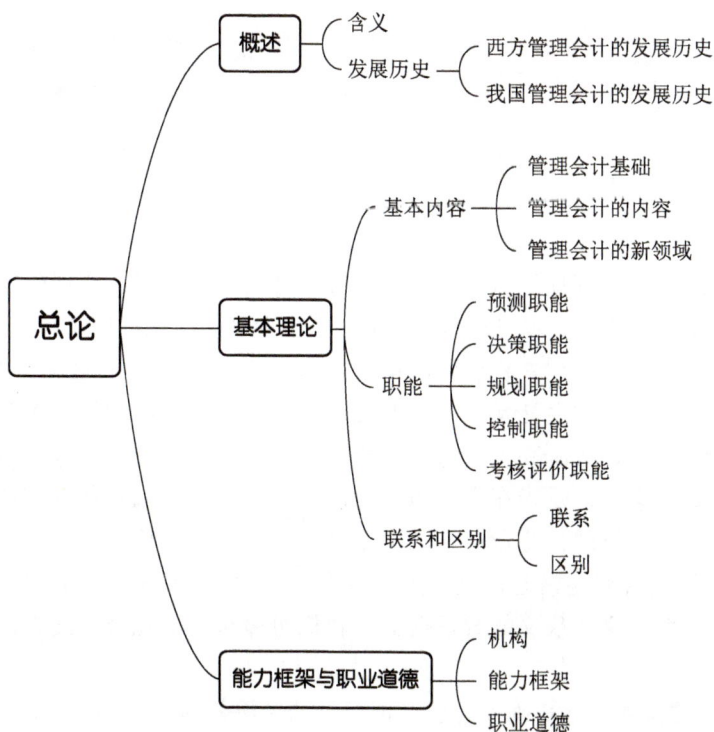

思政要点

管理会计职业道德规范贯穿于管理会计工作的所有领域和整个过程，加强管理会计职业道德建设是为了更好地为新时代中国特色社会主义市场经济建设服务。管理会计师要能够提供客观、公正的会计信息，保证信息的合法性、合规性、真实性。会计职业道德规范主要包括八项内容：爱岗敬业，诚实守信，廉洁自律，客观公正，坚持准则，提高技能，参与管理，强化服务。要加强会计专业学历教育和职业教育阶段的职业道德教育，从而减少不道德的行为产生。

案例导入

北京尚铭股份有限公司是一家综合性公司，公司主营业务涉及医药、日化品、旅游、酒店、信息服务、农产品等。某日，在公司大厦顶层，结束一天的工作后，窗外已是霓虹闪烁。林总手捧茶杯坐到沙发上，说："小李，给我说下今天集团的经营情况。"只见桌面的平板电脑一亮，通过全息投影出现了一位身着职业装的优雅女士："老板，今天集团总收入为 20 898 631.98 元，其中，广州分公司贡献最大，上海分公司今日同比增长最高，涨幅12%……"这或许是 2030 年集团总裁工作的常态。如同智能手机改变了人们的生活习惯，智能技术正在改变企业管理会计，以数据驱动运营为核心的智能管理会计体系将给企业的业务发展带来前所未有的推动力。然而，现在我们要怎样迈出从信息化到智能化的关键一步？

请思考： 为何管理会计比财务会计可以为企业提供更有用的决策信息？

1.1   **管理会计概述**

1.1.1 管理会计的含义

管理会计是现代企业管理不可缺少的一门综合性的交叉学科，在现代企业内部的经营管理工作中发挥着重要作用。同其他任何学科一样，管理会计也经历了一个由简单到复杂、从低级到高级的逐步发展过程。我们可以从广义和狭义两个方面来理解管理会计。

一般认为，广义的管理会计是指用于概括现代会计系统中区别于传统会计的能够直接体现预测、决策、规划、控制和责任考核评价等会计管理职能的那部分内容。狭义的管理会计，又称微观管理会计，是指在当代市场经济条件下，以强化企业内部经营、实现最佳经济效益为最终目的，以现代企业经营活动及其价值表现为对象，通过对财务相关信息的深加工和再利用，实现对经济过程的预测、决策、规划、控制、责任考核评价等职能的一个会计分支。针对广义和狭义的管理会计，我们可以从以下几个方面来理解管理会计的定义。

(1) 管理会计的奋斗目标是确保企业实现最佳的经济效益。

(2) 管理会计的对象是企业的经营活动及其价值表现。

(3) 管理会计的手段是对财务信息等进行深加工和再利用。

(4) 管理会计的职能必须充分体现现代企业管理的要求。

(5) 管理会计与企业管理的关系是部分与整体之间的从属关系。

(6) 本质上，管理会计既是一种侧重于在现代企业内部经营管理中直接发挥作用的会计，又是企业管理的重要组成部分，因而也有人称其为"内部经营管理会计"，简称"内部会计"。

(7) 管理会计是现代企业会计系统中与传统的财务会计相对立的概念。

1.1.2　管理会计的发展历史

1. 西方管理会计的发展历史

在近代社会中，当公司的生产经营制度取代家庭生产经营制度，并且占据统治地位以后，企业的经济管理工作便进入一个新的时代。在此阶段，会计在企业中的管理功能越来越突出，尤其是进入 20 世纪，人们已经认识到会计是企业经济管理工作中的一个重要组成部分。会计的管理功能最初都集中体现在成本管理方面。19 世纪下半叶，特别是在最后 26 年，工业化大生产格局已经处于形成阶段，在此期间，公司中的业主、经营主持者和管理人员都逐渐认识到产品固定成本的增加对公司盈利的影响日益扩大，并且这已成为一个必须研究和必须处理好的重要问题。因此，从 19 世纪到 20 世纪，人们逐步集中精力研究和解决这一方面的问题。20 世纪初期，随着工业化大生产基本格局的形成，大多数公司的组织规模一直处在不断扩大之中，规模大的公司，特别是在工业中那些具有不同垄断组织特征的大公司，已经开始在经济发达的国家中处于支配地位。在工业企业，重型机器设备在资产中所占的比重越来越大，产品的制造程序亦日趋复杂，于是人们又开始研究、解决产品成本形成过程中的间接费用的分配问题。同时，经济竞争的日益增大和一系列成本问题的集中出现，促使人们从总的方面考虑对产品制造成本的全方位控制问题。这时会计师对于成本控制的必要性与紧迫性有了明确的认识，甚至有些工程师在对一些与工程技术相关的成本问题的认识方面比会计师有更深刻的体会。会计学科产生之后，管理会计得到了迅速发展。管理会计的发展历程大致可以分为以下几个阶段。

(1) 第一阶段：20 世纪初至 50 年代。

20 世纪初至 50 年代，是追求效率的管理会计时代。管理会计发源于 1911 年西方管理理论中古典派的代表人物泰罗发表的著名的《科学管理原理》。随着泰罗科学管理理论在实践中被广泛应用，标准成本、预算控制和差异分析等这些与泰罗的科学管理直接相关联的技术方法开始被引入管理会计。同时，学术界也开始涉及与管理会计有关的问题的研究。

(2) 第二阶段：20 世纪 50 年代至 80 年代。

20 世纪 50 年代至 80 年代，是追求效益的管理会计时代。从 20 世纪 50 年代开始，西方国家进入战后期，这时西方国家经济发展出现了许多新的特点。现代管理科学的形成和发展对管理会计的发展在理论上起着奠基和指导的作用，并在方法上赋予其现代化的管理方法和技术，使其焕然一新。20 世纪 50 年代，为了行之有效地实行内部控制，美国各企业建立了专门行使控制职能的总会计师制。20 世纪 60 年代，随着电子计算机以及信息科学的发展，业绩会计和决策会计产生，这使管理会计的理论方法体系得到了进一步确定。20世纪70年代末，美国学术界对管理会计理论体系的研究达到了高峰，以成本（管理）会计命名的专著和教科书就有百种之多，可谓"群芳竞香，百花争艳"。在这一时期，管理会计追求的是效益，它强调的是先把事情做正确，再把事情做好。至此，管理会计形成了以决策与计划会计和执行会计为主体的管理会计结构体系。

(3) 第三阶段：20世纪80年代至90年代。

20世纪80年代至90年代，是管理会计反思时代。20世纪80年代，"信息经济学"和"代理理论"的引进使得管理会计又有了新的发展。但面对世界范围内新技术的蓬勃发展以及在经济领域中的广泛应用，管理会计又显得落伍。这时不少人认为管理会计的理论与实践脱节。在西方管理会计的发展过程中，管理会计的研究存在两大流派：一是传统学派，二是创新学派。传统学派主张从早期的标准成本、预算控制以及差异分析的立场出发，以成本为中心，重视经验的积累，在总结经验的基础上加以发展，就如何提高企业经营管理水平和提高经济效益提出新课题。创新学派主张尽可能采用数学和行为科学等相关学科的理论与方法研究管理会计问题。他们强调全面创新，偏好数学模型，依靠计算机技术解决预测、分析和决策所面临的复杂问题。20世纪70年代至80年代初期，传统学派指责创新学派理论脱离实践，模型复杂，远离现实世界；创新学派指责传统学派视野狭隘，观念陈旧，方法落后，很难适应新经济环境的要求。管理会计理论与实践脱节是西方管理会计理论研究共同关注的问题，这场纷争促使西方管理会计研究进入反思阶段。

(4) 第四阶段：20世纪90年代至今。

20世纪90年代至今，是管理会计主题转变的过渡时期。进入20世纪90年代，世界经济环境的主要特征是变化。基于环境的变化，管理会计信息的搜集任务也从管理会计人员转移到信息的使用者，从而保证企业能以一种及时的方式搜集相关的信息，并且据此做出反应。管理会计已经突破了管理会计师提供信息、管理人员使用信息的旧框架，它由每一个员工直接提供和使用各种信息，管理会计信息提供者和使用者的界限逐渐模糊。这一时期，管理会计的主题已从单纯的价值增值逐步转向企业组织对外部环境变化的适应上来。因此，20世纪90年代被视为管理会计主题转变的过渡时期。20世纪90年代，管理会计理论研究的发展趋势体现在以下三个研究领域：一是管理会计在组织变化中的地位与作用，二是管理会计与组织结构之间的共生互动性，三是管理会计在决策支持系统中的作用。

2. 我国管理会计的发展历史

管理会计作为会计的一个分支，虽然在理论上其引入我国较晚，但在实践中早已有之。

中华人民共和国成立之初，在计划经济体制下，国营企业的生产计划由国家统一确定，企业的产品由国家统一定价，成本计划及其完成情况成为考核国营企业的重要手段。为此，以成本为核心的内部责任会计得到应用和推广，起到了降低成本、提高资源使用效率的作用。这一时期的内部责任会计实际上就属于管理会计的范畴。改革开放之后，我国企业改革围绕放权让利不断深化，企业成为独立的生产者和经营者，一批能够适应市场变化的国有企业将目光转向市场和企业内部管理。与之相适应，管理会计由之前的执行性管理会计转变为决策性管理会计。20世纪70年代末期，企业在建立、完善和深化各种形式的经济责任制的同时，将厂内经济核算制纳入经济责任制，形成了以企业内部经济责任制为基础的责任会计体系。20 世纪 80 年代末，与经济责任制配套，许多企业实行了责任会计、厂内银行，责任会计发展进入一个高潮期。进入 20 世纪 90 年代后，随着社会主义市场经济体制目标的确立，在市场经济条件下，企业必须依靠质量、成本以及管理方面的优势在市场中竞争，西方管理会计理论和方法在我国会计界引起了广泛讨论，成本性态分析、盈亏临界点与本量利依存关系、经营决策经济效益的分析评价等管理会计理念和方法，在我国许多企业中运用并取得了一定效果。21 世纪以来，随着我国加入 WTO，在经济全球化以及互联网技术快速发展的背景下，向管理要效益、着力挖掘财务信息中价值创造的潜力成为我国企业的迫切任务，逐步形成了以价值管理为核心的管理会计理念。

同时，管理会计也广泛应用于我国行政事业单位的财务管理实践之中。比如，从上到下编制绩效预算，在预算执行中进行有效控制，制订效益目标，明确责任制，制订绩效考核清单，建立适应单位内部财务和业务部门畅通联系的信息平台，及时掌控预算执行和项目进度，深入开展决算分析与评价，及时发现预算执行中存在的问题并提出改进意见和建议。通过管理会计工作，财政财务管理水平和行政事业单位的资金使用效益不断提高。

尽管我国对管理会计做了不少成功探索和有益尝试，但总体上发展仍较为滞后。目前，我国单位运用管理会计大致有四种状态。第一种是"不知未做"，即既不知道管理会计这件事，也没有在实践中运用有关技术方法。随着管理的重要性日益凸显，这种状态越来越少。第二种是"不知在做"，即不知道管理会计是什么，但在实践中运用了管理会计的技术方法，这种状态在我国单位中比较普遍。比如，原铁道部从 1989 年起开始进行本量利分析，将年度经营指标的预测和决策分解下达给各铁路局的负责人，并从计划年度上一年的前两三个月开始进行有关收入、成本费用、利润及整个收支盘子的预测；1998 年推动清算办法改革，即在国家批准的统一运价下，在铁道部和铁路局之间实行模拟区域运价，运用作业成本法和标准成本法进行测算，对不同铁路局实行不同的单价；2002 年，按照财政部的要求开展全面预算管理实践，从年初收支预测到确定各铁路局经营目标，再到实行资产经营责任制考核，都是管理会计的内容。又如，国家邮政局的资费标准由国家确定，但不同省份的业务量、成本等存在较大差异，为此制订了一套内部控制体系，这也是管理会计应用的一个方面。很多单位都存在类似情况，尽管已经做了很多年管理会计方面的工作，却不知道这些就是管理会计。第三种是"已知未做"，即知道什么是管理会计，但在实践中没有加以运用。由于主观上对管理会计的重要性认识不足，特别是主要领导不够重视，再加上管理会计不像财务会计有对外公开的需要，因此这部分单位缺乏运用管理会计提高企业管理水平的外在动力。第四种是"已知在做"，即既知道什么是管理会计，也在实践中不断探索运用。这部分单位最有活力和创新意识，走在了我国管理会计实践的最前沿，但它们目前也只运用了管理会计的部分职能，管理会计的系统性、针对性和有效性还有待进一步提升。

总体上看，我国管理会计主要用于服务经济社会发展、对单位经营情况和支出效益进行深入分析等方面，但在制订战略规划、经营决策、过程控制和业绩评价等方面尚未发挥其应有的作用。按照当前全面深化改革的部署，结合建立现代企业制度和现代财政制度的要求，我们必须根据经济社会的发展需要和市场需求，加快发展中国特色管理会计，促进经济社会持续健康发展。

1.2 管理会计的基本理论

■ 1.2.1 管理会计的基本内容

现代管理会计包括预测与决策会计、规划与控制会计和业绩评价会计三项基本内容。预测与决策会计是指管理会计系统中侧重于发挥预测经济前景和实施经营决策职能的最具有能动作用的子系统，它处于现代管理会计的核心地位，也是现代管理会计形成的关键标志之一。规划与控制会计是指在决策目标和经营方针已经明确的前提下，为执行既定的决策方案而进行有关规划和控制，以确保预期奋斗目标顺利实现的管理会计子系统。业绩评价会计是指在组织企业经营时，按照分权管理的思想划分各内部管理层次的相应职责、权限及所承担义务的范围和内容，通过考核评价各有关方面履行责任的情况，反映其真实业绩，从而调动企业全体职工积极性的管理会计子系统。

管理会计程序包括分析、决策、预算、业绩报告、控制和评价。管理会计职能有预测、决策、规划、控制和考核评价。将管理会计程序和职能联系起来分析，便构成了管理会计学科体系的基本内容。

1. 管理会计基础

管理会计理论的架构如下：

(1) 总论：阐明管理会计的产生和发展、概念和特点、对象和职能、内容和方法、目标和原则、任务和工作组织等。

(2) 成本性态分析：分析成本与产量间的依存关系。

(3) 变动成本法：了解变动成本法的基本原理及其应用。

(4) 本量利分析：研究本量利分析的基本原理及其应用。

2. 管理会计的内容

1) 预测与决策会计

(1) 预测分析：有关销售预测、利润预测、成本预测、资金需要量预测的方法。

(2) 决策分析：短期经营决策分析和长期投资决策分析。

2) 规划与控制会计

(1) 成本控制：有关标准成本及其他成本控制的方法。

(2) 存货控制：经济订货批量控制、最优生产批量控制等。

(3) 全面预算：全面预算的编制及专门方法。

3) 业绩评价会计

业绩评价会计是通过划分企业内部各责任单位经济责任和工作业绩量，对企业内部各责任单位的预算执行情况进行考核和评价的责任会计制度。

3. 管理会计的新领域

管理会计的新领域是研究管理会计发展的新成果，如国际管理会计、战略管理会计、质量成本管理会计等。

1.2.2 管理会计的职能

管理会计的职能是指管理会计客观上具有的功能。由于管理会计是管理科学与会计科学相结合的产物，它是为企业管理服务的，所以管理会计的职能也应当与企业管理的职能相匹配，其职能范围也是随着社会经济的发展而逐步扩大的。按照管理职能的观点，可以将管理会计的主要职能概括为预测、决策、规划、控制和考核评价职能。

1. 预测职能

所谓预测，是指采用科学的方法预计推测客观事物未来发展的必然性或可能性的行为。管理会计发挥"预测"的职能，就是预测经济前景，即按照企业未来的总目标和经营方针，充分考虑经济规律的作用和经济条件的约束，选择合理的量化模型，有目的地预计和推测未来企业销售、利润、成本及资金的变动趋势和水平，为企业经营决策提供第一手信息。

2. 决策职能

决策是在充分考虑各种可能的前提下，按照客观规律的要求，通过一定程序对未来实践的方向、目标、原则和方法做出决定的过程。管理会计发挥"决策"职能，就是参与经济决策，主要体现在根据企业决策目标搜集、整理有关信息资料，选择科学的方法计算有关长短期决策方案的评价指标，并做出正确的财务评价，最终筛选出最优的行动方案。

3. 规划职能

规划是对企业未来经济活动的计划，它以预测、决策为基础，以数字、文字、图表等形式将管理会计目标落实下来，以协调各单位的工作，控制各单位的经济活动，考核各单位的工作业绩。管理会计的规划职能就是规划经营目标，是通过编制各种计划和预算实现的。它要求管理会计提供高质量的历史和未来信息，采用适当的方式，量化并说明未来经济活动对企业的影响，在最终决策方案的基础上，将事先确定的有关经济目标分解落实到各有关预算中，从而合理有效地组织协调企业供、产、销，以及人、财、物之间的关系，并为控制和责任考核创造条件。

4. 控制职能

控制是对企业经济活动按计划要求进行的监督和调整，以使其最终达到或超过预期目标。管理会计发挥"控制"职能就是控制经济过程，将经济过程的事前控制同事中控制有机地结合起来。一方面，企业应监督计划的执行过程，确保经济活动按照计划的要求进行，从而为完成目标奠定基础；另一方面，企业也应对采取的行动及计划本身的质量进行反馈，以确定计划阶段对未来影响经济变动的各因素的估计是否充分、准确，从而调整计划或工作方式，以确保目标的实现。因此，为了实现控制职能，企业应建立完善的控制体系，确保该控制体系所提供的与经济活动有关的信息真实、完整，确保该控制体系能够适时、有效地调整计划及管理人员的行为。

5. 考核评价职能

在对未来经济活动进行计划的过程中，管理人员应提供预测、决策的备选方案及相关的信息，并准确判断历史信息和未来事项的影响程度，以便选择最优方案。在这一过程中，管理人员应对有关信息进行加工处理，去粗取精、去伪存真，以确保选用信息能够反映经济活动的未来趋势，揭示经济活动的内在比例关系。管理会计履行"考核评价"的职能，就是考核评价经营业绩。这是通过建立责任会计制度来实现的，即在各部门、各单位及每个人均明确各自责任的前提下，逐级考核责任指标的执行情况，总结成绩并找出不足，从而为奖惩制度的实施提供依据。

■ 1.2.3　管理会计与财务会计的联系和区别

1. 管理会计与财务会计的联系

1) 核算对象基本一致

管理会计与财务会计的核算对象就总体而言是一致的，两者都是可以用货币表现的经济活动。但是由于分工的不同，二者在时间与空间上各有侧重。管理会计的对象，在时间上侧重于现在或未来的经济活动，在空间上侧重于部分的、可选择的或特定的经济活动。财务会计的对象，在时间上侧重于过去的、已经发生的经济活动，在空间上覆盖企业的全部经济活动。

2) 服务对象相同

作为"外部会计"的财务会计，同时也为企业的内部管理服务；作为"内部会计"的管理会计，同时也为企业外部服务。这是因为：财务会计提供的许多重要财务成本指标，如资金、成本、利润等，对企业管理者同样重要，是其制订决策、编制计划和实施控制所不可缺少的。企业管理者在不了解企业财务状况和经营成果的条件下，不可能对未来的生产经营活动进行正确规划和控制，也不可能进行科学预测和决策。管理会计所进行的预测、决策、计划和控制等工作，虽然企业外部关系人并不直接关心，但它们是围绕着维持企业生产经营的最佳运转而展开的，是为保持良好的财务状况和取得预期的经营成果服务的，同投资者、债权人的最终经济利益密切相关。可见，管理会计同财务会计在为谁服务的问题上有着明显的区别，但也有共同之处，二者之间存在着交叉服务的现象。

3) 信息来源一致

管理会计一般不涉及填制凭证和按照复式记账法登记账簿的问题，它经常直接对财务会计通过记账、算账所提供的财务信息进行分析研究，根据这些资料进行一系列特殊的加工、改造，再结合其他有关信息进行计算、对比和分析，编成各种管理报表，为改善企业内部经营管理、提高经济效益服务。

4) 职能目标相通

一般来说，财务会计的基本职能是对企业过去的生产经营过程进行事后的核算和监督；管理会计的基本职能是对企业未来的生产经营活动进行事前的规划和控制。两者从不同的角度,以不同的方式发挥各自的职能作用。然而,它们的职能目标不是对立的,而是相通的,都是为有关方提供参谋、咨询服务。财务会计为企业外部关系人了解企业的财务状况和经营成果提供咨询服务,并对他们今后的投资、借款等活动施加影响。管理会计为企业内部的管理者进行正确决策、有效经营提供咨询服务,并对他们正在进行和将要进行的规划和控制活动施加某种影响。

2. 管理会计与财务会计的区别

1) 工作侧重点(具体目标)不同

管理会计工作的侧重点在于对企业经营管理遇到的特定问题进行分析研究,以便向企业内部各级管理者提供有效的预测、决策、控制和考核等信息资料,其具体目标主要是为企业内部管理服务,从这个意义上讲,管理会计又可称为"内部会计"。财务会计工作的侧重点在于根据日常的业务记录登记账簿,定期编制有关的财务表,向企业外部关系人(股东、财税机关、债务人、证券交易所等)报告企业的财务状况与经营成果,虽然对内也能提供与企业有关的最基本的财务、成本信息,但主要侧重于为企业外界服务,从这个意义上讲,财务会计又可称为"外部会计"。

2) 作用时效不同

管理会计的工作重点在于"算活账",即从作用时效上,不仅要反映和分析过去,而且要能动地利用历史信息来预测前景、参与决策、规划未来、控制和评价现在的经济活动,从而涵盖过去、现在和未来三个时态。管理会计面向未来的作用时效是第一位的,因此,它实质上属于"经营型"会计。财务会计主要是"记呆账",即从作用时效上,主要在于反映过去,记录既成事实的信息和解释信息,强调客观性,坚持历史成本原则,因此,它实质上属于"报告型"会计。

3) 工作主体(范围)的层次不同

管理会计的工作主体可分为多个层次,既可以以整个企业(如投资中心、利润中心)为主体,又可以将企业内部的局部区域或个别部门甚至某一管理环节(如成本中心、费用中心)、一个项目或一个问题作为其工作的主体。在实际工作中,管理会计主要以企业内部责任单位为主体,以突出"以人为本"的行为管理。财务会计的工作主体往往只有一个层次,即以整个企业为主体或者以控制资源的、负有一定法律的经济实体为主体,从而能够适应财务会计所特别强调的完整反映监督整个经济过程的要求。

4) 约束性大小不同

尽管管理会计也要在一定程度上考虑"公认会计原则"或企业会计准则的要求,利用一些传统的会计观念,但它并不完全受其限制和严格约束,它所使用的许多概念都超出了传统会计要素的基本概念范畴,因此在工作中应该灵活应用预测学、控制论、信息理论、决策理论、目标管理原则和行为科学等现代管理理论。例如,在短期决策中,它可以不受历史成本原则的限制,而采用收付实现制。责任会计更是以人及其承担的经济责任为管理对象,这大大突破了传统会计核算只重物不考虑人的观念的限制。财务会计工作必须严格遵守"公认会计原则"(或企业会计准则和行业统一会计制度),以保证所提供的会计信息在时间上的前后一致性和在空间上的可比性。其基本观念的框架结构和工作程序是稳定的,各企业的一致性较好。

5) 信息特征及信息载体不同

管理会计所提供的信息往往是为满足内部管理的特定需要而有选择的、部分的和不定期的管理信息，既包括定量资料，也包括定性资料；其计量单位既可以使用货币单位，又可以选择实物量单位、时间单位和相对数单位。其中，凡涉及未来的信息都不要求过于精确（无此必要和可能），只要求满足及时性和相关性。由于其报告往往不对外公开，因此不具有法律效能。管理会计的信息载体大多为没有统一格式的各种内部报告，而且对这些报告的种类也没有统一的规定。财务会计要求定期地向外部关系人提供较为全面、系统、连续、综合的财务信息。这些信息主要是以价值尺度反映的定量资料，它们对精确度和真实性的要求较高，至少在形式上要求绝对平衡。由于它们往往要对外公布，因此它们具有一定的法律效能。财务会计的信息载体为具有统一格式的凭证系统、账簿系统和报表系统。

6) 工作程序不同

由于管理会计工作的程序性较差，没有固定的工作程序可循，有较大的灵活余地，所以企业可以根据自己的实际情况自行设计其管理会计工作流程。不同企业的管理会计工作流程其差别较大。财务会计必须遵照会计法律法规、准则制度，执行固定的会计循环程序，从凭证转换到登记账簿，直至编制财务报告，都必须严格地按照既定的程序处理，而且在通常情况下不得随意变更其工作内容或程序。因而，财务会计工作具有一定的强制性和程序性，在实务中，同类企业间的一致性较强。

7) 报告期不同

管理会计可按任何时期报告，也可临时加报（过去时期和将来时期）。财务会计通常按年、季、月报告（过去时期）。

8) 对会计人员素质的要求不同

由于管理会计工作需要考虑的因素较多，涉及的内容较复杂且往往关系重大，因此要求从事这项工作的人员必须具备较宽泛的知识面和较深层次的专业造诣，具有较强的分析问题、解决问题的能力和果断的应变能力。管理会计工作一般由复合型的高级会计人才来承担。财务会计工作要求严格按照会计准则、会计制度对过去已发生的业务进行记录，因此对从业人员只要求熟练掌握和应用本专业领域的相关知识。

1.3 管理会计师的能力框架与职业道德

1.3.1 管理会计师机构

1. 美国管理会计师协会

美国管理会计师协会（简称 IMA）是一个全球领先的国际管理会计师组织，也是全球最大的会计师协会之一，成立于1919年，为企业内部的管理和财务专业人士提供高含金量的资格认证和高质量的服务。作为全球推崇的专业会计师协会之一，IMA坚持为公共利益服务的原则，转变传统财务领域的思维模式，服务全球服务管理行业，从而推动企业优化绩效，成就IMA成员的个人职业发展。在国际上，作为COSO委员会的创始成员及国际会计师联合会 (IFAC) 的主要成员，IMA在管理会计、公司内部规划与控制、风险管理等领域参与了全球的最前沿实践。此外，IMA还在美国财务会计准则委员会 (FASB) 和美国证券交易委员会 (SEC) 等组织中起着非常重要的作用。美国注册管理会计师 (CMA) 是美国管理会计师协会颁发的专业资格证书，该证书是目前全球管理会计及财务管理领域最权威、顶级的专业资格认证。CMA认证客观评估了学员对管理会计和财务管理知识体系的掌握能力和技能，成为求职就业有力的敲门砖。与中国注册会计师 (CPA)、特许公认会计师公会 (ACCA) 不同的是，CMA不仅涉及财会方面的知识，而且涵盖了整个管理知识体系，特别是在帮助管理层决策分析方面，能够起到非常好的指导作用。

2. 英国特许管理会计师协会

英国特许管理会计师协会 (CIMA) 是世界上最大的管理会计师考试、管理与认证机构，同时它也是国际会计师联合会 (IFAC) 的创始成员之一。据IMA官网2024年的数据显示，它在全球188个国家和地区拥有众多会员和学员，遍布于各大工商企业、公共部门和非营利机构。CIMA成立于1919年，总部设在英国伦敦，在澳大利亚、新西兰、爱尔兰、斯里兰卡、南非、赞比亚、印度、马来西亚、新加坡等国家以及中国香港特区和内地均设有分支机构或联络处。CIMA资格在国际商界享有近百年盛誉，世界知名跨国企业，如联合利华、壳牌、福特等，都对其推崇备至。它们除了招聘CIMA会员外，还定期选派雇员参加CIMA的培训课程。CIMA资格不同于普通会计认证，它以会计为基础，涵盖了管理、战略、市场、人力资源、信息系统等方方面面的商业知识和技能。CIMA会员不仅精通财务，而且擅长管理，除了在企业中担任财务总监、CFO等，还有许多会员成为跨国企业的总经理和CEO。

3. 中国总会计师协会

管理会计作为会计的一个分支，在中国发展较晚。中国管理会计对单位经营情况和支出效益等方面已展开深入分析，但在制订战略规划、经营决策、过程控制和业绩评价等方面尚未发挥其应有的作用。中国培养了大量的注册会计师 (CPA)，但是既懂往后看、会记账，又懂往前看、能为决策服务的管理会计人才严重不足。中国总会计师协会根据财政部《会计行业人才发展规划 (2021—2025年)》(财会〔2021〕34号) 及《财政部关于全面推进管理会计体系建设的指导意见》等文件要求，发挥中国总会计师协会在推动管理会计应用推广方面的作用，自2015年11月试点开展"管理会计师专业能力培训"工作 (简称PCMA)，为来自企业、行政事业单位的财务管理人员提供系统规范的管理会计专业能力培训，帮助企业、行政事业单位的财务管理人员了解和掌握管理会计的最新理论和工具方法，促进企业转型升级，加强行政事业单位内部管理，提升财务管理人员的履职能力。《会计改革与发展"十四五"规划纲要》明确提出了"会计职能实现从传统的算账、记账、核账、报账向价值管理、资本运营、战略决策辅助等职能持续转型升级"。管理会计指引体系的广泛应用和会计职能的对内拓展使得管理会计人才显得尤为重要。

1.3.2 管理会计师的能力框架

为进一步量化管理会计从业人员的职业能力，各专业机构先后颁布了管理会计能力框架，旨在明确管理会计师的专业能力。

1. CGMA 管理会计能力框架

2012 年初，由英国特许管理会计师公会 (CIMA) 与美国注册会计师协会 (AICPA) 共同推出的全球特许管理会计师 (CGMA)，旨在提升管理会计职业的全球影响力。作为两会合作的一项基础成果，2014 年 4 月，CIMA 和 AICPA 联合发布了《全球特许管理会计能力框架》(简称《CGMA 管理会计能力框架》)。该框架对管理会计人才提出了全面的能力标准及要求，它以道德、诚信和专业精神为基础，构建了全球特许管理会计师的四方面职业技能——技术技能、商业技能、人际技能和领导技能，并基于此重新构建了 CIMA 管理会计职业资格框架及考试大纲。

2016 年 1 月 27 日，由中国总会计师协会 (CACFO) 和英国特许管理会计师公会 (CIMA) 联合主办的《CGMA 管理会计能力框架》(中文版) 发布仪式在北京举行，《CGMA 管理会计能力框架》(中文版) 旨在提高管理会计师行业的职业标准，帮助管理会计师与企业内外的沟通与协作。CGMA 管理会计能力框架由四个知识领域构成：全球管理技术技能、商业技能、人际技能和领导技能。这些知识领域由道德、诚信和专业精神加以支持。

CGMA 管理会计能力框架将各项能力按照四个等级划分：

(1) 基础。这个阶段要求对企业结构、运营和财务业绩具备基本的了解，需要通过自身的行动，负责实施战略和实现成果，而不是通过他人的行动。

(2) 中级。这个阶段需要对总体业务运营和衡量具备中等程度的了解，包括负责监督战略的实施。这一阶段需要有限或非正式地对同事负责，或需要有限或非正式地负责考虑业务处理方式或后果。

(3) 高级。这个阶段需要对组织的环境、当前战略地位和方向具备深入的了解，同时具备强有力的分析技巧，并且能够就战略选项为企业提供建议。这一阶段需要对同事及其行动正式负责，其决策将产生更广泛的影响。

(4) 专家级。这个阶段需要专家级知识，从而制订战略愿景，为组织的总体方向提供独特洞察力。这一阶段需要对业务领域正式负责，其行动和决策具备高层战略影响力。

2. IMA 管理会计能力素质框架

2019 年 3 月，美国管理会计师协会 (IMA) 发布的新版管理会计能力素质框架，充分展示和评估了财会专业人士应对当下及未来挑战所应具备的多种技能和素质。新版能力素质框架能够更好地与快速变化的商业和技术环境保持同步，为财会专业人士技能评估、职业发展和企业人才管理提供全面的指南。模块分别为：① 战略、规划和绩效；② 报告和控制；③ 技术和分析；④ 商业敏锐度和运营；⑤ 领导力；⑥ 职业道德和价值观。

3. 中国管理会计职业能力框架

中国总会计师协会依据《管理会计基本指引》和《管理会计应用指引》等系列文件，在深入调查研究，广泛吸取国内管理会计研究和实践成果、国外经验并听取各方面专家意见的基础上，编制了《中国管理会计职业能力框架》。我国管理会计职业能力分为专业能力和综合能力两大类。专业能力包括财务会计能力和管理筹划能力，综合能力包括创新能力和领导力。管理会计的职业能力应该建立在职业道德与行为规范的基础之上。目前，我国管理会计职业能力分为初级、中级、高级、特级四个等级。其中，初级、中级、高级都有了具体的职业能力要求。根据在调查研究中了解到的情况和部分专家学者的意见，特级的职业能力应高于高级，但更强调对宏观经济形势的分析、判断能力，政策掌控能力并注重工作经历及工作业绩，因此，只做总体性描述，不再列出具体的职业能力要求。

1.3.3 管理会计师的职业道德

1. 专业

(1) 通过提高知识和技能，保持与其职业能力相适应的专业知识和技能水平。

(2) 严格依据相关法律、法规和专业标准履行专业职责。

(3) 提供准确、清晰、简明、及时的决策支持信息和建议，识别并帮助企业避免管理风险。

2. 保密

(1) 对工作中获得的信息保密，除非被授权或法律要求披露。

(2) 告知所有相关方要恰当使用保密信息，并监督确保他们遵守该原则。

(3) 避免使用机密信息去谋求不道德或非法利益。

3. 正直

(1) 避免利益冲突。定期与业务伙伴进行沟通，以避免明显的利益冲突，告知各方任何潜在的利益冲突。

(2) 避免从事任何损害道德履行职责的行为。

(3) 禁止从事或支持任何有损职业声誉的活动。

(4) 为积极的道德文化做出贡献，并将职业操守置于个人利益之上。

4. 可信

(1) 公正、客观地交流信息。

(2) 提供可以帮助使用者的报告、分析或建议及所有相关信息。

(3) 如实反映符合确认和计量要求的各项会计要素及其他相关信息，保证会计信息真实可靠、内容完整。

本章小结

本章主要介绍了中西方管理会计的形成与发展历史，管理会计的含义、基本内容与职能，管理会计与财务会计的联系和区别，以及全球管理会计师的机构和能力框架等内容。随着经济的发展、科技的发展、行业的重视，管理会计师在我国将发挥越来越大的作用，其从业人员应谨记管理会计师职业道德，发挥管理会计师的能力。

闯关考验

一、单项选择题

1. 管理会计所提供的信息（　　）。

A. 应符合公认会计准则的要求

B. 主要满足企业内部管理需要

C. 为法规制定机构所需要

D. 主要为公司股东、债权人、投资者决策所用

2. 下列各项中，与传统的财务会计的概念相对立而存在的是（　　）。

A. 现代会计   B. 企业会计

C. 管理会计   D. 成本会计

3. 管理会计的服务侧重于（　　）。

A. 股东   B. 外部集团

C. 债权人   D. 企业内部的经营管理

4. 下列各项不属于管理会计的基本内容的是（　　）。

A. 责任会计   B. 规划与控制会计

C. 预测与决策会计   D. 成本核算会计

5. 现代管理会计中占核心地位的是（　　）。

A. 预测与决策会计   B. 规划与控制会计

C. 成本会计   D. 责任会计

二、多项选择题

1. 管理会计的职能包括（　　）。

A. 参与经济决策   B. 规划经营目标

C. 预测经济前景   D. 考核评价经营业绩

2. 下列表述中，能够揭示管理会计特征的有（　　）。

A. 以责任单位为主体   B. 必须严格遵守公认会计原则

C. 工作的程序性较差   D. 重视管理过程和职工的作用

3. 下列各项目中，可以作为管理会计主体的有（　　）。

A. 企业整体   B. 分厂

C. 个人   D. 班组

4. 管理会计信息与财务会计信息有许多不同之处，包括（　　）。

A. 时间特征不同   B. 信息载体不同

C. 信息属性不同   D. 规范程度不同

5. 管理会计就其内容而言更集中地体现了（　　）等会计的内在功能。

A. 控制经济过程   B. 考核评价业绩

C. 参与经营决策   D. 规划经营方针

三、简答题

1. 简述管理会计的基本职能。

2. 简述管理会计与财务会计的联系和区别。

知识拓展

扫描二维码获取《管理会计应用指引第 100 号——战略管理》。

考证对接

扫描二维码获取对接题目。

小尚寄语：

　　人才缺乏，要建国图强，亦徒成虚愿。反之，资源匮乏的国家，若人才鼎盛，善于开源节流，则自可克服各种困难，而使国势蒸蒸日上。

——李嘉诚

第 2 章
成本性态分析

▼

📋 目标规划

学习目标： 了解成本的概念及其分类；重点掌握成本性态中固定成本与变动成本的特征、分类、基本函数模型及混合成本的分解方法。

技能目标： 混合成本的分解与运用。

📋 思维导图

```
                      ┌── 概念
        成本及其分类 ──┤
                      └── 分类

                      ┌── 概念                ┌── 固定成本
        成本性态分析 ──┤── 特点        ┌──────┤── 变动成本
成本性态分析 ──┤                   └── 分类 ──┘      └── 混合成本

                                          ┌── 账户分析法
                            直接分析法 ──┤
                                          └── 合同确认法
        混合成本的分解方法 ──┤── 技术测定法
                                          ┌── 高低点法
                            历史资料法 ──┤── 散布图法
                                          └── 回归直线法
```

📋 思政要点

固定成本、变动成本不仅仅在企业管理中至关重要，对于同学们也是不可忽视的。只有通过提高业务量，才能相对降低我们每个人的单位固定成本。那么大学生活中涉及的固定成本、变动成本有哪些呢？如何相对降低学费这一固定成本的单位成本？如何相对降低购买手机的单位成本？这些问题都值得我们思考。

![案例导入]

案例导入

尚铭股份有限公司连续两年亏损，厂长召集有关部门的负责人开会研究扭亏为盈的办法。会议有关纪要如下：

厂长：我厂去年亏损 500 万元，比前年还糟。银行对于连续三年亏损的企业将停止贷款，如果今年不扭亏为盈，企业将被迫停产。

销售处长：问题的关键是我们每台甲产品以 1 600 元价格出售，而每台冰箱的成本是 1 700 元。如果提高售价，面临竞争，甲就卖不出去，其出路就是想办法降低成本，否则销售越多，亏损越大。

生产厂长：我不同意。每台甲的制造成本只有 1 450 元，我厂的设备和产品工艺是国内最先进的，技术力量强，熟练工人多，控制物耗成本的经验得到行业学会的认可。问题在于生产线的设计能力是年产 10 万台，目前因为销路打不开，去年只生产 4 万台，所销售的 5 万台中，含有 1 万台是前年生产的。

厂长：成本到底是怎么回事？

财务处长：每台甲的变动成本是 1 050 元，全厂固定制造费用总额是 1 600 万元，销售和管理费用总额是 1 250 万元。我建议，生产部门满负荷生产通过提高产量来降低单位产品负担的固定制造费用。这样，即使不提价、不扩大销售也能使企业扭亏为盈，度过危机。为了减少风险，今年应追加 50 万元来改进产品质量，这笔费用计入固定制造费用；追加 50 万元用作广告宣传；追加 100 万元用作职工销售奖励。

请思考： 面对销售处长和生产厂长的问题，厂长该如何决策呢？

2.1　成本及其分类

2.1.1　成本的概念

成本 (cost) 是经济活动中的一个重要概念。按照马克思主义经济学，成本是凝结在商品中的价值，是物化劳动转移的价值 (c) 和活劳动中劳动者为自己的劳动所创造的价值 (v) 的合计，即成本等于 $c+v$。在财务会计中，成本是指取得资产或劳务所发生的各项支出，它们一般由会计制度或会计准则来规范，与上述 $c+v$ 不完全相同，可称之为"制度成本"或"会计成本"。对成本进行一般定义，成本就是为了获取而付出的一种代价，可以是获得某种东西所付出的价钱，也可以是为了达到一定目的而耗费的物质或精力。代价可以有不同方面，如经济的、政治的；也可以有不同表现形式，如货币与非货币、可计量和不可计量。

管理会计中的成本不仅包括已实际发生的费用，还要涉及该经济业务将要发生的甚至只是可能要发生的费用；不仅可以按产品归集成本，还可以根据需要，按不同的经营管理目的和不同的经济用途，确定成本归集的对象。这样，财务会计信息就被管理会计加工、组合、延伸、改制成各种影响企业决策者决策的会计信息，供决策者决策时参考。所以，管理会计确定成本的要旨在于：针对不同的决策需要，计算和确定不同的成本。

2.1.2 成本的分类

1. 按经济职能分类

成本按经济职能分类，也称按经济用途分类，是财务会计的传统分类方法。成本按经济用途可分为生产成本（制造成本）和非生产成本（非制造成本）两大类，如图 2-1 所示。

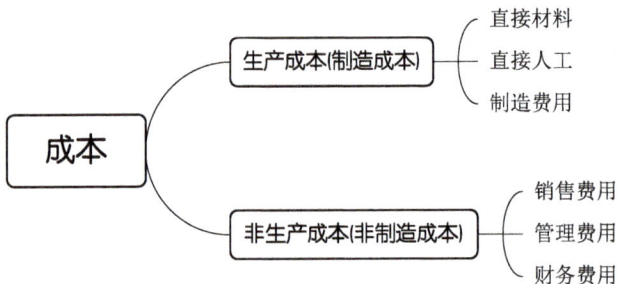

图 2-1　成本按经济职能分类示意图

1) 生产成本（制造成本）

生产成本是指在生产过程中为制造产品而发生的成本，包括直接材料、直接人工和制造费用。

直接材料是指生产产品过程中产品直接耗费的原材料成本。直接人工是指生产产品直接加工原材料使之变成产品所耗用的人工成本。制造费用，也称为间接费用，是指在生产中发生的不能归入上述两个成本项目的其他成本支出，包括间接材料、间接人工、其他间接费用（折旧费、保险费、机器维护费等）。

2) 非生产成本（非制造成本）

非生产成本是指在销售和管理过程中发生的各项费用，是与销售、经营和管理任务相关的成本，包括销售费用、管理费用和财务费用。

销售费用是指销售部门或销售产品过程中产生的与生产产品无关的耗费，比如销售部门的水电费，部门固定资产折旧费，销售人员的工资、差旅费、福利费等。管理费用是指企业行政管理部门为组织企业生产所发生的成本，比如行政管理部门的水电费，部门固定资产折旧费，管理人员的工资、差旅费、福利费等。财务费用是指企业管理过程中产生的与货币有关的利息、汇兑损益、手续费等。销售费用和管理费用及财务费用常合称为企业的期间费用。

2. 按成本与受益对象的密切关系分类

成本直接用于受益者，形成一一对应的关系，能够明确判断成本的归宿，这种成本称为直接成本，比如直接材料成本、直接人工成本。成本不能直接用于受益者，而是间接服务于受益者，形成一对多的关系，这种成本称为间接成本，比如制造费用。

3. 按成本发生的性态分类

按成本发生的性态，可将成本分为历史成本、现行成本和未来成本。

历史成本是指以前时期已经发生或本期刚刚发生的成本，也就是财务会计中的实际成本。现行成本通常指重置成本，即现在重新购置同样的资产或重新生产同样的产品所需的全部成本。未来成本是指预先测算的成本，又称预计成本，是指特定条件下可以合理预测在未来某个时期或未来某几个时期将会发生的成本。

4. 按与决策的相关性分类

成本的相关性是指成本的发生与特定决策方案是否有关的性质。成本按此分类可分为相关成本和无关成本两类。相关成本是指与特定决策方案相联系的、能对决策产生重大影响的、在短期经营决策中必须予以充分考虑的成本，又称有关成本。凡不受决策结果影响，与决策关系不大，已经发生或注定要发生的成本就是无关成本。

5. 按其可控性分类

成本的可控性是指责任单位对其成本的发生是否可以在事先预计并落实责任、在事中施加影响以及在事后进行考核的性质。以此为标志，成本可分为可控成本和不可控成本两类。

从某一责任中心来看，凡成本的发生，属于这个责任中心范围内，能被这个责任中心事先预计，事中计量、施加影响，并在事后进行责任考核，则该成本就称为这个责任中心的可控成本。反之，则称为这个责任中心的不可控成本。

6. 按照成本总额与业务量之间的依存关系分类

成本按照成本总额与业务量之间的依存关系可以分为固定成本、变动成本和混合成本。相关内容将在下一节进行详细介绍。

2.2 成本性态分析

2.2.1 成本性态的概念

所谓成本性态，也称成本习性，是指在相关范围内，成本总额与业务量之间的量变依存关系。按照成本习性去研究和分析成本，是指从动态的、动静相结合的角度，对成本进行分析和研究。

2.2.2 成本性态的特点

1. 成本性态的相对性

相对性是指在同一时期内同一成本项目在不同企业之间可能具有不同的性态。因此，企业不能照抄其他企业现成的成本性态分析结论。

2. 成本性态的暂时性

成本性态的暂时性是指同一企业的同一成本项目在不同时期可能具有不同的性态。因此，企业应当经常进行成本性态分析，不断对以前的成本性态分析结果进行修订补充。

3. 成本性态的可转化性

成本性态的可转化性是指即使时空不变，某些成本项目也可以在固定成本和变动成本之间转化。因此，企业在进行成本性态分析时，必须具体问题具体分析，一切从实际出发，而不是一成不变。

2.2.3 成本性态的分类

按照成本总额和业务量之间的依存关系，可以把成本分为固定成本、变动成本和混合成本三类。

1. 固定成本

1) 固定成本的含义与主要特征

(1) 含义：固定成本是指在相关范围内（一定时期或一定业务量范围）其成本总额不随着业务量的增减变动而变动的成本，如厂房的租金、按直线法计提的折旧、机器设备的租金、管理人员的工资等。

(2) 主要特征：在一定时期和一定业务量范围内，固定成本总额具有其不变性，单位产品应负担的固定成本随产品产销量增加而减少。

【例 2-1】 尚铭股份有限公司甲产品的年生产能力在 2 000 台到 14 000 台之间，这时每年需提取的生产设备折旧额为 10 000 元。

试根据上述资料及表 2-1 的资料，观察年折旧额与年产量之间的关系，并画出相关图示。（一般用横坐标表示业务量变动状况，纵坐标表示成本变动状况，下同）

表 2-1　业务量与固定成本资料表

固定折旧额	A 产品 / 台	单位成本 / 元
10 000	0	—
10 000	2 000	5
10 000	6 000	1.67
10 000	10 000	1
10 000	14 000	0.71

通过观察分析，我们发现，无论业务量在 2 000～14 000 台之间怎样变动，固定成本总是保持不变，见图 2-2，固定成本显示出一条平行于横坐标的水平直线。

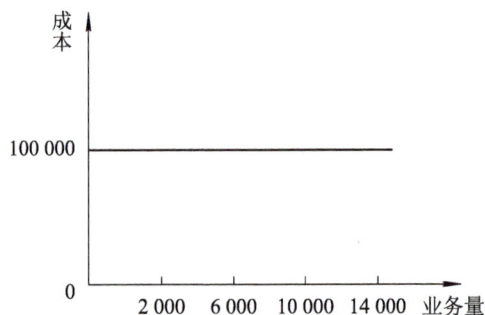

图 2-2　固定成本总额习性模型

而当业务量在 2 000～14 000 台之间变动的时候，每件产品所分担的折旧费，却在不断变化，我们把单位固定成本 (单位产品分担的固定成本额) 列出，并画出图 2-3 进行观察。

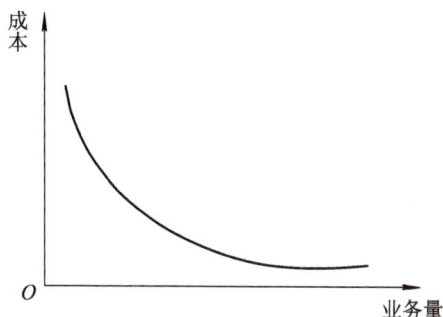

图 2-3　单位固定成本习性模型

从图 2-3 中我们可得出，当业务量变化的时候，单位固定成本呈反比例变动趋势，单位固定成本会随业务量越大，成本越小。为方便观察分析，我们设固定成本总额以字母 a 表示，业务量总额为 x，函数表达式为 $y = a$。则单位固定成本为 a/x，函数表达式为 $y = a/x$。

2) 固定成本的分类及降低措施

固定成本按是否受管理当局短期决策行为的影响分为约束性固定成本和酌量性固定成本。

约束性固定成本不受管理当局短期决策行为的影响，是形成和维持企业最起码生产经营能力的成本，也是企业经营业务必须负担的最低成本，又称经营能力成本。它短期不能轻易改变，如折旧费、工资、保险费等。若要降低约束性固定成本，只能合理利用生产能力，降低单位成本而不宜降低总额。

酌量性固定成本受管理当局短期决策行为的影响，可在不同时期改变其数额，如广告费、职工培训费等。若要降低酌量性固定成本，则可以通过精打细算、避免浪费来降低其总额。

2. 变动成本

1) 变动成本的含义及主要特征

(1) 含义：变动成本是指在相关范围内，其成本总额随着业务量总额增减变动而成正比例变动的那部分成本，如直接材料、直接人工等成本。

(2) 主要特征：在一定期间内和一定业务量范围内，其总额随着业务量的增减而成正比例变动，单位变动成本不受产量变化的影响，保持不变。

【例 2-2】尚铭股份有限公司生产某产品需用 A 材料，每件产品需要 A 材料 1 千克，每千克 A 材料价格为 10 元，其他有关资料如表 2-2 所示。当业务量 (产量) 变化时，变动成本 (A 材料费用) 的变动分析如图 2-4 所示。

表 2-2　业务量与变动成本资料表

A 材料成本 / 元	材料重量 / 千克	单位价格 / 元
0	0	10
50	5	10
100	10	10
150	15	10
200	20	10

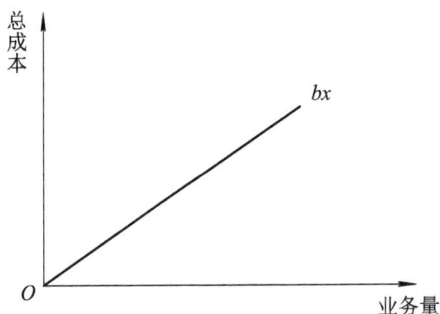

图 2-4　业务量与变动成本函数模型图

通过观察分析，我们发现，变动成本总额随着业务量总额的变动，呈直线上升状态，且业务量与成本的变动比例固定为 1∶10。由图 2-5 得出单位变动成本并没有因为业务量变化而产生变动。为方便观察分析，我们设单位变动成本为 b，则变动成本总额为 bx，变动成本函数模型表示为 $y = bx$。单位变动成本函数模型表示为 $y = b$。

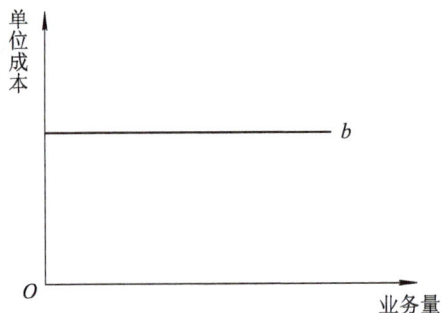

图 2-5　业务量与单位变动成本函数模型图

2) 变动成本的分类及降低措施

变动成本按其发生的原因分为技术性变动成本和酌量性变动成本。

技术性变动成本指消耗量受技术等客观因素影响的变动成本。它可以通过改进设计、工艺技术、提高材料利用率和劳动生产率、降低单耗、避免浪费的手段来降低，如减少材料耗用额。

酌量性变动成本指受企业管理部门决策影响的变动成本。它可以通过采取科学决策、降低材料采购成本、优化劳动组合、严格控制开支的手段来降低，如减少采购价格、计件单价等。变动成本水平通常以单位额的形式表现。

通过对固定成本和变动成本的分析，实际上我们已经找到成本习性下的总成本模型：$y = a + bx$，也就是固定成本总额与变动成本总额之和，如图 2-6 所示。

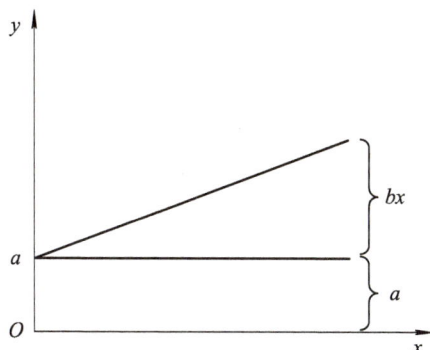

图 2-6　总成本习性模型

3) 固定成本与变动成本的比较

固定成本与变动成本的比较如表 2-3 所示。

表 2-3　固定成本与变动成本的比较

比较项目	固定成本	变动成本
总成本	不变 a	正比例变动 bx
单位成本	反比例变动 a/x	不变 b

3. 混合成本

固定成本与变动成本的理念必须建立在相关范围内才能够成立，在没有相关范围的限定下，企业经营过程中的成本大多都处于混合状态。同时由于采用了"是否变动"和"是否正比例变动"这样的双重分类，其结果也必然导致出现了游离于固定成本和变动成本之间的混合成本。混合成本是指其成本总额随业务量总额的变动而变动，但又不成正比例变动的成本。

混合成本按其变动趋势分为半变动成本、延期变动成本、阶梯式混合成本和曲线式混合成本四种。

1) 半变动成本

半变动成本在没有业务量的情况下仍发生一定的初始量，当有业务量发生时，其发生额随业务量呈正比例变动，如电话费、电费、水费等。半变动成本习性模型如图 2-7 所示。

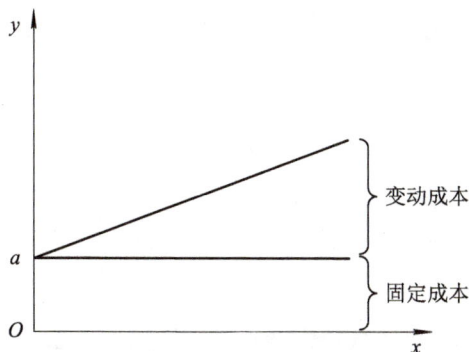

图 2-7　半变动成本习性模型

2) 延期变动成本

延期变动成本在一定的业务量范围内总额不变，但突破这一范围后，超额部分的成本就相当于变动成本，如超定额计件的工资，定额内工资固定不变，超产部分要计算超额工资。延期变动成本习性模型如图 2-8 所示。

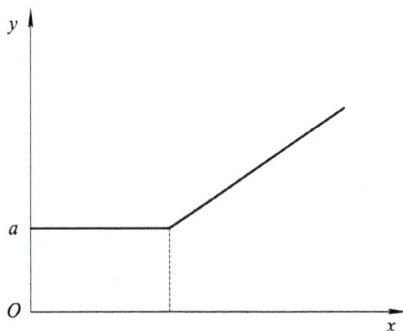

图 2-8　延期变动成本习性模型

3) 阶梯式混合成本

阶梯式混合成本也称半固定成本，成本在一定的业务量范围内不随业务量变动，但突破范围后会跳跃式上升，而在新变动范围内固定，直到出现另一个新的跳跃为止，如化验员、检验员的工资等。阶梯式混合成本习性模型如图 2-9 所示。

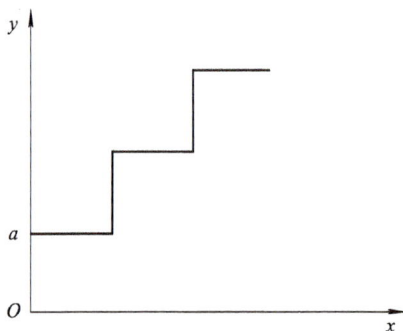

图 2-9　阶梯式混合成本习性模型

4) 曲线式混合成本

曲线式混合成本通常有一初始量不变，相当于固定成本，在初始量的基础上，成本随业务量变动但不是线性。递减曲线式混合成本习性模型如图 2-10 所示、递增曲线式混合成本习性模型如图 2-11 所示。

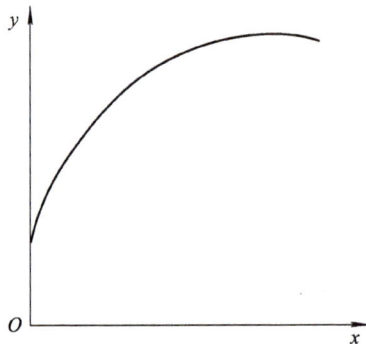

图 2-10　递减曲线式混合成本习性模型　　图 2-11　递增曲线式混合成本习性模型

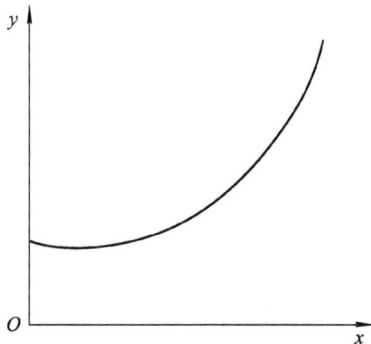

4. 相关范围的界定

相关范围，是指使固定成本总额和单位变动成本保持不变的业务量范围和时间范围。

1) 固定成本的相关范围 (一般属于业务量诱因变动范围)

【例 2-3】　仍以例 2-1 为例。年折旧额 10 000 元，是以产量在 2 000 台到 14 000 台之间为相关范围的。如果企业产量要扩大到 14 000 台以上，就需要增加设备和厂房，固定资产折旧就会上升到 10 000 元以上；反之，如果市场不景气，企业会将产量减低到 2 000 台以下，势必要长期封存一部分厂房和设备，固定成本就会下降到 10 000 元以下，如图 2-12 所示。

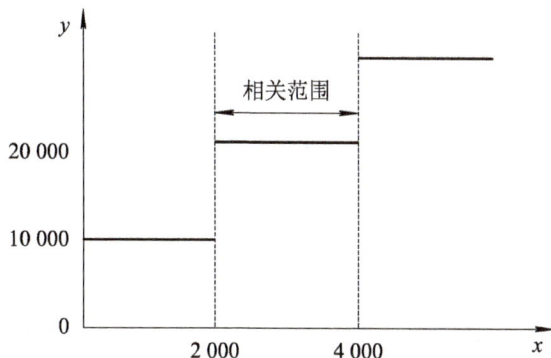

图 2-12　固定成本相关范围示意图

2) 变动成本的相关范围

变动成本的相关范围如图 2-13 所示。

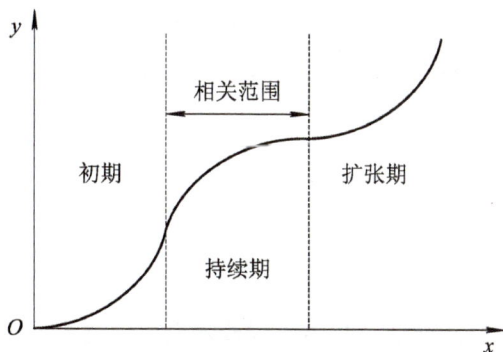

图 2-13　变动成本相关范围示意图

3) 相关范围的意义

只要在相关范围内，无论时间和业务量怎样变化，都不会改变固定成本总额的不变性和变动成本总额的正比例变动性。如果一旦超出了相关范围，这些特征就难以保留或存在。因为没有总额绝对不变的固定成本和绝对正比例变动的变动成本。因此，离开了相关范围的约束就没有固定成本和变动成本。

2.3　混合成本的分解方法

■ 2.3.1　直接分析法

直接分析法，是指根据混合成本中固定成本和变动成本各占比重的大小，按照从大到小的原则，分解混合成本的方法。它具体包括账户分析法和合同确认法，又可称为会计分析法。这种方法实际上是一种定性分析法。

1. 账户分析法

账户分析法是指在成本发生的同时按照其性态直接将其归入固定成本或者变动成本。

该方法的特点是：简便易行，但它在确定账户的成本性态时，由于依赖的是无法反映成本随产量变动的特定产量水平的观测值，需要分析人员做出一定的主观判断，容易产生误差。

2. 合同确认法

合同确认法是根据本单位与供应单位之间所签订的供需合同中规定的支付标准和费用的性质，来确认成本性态的方法。

该方法常与账户分析法一起使用。其基本原理是：根据企业与供应单位签订的各种合同、契约，以及企业内部既定的各种管理和核算制度中所明确规定的计费方法，分别确认哪些费用属于固定成本，哪些费用属于变动成本。该方法特别适用于有明确计算方法的各种初始量变动成本，如电费、水费、煤气费、电话费等各项公用事业费。其账单上的基数即为固定成本，而按耗用量多少计价部分则属于变动成本。该方法也是在没有历史成本数据下可应用的一种。

■ 2.3.2　技术测定法

1. 技术测定法的概念

技术测定法，又称工程研究法，是由工程技术人员通过测定正常生产流程中投入的成本与产出的数量之间有规律性联系的各种消耗量标准，并在此基础上直接估算出固定成本和单位变动成本。

2. 技术测定法的基本原理

技术测定法的基本原理是由工程技术人员根据生产技术和施工组织条件，对施工过程中各工序采用测试法、写实记录法和工作日写实法，测出各工序的工时消耗等资料，再对所获得的资料进行科学的分析，并在此基础上直接估算出固定成本和单位变动成本。

3. 技术测定法的优缺点

技术测定法的主要优点在于确定理想的投入产出关系，使企业能够建立具有较高科学性和先进性的标准成本与预算控制。同时，它既是在缺乏历史成本数据条件下可用的、最有效的方法，也是用于检验历史成本分析结论的最佳方法。其缺点是：进行技术测定分析，通常要耗用较多的人力、物力。

【例 2-4】　尚铭股份有限公司铸造车间的燃料用于铸造工段的熔炉，分别在点炉和熔化铁水这两项程序中使用。按照最佳的操作方法，每次点炉要用木柴 0.06 吨，焦炭 1 吨，熔化 1 吨铁水要使用焦炭 0.1 吨；每个工作日点炉一次，全月工作日 25 天。木柴每吨价格为 220 元，焦炭每吨价格为 450 元。

试采用技术测定法进行成本性态分析。

解题步骤如下：

第一步，选择需要研究的成本项目：燃料成本。

第二步，对整个过程进行技术测定，确定最佳操作方法，并将其作为标准方法使用。

第三步，测定标准方法的每项投入成本，并按成本性态划分固定成本和变动成本。

在本例中，点炉燃料（木柴、焦炭）属固定成本，熔化铁水所用燃料与产量相联系，属变动成本。

解： 设每日燃料总成本为 y，产量为 x 吨铸件，每日固定成本为 a，单位变动成本为 b，则

$$每月固定成本 = (0.06 \times 220 + 1 \times 450) \times 25 = 11\,580\ 元$$

$$每吨铸件变动成本 = 0.1 \times 450 = 45\ 元$$

因此

$$y = 11\,580 + 45x$$

4. 技术测定法的适用范围

由于其所依赖的投入 - 产出关系只存在于生产过程中的直接消耗部分，因而对于不能直接把成本归属于特定的投入 - 产出的，或者不能单独进行观察的联合过程，如各种间接成本，不能使用这种方法。

2.3.3　历史资料法

1. 历史资料法概述

历史资料法通过对历史成本数据的分析，依据以前各期实际成本与产量间的依存关系，来推算一定期间固定成本和单位变动成本的平均值，并以此来确定所估算的未来成本。

需要注意的是：首先，所收集的数据是否因为会计政策的变化而产生较大的偏差，因为期间的成本性态是与该期的会计方针密切相关的；其次，要选择恰当的期间，以便既能消除期限较长带来的不稳定状态的影响，又能使所选择的期间可保证获得较为精确可靠的成本数据；最后，要选择适宜的业务量的计量单位。选择时应遵循的原则为选定的变量必须与被估计的成本存在某种密切的关系，而且能对观测产生重要影响。

历史资料法的适用性：只适用于有历史成本数据的情况。

2. 历史资料法的分类及其应用

历史资料法可具体分为高低点法、散布图法和回归直线法三种。

1) 高低点法及其应用

高低点法是根据历史成本资料中产量最高期和产量最低期的成本以及相应的产量，推算单位产品的增量成本，以此作为单位变动成本，然后，根据总成本和单位变动成本来确定固定成本的一种成本分解方法。

(1) 高低点法的具体步骤。

① 选择高低点的坐标 (以业务量的高低为标准，确定其对应的成本) 即先找到资料中最高和最低的 X 值，再找对应的 Y 值；最高点可以表示为 ($X_高$，$Y_高$)，最低点可以表示为 ($X_低$，$Y_低$)。

② 计算单位变动成本 b：

$$b = \frac{Y_高 - Y_低}{X_高 - X_低}$$

③ 计算固定成本：

$$a = Y_高 - bX_高 \ (或 \ Y_低 - bX_低)$$

④ 建立成本模型，把 a、b 代入混合成本函数模型 $y = a + bx$。

(2) 高低点法的优缺点。

高低点法的主要优点是简便，其明显的缺点是只利用了历史资料的两组数据，而未考虑其他数据的影响，因而代表性差。

【例 2-5】 尚铭股份有限公司生产的甲产品 2～7 月份的产量及成本资料如表 2-4 所示。试采用高低点法进行成本性态分析。

表 2-4　甲产品产量及成本资料表

月份	2	3	4	5	6	7
产量 / 件	40	45	45	43	48	50
总成本 / 元	8 800	9 000	9 600	9 100	9 700	10 000

解题过程如下：

(1) 从表中找出最高点和最低点：最高点 (50，10 000)，最低点 (40，8 800)。

(2) 计算 $b = \dfrac{10\ 000 - 8\ 800}{50 - 40} = 120$。

(3) 将 b 代入高点：$10\ 000 = a + 120 \times 50$，或将 b 代入低点：$8\ 800 = a + 120 \times 40$，均可得 $a = 4\ 000$。

(4) 将 a、b 值代入 $y = a + bx$ 中，则成本性态模型如下：

$$y = 4\ 000 + 120x$$

2) 散布图法及其应用

散布图法是指根据若干时期的历史资料，将其业务量和成本数据逐一在坐标图上标注，形成若干个散布点，再通过目测的方法尽可能画出一条接近所有坐标点的直线，并据以推算出固定成本总额和单位变动成本的一种成本习性分析方法。

散布图法的应用步骤如下：

(1) 收集历史数据：收集以前各期产量与总成本的历史数据。

(2) 画出散布图：将各期总成本数据标入直角坐标系，画出散布图。

(3) 确定固定成本平均值：根据离散的历史成本点目测成本随产量变动的趋势，画出一条能反映成本平均变动趋势的直线，直线与纵轴的交点即固定成本平均值。

(4) 计算单位变动成本：在直线上任取一点，根据计算公式，计算出单位变动成本。

(5) 计算总成本：按照计算出的固定成本平均值 a、单位变动成本 b，预测未来某期产量下的总成本，预测公式为

$$y = a + bx$$

式中：y 为未来预测期的总成本；x 为产量。

【例 2-6】　尚铭股份有限公司 2023 年 1—6 月份，某项混合成本与有关产量的历史资料如表 2-5 所示，采用散布图法进行成本性态分析。

表 2-5　混合成本与有关产量资料表

月份	1	2	3	4	5	6
产量 / 件	30	20	52	35	40	25
成本 / 元	340	250	560	380	430	280

解题过程如下：

(1) 将 2023 年 1—6 月份的产量和成本的坐标点分别标注在坐标图上，如图 2-14 所示。

(2) 目测一条能够反映成本变动趋势的直线，直线与纵轴的交点为固定成本，在图中读出该直线的截距为 $a = 75$。

(3) 在直线上任取一点 p，测出坐标为 (20，250)，计算 b 值为 $y = 9 + bx$，$b = (250 - 75) \div 20 = 8.75$ 元 / 件。

(4) 代入 a、b 值，得出成本性态模型为 $y = 75 + 8.75x$。

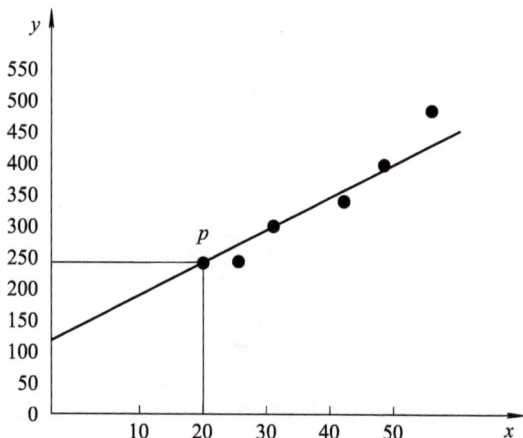

图 2-14　散布图

散布图法考虑了全部已经取得的历史成本资料，在这种意义上可以认为是对只考虑两

个点的高低点法的一种改进。但是，成本直线是根据目测画出的，固定成本的数额也是在图上目测出来的，因此，不可能十分精确。采用散布图法分解成本，所得结果往往因人而异，这是其主要缺点。人们使用这种方法是因为它比较直观并且容易掌握。

3) 回归直线法及其应用

回归直线法，是根据一系列历史成本资料，用数学上的最小平方法的原理，计算能代表平均成本水平的直线截距和斜率，以其作为固定成本和单位变动成本的一种成本分解方法。

回归直线法公式的推导步骤如下：

第一步：求 n，$\sum x$，$\sum y$，$\left(\sum x\right)^2$，$\left(\sum y\right)^2$，$\sum x^2$，$\sum y^2$ 的值。

第二步：计算相关系数。

$$r=\frac{n\sum xy-\sum x\sum y}{\sqrt{\left[n\sum x^2-\left(\sum x\right)^2\right]\cdot\left[n\sum y^2-\left(\sum y\right)^2\right]}}$$

$$r=\frac{\sum_{i=1}^{n}(X_i-\bar{X})(Y_i-\bar{Y})}{\sqrt{\sum_{i=1}^{n}(X_i-\bar{X})^2}\sqrt{\sum_{i=1}^{n}(Y_i-\bar{Y})^2}}$$

若 $r=1$ 或 $r\to 1$，则业务量与成本之间基本保持线性关系，方可建立线性成本模型。当 r 值的绝对值介于 0～1 之间，通常来说，r 越接近 1，表示 x 与 y 两个量之间的相关程度就越强；反之，r 越接近于 0，x 与 y 两个量之间的相关程度就越弱。一般认为 $|r|$ 的取值与相关程度见表 2-6。

表 2-6　$|r|$ 的取值与相关程度

$|r|$ 的取值范围	$|r|$ 的意义
0～0.19	极低相关
0.2～0.39	低度相关
0.4～0.69	中度相关
0.7～0.89	高度相关
0.9～1	极高相关

第三步：当 $r=1$ 或 $r\to 1$，则业务量与成本之间基本保持线性关系，方可建立线性成本模型。计算单位变动成本 b 与固定成本 a，则

$$b=\frac{n\sum xy-\sum x\sum y}{n\sum x^2-(\sum x)^2}$$

$$a=\frac{\sum x-b\sum x}{n}$$

第四步：建立总成本性态模型 $y=a+bx$。

【例 2-7】 根据已知数据计算 $\sum x$，$\sum y$，$\left(\sum x\right)^2$，$\left(\sum y\right)^2$，$\sum x^2$，$\sum y^2$，其结果如表 2-7 所示。

表 2-7　产量及混合成本核算资料表
单位：元

月份	产量 x	混合成本 y	xy	x^2	y^2
1	18	6 000	108 000	324	36 000 000
2	20	6 600	132 000	400	43 560 000
3	19	6 500	123 500	361	42 250 000
4	16	5 200	83 200	256	27 040 000
5	22	7 000	154 000	484	49 000 000
6	25	7 900	197 500	625	62 410 000
7	28	8 200	229 600	784	67 240 000
8	21	6 800	142 800	441	46 240 000
$n=8$	$\sum x=169$	$\sum y=54\,200$	$\sum xy=1\,170\,600$	$\sum x^2=3\,675$	$\sum y^2=373\,740\,000$

经计算，$r=0.91\to1$，可建立线性模型。

计算过程如下：

$$b=\frac{8\times1\,170\,600-169\times54\,200}{8\times3\,675-169^2}=244.34元$$

$$a=\frac{54\,200-169\times244.34}{8}=1\,613.32元$$

则成本性态模型为

$$y=1\,613.32+244.34x$$

回归直线法在理论上比较健全，计算结果精确，但是计算过程比较烦琐。如果使用计算机的回归分析程序来计算回归系数，这个缺点则可以较好地克服。

本章小结

本章主要介绍了成本性态分析的含义、分类与特征以及混合成本的分解方法及其运用，是后续章节学习过程中的理论铺垫。成本性态分析是一种重要的成本管理工具，它通过对成本的深入了解和分析，帮助企业更好地进行成本控制和决策。在企业的经营活动中，我们应充分认识到成本性态分析的重要性，并积极应用其为企业的发展提供有力支持。

闯关考验

一、单项选择题

1.下列各项中，属于生产成本构成项目的是（　　）。

A.销售费用　　B.管理费用　　C.财务费用　　D.制造费用

2.下列可以揭示不同成本与业务量之间数量上的内在联系的是（　　）。

A.按成本可控性分类　　　　B.按成本的经济用途分类

C. 按成本性态分类   D. 按成本的可辨认性分类

3. 在管理会计中，将全部成本区分为产品成本和期间成本的分类标志是（   ）。

A. 成本的目标   B. 成本发生的形态

C. 成本的相关性   D. 成本的可盘存性

4. 将全部成本分为固定成本、变动成本和混合成本所采用的分类标志是（   ）。

A. 成本性态   B. 成本的经济用途

C. 成本的可辨认性   D. 成本的功能

5. 下列成本中，属于变动成本的是（   ）。

A. 管理人员工资   B. 检验人员工资

C. 按工作量计算的固定资产折旧   D. 广告费

6. 在相关范围内，当业务量增加时，固定成本总额将（   ）。

A. 随业务量的变动而呈正比例变动

B. 随业务量的变动而呈反比例变动

C. 不随业务量的变动而变动

D. 随业务量的增加而增加或减少

7. 可由管理者的决策行为决定的固定成本是（   ）。

A. 约束性固定成本   B. 酌量性固定成本

C. 房屋及设备租金   D. 固定制造费用

8. 单位固定成本在相关范围内的变动规律为（   ）。

A. 随业务量的增加而增加

B. 随业务量的增加而减少

C. 随业务量的变动而成正比例变动

D. 不随业务量的变动而变动

9. 在历史资料分析法的具体应用中，计算结果最为精确的方法是（   ）。

A. 高低点法   B. 散布图法

C. 回归直线法   D. 直接分析法

10. 阶梯式混合成本又可称为（   ）。

A. 半固定成本   B. 半变动成本

C. 延期变动成本   D. 曲线式成本

11. 在历史资料分析法中，高低点法所用的"高低"是指（   ）。

A. 最高或最低的成本   B. 最高或最低的业务量

C. 最高或最低的成本或业务量   D. 最高或最低的坐标

12. 下列费用中属于酌量性固定成本的是（   ）。

A. 房屋及设备租金   B. 技术研发费

C. 行政管理人员的薪金   D. 财产保险费

二、多项选择题

1. 固定成本分为（   ）。

A. 限定性固定成本   B. 酌量性固定成本

C. 非约束性固定成本   D. 约束性固定成本

2. 一定时期的总成本按是否属于生产过程可分为（   ）。

A. 相关成本　　　B. 无关成本　　　C. 生产成本　　　D. 非生产成本

3. 下列成本项目中，（　　　　）是酌量性固定成本。

A. 新产品开发费　　　　　　　　B. 房屋租金

C. 管理人员工资　　　　　　　　D. 广告费

E. 职工培训费

4. 成本性态分析的方法包括（　　　　）。

A. 会计分析法　　　B. 回归直线法　　　C. 技术测定法　　　D. 高低点法

5. 变动成本具有的特征是（　　　　）。

A. 变动成本总额的不变性　　　　　　B. 单位变动成本的反比例变动性

C. 变动成本总额的不变性　　　　　　D. 变动成本总额的正比例变动性

E. 单位变动成本的不变性

6. 在相关范围内保持不变的有（　　　　）。

A. 变动成本总额　　　　　　　　B. 单位变动成本

C. 固定成本总额　　　　　　　　D. 单位固定成本

E. 总成本

7. 由于相关范围的存在，使得成本性态具有以下特点，即（　　　　）。

A. 相对性　　　B. 暂时性　　　C. 可转化性　　　D. 不变性

E. 正比例变动性

8. 约束性固定成本属于一种经营能力成本，包括（　　　　）。

A. 广告宣传费　　　B. 折旧费　　　C. 职工培训费　　　D. 财产税

E. 管理人员薪金

9. 成本按经济用途可以划分为（　　　　）。

A. 制造成本　　　B. 历史成本　　　C. 非制造成本　　　D. 可控成本

E. 相关成本

10. 下列属于相关成本的是（　　　　）。

A. 差别成本　　　B. 机会成本　　　C. 沉没成本　　　D. 不可避免成本

E. 可延缓成本

11. 混合成本的特征有（　　　　）。

A. 发生额不受产量变动的影响

B. 发生额受产量变动的影响

C. 发生额变动幅度不与产量变动保持严格的比例关系

D. 发生额随产量变动而成比例变动

E. 产量为零时，仍有发生额

12. 下列项目中，属于固定成本的是（　　　　）。

A. 广告宣传费　　　　　　　　B. 计件工资

C. 管理人员工资　　　　　　　D. 按直线法计提的折旧费

E. 按产量计提的折旧费

13. 下列各项中，属于变动成本的有（　　　　）。

A. 直接材料　　　　　　　　B. 直接人工

C. 直线法计提的折旧费　　　　D. 产量法计提的折旧费

E. 电话费

三、简答题

1. 管理会计对成本是如何分类的？各种分类的主要目的是什么？
2. 混合成本的分解方法有几种？相互之间的区别有哪些？

四、计算题

某企业生产的甲产品 7—12 月份的产量及成本资料如表 2-8 所示。

表 2-8　甲产品 7—12 月份的产量及成本

月份	7	8	9	10	11	12
产量 / 件	40	42	45	43	46	50
总成本 / 元	8 800	9 100	9 600	9 300	9 800	10 500

要求：

(1) 采用高低点法进行成本性态分析；

(2) 采用最小平方法进行成本性态分析。

知识拓展

扫描二维码获取《管理会计应用指引第 402 号——敏感性分析》。

考证对接

扫描二维码获取对接题目。

小尚寄语：

　　天上不会掉馅饼，企业主也不可能大发慈悲，工人工资的增长，只能来源于人对自身的投资，从而使素质提高，劳动效率大大改进。

——舒尔茨

第 3 章
生产经营费用的归集与分配

▼

目标规划

学习目标：理解费用分配时应遵循的基本原则，各项费用及成本的基本含义及内容；掌握各项费用的各种分配方法及其账务处理。

技能目标：掌握各项费用分配方法的适用情况、优缺点和具体应用，以及在不同方法下的账务处理过程。

思维导图

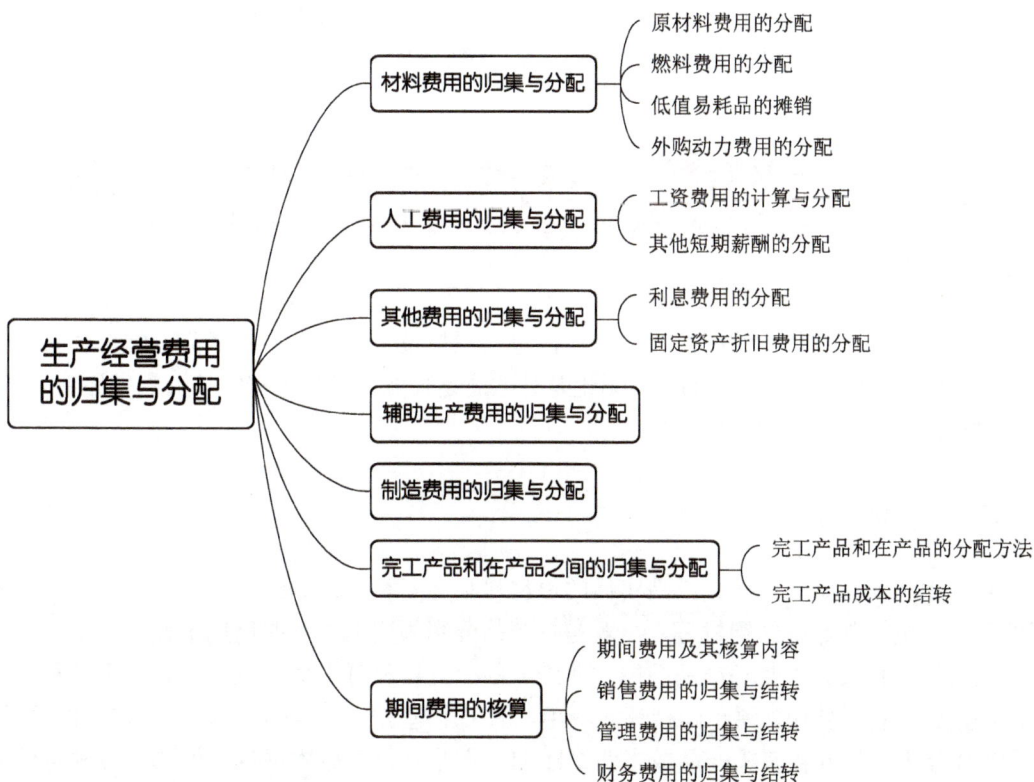

思政要点

通过引入几家企业的薪酬制度和考核机制，了解到职工薪酬不仅仅指工资费用还包括"五险一金"等附加费用，切实感受到企业制定有关薪酬管理制度要坚持以人为本。成本会计人员作为企业职工要立足本职岗位，做好职工薪酬核算的基础工作，并将自身职业规划与企业发展、时代发展相结合，在实现个人抱负的同时，树立服务人民、服务群众的理想信念。

案例导入

尚铭股份有限公司生产和销售甲、乙两种产品。该公司针对这两种产品的计划和定额管理工作基础扎实，各项指标的计划完整，产品的各项消耗定额健全；生产车间的原始记录和业务统计工作较为完善；两种产品均设有直接材料、直接人工、直接燃料和动力以及制造费用等四个成本项目；在各项费用中，直接人工费用、直接燃料和动力费用以及制造费用都属于间接计入费用。该车间属于技术密集型生产部门，大型、先进的设备较多，自动化程度较高。

请思考：

1. 生产工人的薪酬费用的分配应该采用什么标准？请说明理由。

2. 为了合理地将直接燃料和动力费用以及制造费用在两种产品之间进行分配，应该采用什么标准？请说明理由。

3. 根据尚铭公司上述具体情况，并结合你在有关费用分配上所选择的分配标准，在成本核算中应该为管理提供哪些方面的资料，进行哪些方面的对比分析，以便加强成本管理。

3.1 材料费用的归集与分配

企业生产经营过程中领用的各种材料，包括原料及主要材料、半成品、辅助材料、包装物、修理用备件、低值易耗品等，无论是外购还是自制，都应根据审核后的领退料凭证，按照材料的具体用途进行归集与分配。

3.1.1 原材料费用的分配

直接用于产品生产、构成产品实体的原材料和主要材料，如纺织生产用的原棉、冶炼用的矿石、机械制造用的钢材等，一般是按产品分别领用的，其费用属于直接费用，可根据领退料凭证直接计入某种产品的成本明细账的"直接材料"成本项目。若属于几种产品共同耗用的原材料费用，属于间接计入费用，应采用适当的标准（常用标准有产品的重量、体积等）分配，计入各有关产品成本明细账的"直接材料"成本项目。例如，各种铸件所耗用生铁的多少与其重量密切相关，所以可以按照铸件的重量比例分配生铁费用。在材料消耗定额比较准确的情况下，原料和主要材料费用也可以按照产品的原材料定额消耗量的比例或原材料定额费用的比例进行分配。

1. 按原材料定额消耗量比例分配

(1) 计算分配的程序。

第一步，计算各种产品原材料定额消耗量；

第二步，计算单位原材料定额消耗量应分配的原材料实际消耗量 (即原材料消耗分配率)；

第三步，计算各种产品应分配的原材料实际消耗量；

第四步，计算各种产品应分配的原材料实际费用。

(2) 计算公式。

某种产品原材料定额消耗量 = 该种产品的实际产量 × 单位产品原材料定额消耗量

$$原材料消耗量分配率 = \frac{原材料实际消耗总量}{各种产品原材料定额消耗量之和}$$

某种产品应分配的原材料实际消耗量 = 该种产品的原材料定额消耗量 × 原材料消耗量分配率

某种产品应分配的实际原材料费用 = 该种产品应分配的原材料实际消耗量 × 材料单价

【例 3-1】　尚铭股份有限公司生产甲、乙两种产品，共同耗用 A 材料 (主要材料)60 000 千克，每千克 10 元，共计 600 000 元。本月投产甲产品 1 200 件，单件甲产品 A 材料消耗定额为 30 千克；本月投产乙产品 800 件，单件乙产品 A 材料消耗定额为 15 千克。

原材料费用分配计算如下：

甲产品 A 材料定额消耗量 = 1 200 × 30 = 36 000 千克

乙产品 A 材料定额消耗量 = 800 × 15 = 12 000 千克

$$A 材料消耗量分配率 = \frac{60\ 000}{36\ 000 + 12\ 000} = 1.25$$

甲产品应分配 A 材料数量 = 36 000 × 1.25 = 45 000 千克

乙产品应分配 A 材料数量 = 12 000 × 1.25 = 15 000 千克

甲产品应分配 A 材料费用 = 45 000 × 10 = 450 000 元

乙产品应分配 A 材料费用 = 15 000 × 10 = 150 000 元

上述计算分配过程所提供的资料，可以用于考核原材料消耗定额的执行情况，有利于加强原材料消耗的实物管理，但分配计算的工作量较大。为了简化计算分配工作，也可以采用按原材料定额消耗量比例直接分配原材料费用的方法。

其计算分配的程序如下：

第一步，计算各种产品原材料定额消耗量；

第二步，计算单位原材料定额消耗量应分配的原材料费用 (即原材料消耗量的费用分配率)；

第三步，计算各种产品应分配的原材料实际费用。

仍以上例资料计算分配如下：

$$甲产品 A 材料定额消耗量 = 1\,200 \times 30 = 36\,000\ 千克$$

$$乙产品 A 材料定额消耗量 = 800 \times 15 = 12\,000\ 千克$$

$$A 材料费用分配率 = \frac{原材料实际费用总额}{各种产品原材料定额消耗量之和} = \frac{60\,000}{36\,000 + 12\,000} = 12.5$$

$$甲产品应分配 A 材料费用 = 36\,000 \times 12.5 = 450\,000\ 元$$

$$乙产品应分配 A 材料费用 = 12\,000 \times 12.5 = 150\,000\ 元$$

上述两种分配方法计算结果相同，但后一种分配方法不能提供各种产品原材料实际消耗量资料，不利于加强原材料消耗的实物管理。

2. 按原材料定额费用比例分配

在生产多种产品或多种产品共同耗用多种原材料费用的情况下，为了简化核算，也可以采用按原材料定额费用比例分配原材料费用。

(1) 计算分配的程序。

第一步，计算各种产品原材料定额费用；

第二步，计算单位原材料定额费用应分配的原材料实际费用 (即原材料费用分配率)；

第三步，计算各种产品应分配的原材料实际费用。

(2) 计算公式。

$$某种产品某种原材料定额费用 = 该种产品实际产量 \times 单位产品该种原材料费用定额$$

$$原材料费用分配率 = \frac{各种产品原材料实际费用总额}{各种产品原材料定额费用之和}$$

$$某种产品应分配的实际原材料费用 = 该种产品各种原材料定额费用之和 \times 原材料费用分配率$$

【例 3-2】 尚铭股份有限公司生产甲、乙两种产品，共同领用 A、B 两种主要材料，共计 37 620 元。本月投产甲产品 150 件，乙产品 120 件。甲产品材料消耗定额：A 材料 6 千克，B 材料 8 千克。乙产品材料消耗定额：A 材料 9 千克，B 材料 5 千克。A 材料计划单价 10 元，B 材料计划单价 8 元。

甲、乙产品应分配的材料费用计算如下：

(1) 甲、乙产品材料定额费用。

甲产品：

$$A 材料定额费用 = 150 \times 6 \times 10 = 9\,000\ 元$$

$$B 材料定额费用 = 150 \times 8 \times 8 = 9\,600\ 元$$

甲产品材料定额费用合计 18 600 元。

乙产品：

$$A 材料定额费用 = 120 \times 9 \times 10 = 10\,800\ 元$$

$$B 材料定额费用 = 120 \times 5 \times 8 = 4\,800\ 元$$

乙产品材料定额费用合计 15 600 元。

(2) 材料费用分配率。

$$材料费用分配率 = \frac{37\,620}{18\,600 + 15\,600} = 1.1$$

甲、乙产品应分配材料实际费用：

甲产品应分配材料费用 = 18 600 × 1.1 = 20 460 元

乙产品应分配材料费用 = 15 600 × 1.1 = 17 160 元

直接用于产品生产、有助于产品形成的辅助材料的费用，应借记"基本生产成本"科目，由于其一般属于间接计入费用，应采用适当的分配方法进行分配以后，计入各种产品成本明细账的"直接材料"成本项目。对于耗用在原料和主要材料上的辅助材料费用，如油漆、染料、电镀材料等费用，应按照原料、主要材料耗用量的比例进行分配；对于与产品产量直接相关的辅助材料费用，如某些包装材料费用，可以按照产品产量进行分配；对于消耗定额比较准确的辅助材料，其费用也可以按照产品定额消耗量或定额费用的比例分配。

直接用于辅助生产的原材料费用，应借记"辅助生产成本"科目及其所属明细账的"直接材料"成本项目。基本生产车间和辅助生产车间间接用于（与生产工艺没有直接联系，下同）产品生产（或劳务供应）的原材料费用、用于组织和管理企业生产经营活动的材料费用以及用于产品销售的材料费用，应分别借记"制造费用""管理费用""销售费用"科目及其明细账的相关费用项目。已领用的各种原材料费用的总额，应贷记"原材料"科目。

各种材料费用的分配是通过编制原材料费用分配表进行的，原材料费用分配表是按车间、部门和原材料的类别，根据归类后的领退料凭证和其他有关资料编制的。原材料费用分配表的格式及举例详见尚铭公司 2023 年 6 月原材料费用分配表（见表 3-1）。

表 3-1　原材料费用分配表

应借科目		直接计入金额 / 元	分配计入		材料费用合计 / 元
			定额消耗量 /千克	分配金额 / 元（分配率 12.5）	
基本生产成本	甲产品	15 200	36 000	45 000	465 200
	乙产品	117 400	12 000	15 000	267 400
	小计	132 600	48 000	60 000	732 600
辅助生产成本	供水车间	42 000			42 000
	运输车间	22 000			22 000
	小计	64 000			64 000
制造费用	基本生产车间	5 000			5 000
	供水车间	2 000			2 000
	运输车间	1 500			1 500
	小计	8 500			8 500
管理费用		2 000			2 000
销售费用		1 800			1 800
合计		208 900		600 000	808 900

根据原材料费用分配表编制会计分录，据以登记有关总账和明细账。编制会计分录如下：

借：基本生产成本——甲产品   465 200
           ——乙产品   267 400
   辅助生产成本——供水车间   42 000
           ——运输车间   22 000
   制造费用——基本生产车间   5 000
         ——供水车间   2 000
         ——运输车间   1 500
   管理费用   2 000
   销售费用   1 800
  贷：原材料   808 900

上述原材料费用是按实际成本进行核算分配的。在原材料费用按计划成本进行核算分配的情况下，对于计入产品成本和期间费用等的原材料费用计划成本，还应该分配材料成本差异额。

■ 3.1.2　燃料费用的分配

燃料实际上也是原材料的一部分，但是，如果燃料费用在产品成本中所占比重较大，为了加强对能源耗费的分析和考核，应增设"燃料"会计科目，同时在成本项目中与动力费用一起增设"直接燃料和动力"成本项目，以单独提供燃料和动力方面的会计核算资料。燃料费用的分配与原材料费用的分配程序和方法相同。直接用于产品生产的燃料，在只生产一种产品或者是按照产品分别领用的情况下，其费用属于直接计入费用，如果不能按产品分别领用，而是几种产品共同耗用的燃料费用，则属于间接计入费用，对其应采用适当的方法，在有关产品之间进行分配。燃料费用可以按照产品的重量、体积、所耗燃料的数量等标准进行分配，也可以按燃料的定额消耗量或定额费用比例等进行分配。

直接用于产品生产的燃料费用，应借记"基本生产成本"科目及其所属明细账的"直接燃料和动力"成本项目；直接用于辅助生产的燃料费用，应借记"辅助生产成本"科目及其所属明细账的"直接燃料和动力"成本项目。如果企业未单独设置"直接燃料和动力"成本项目，则直接用于产品生产和辅助生产的燃料费用，应分别借记"基本生产成本"和"辅助生产成本"科目及其所属明细账的有关成本项目（如"直接材料"成本项目）。间接用于产品生产和辅助生产的燃料费用、用于组织和管理企业生产经营活动的燃料费用以及用于产品销售的燃料费用，应分别借记"制造费用""管理费用""销售费用"等科目及其所属明细账的有关费用项目。已领用的燃料费用总额，应贷记"燃料"科目，不设"燃料"科目的，则应贷记"原材料"科目。

■ 3.1.3　低值易耗品的摊销

低值易耗品是指企业能够多次使用，但不符合固定资产定义，不能作为固定资产核算的劳动资料，包括工具、管理用具、玻璃器皿以及在经营过程中周转使用的包装容器等。低值易耗品的收入、发出、摊销和结存的核算，是通过设立"低值易耗品"总账科目及按其类别、品种、规格设置明细账进行的。低值易耗品的日常核算一般按照实际成本进行，在按计划成本进行核算时，还应在"材料成本差异"总账科目下设置"低值易耗品成本差异"二级科目。

低值易耗品的核算可分为在库和在用两个阶段。在库阶段核算与原材料核算相同。这里主要讲述低值易耗品在用及摊销的核算。在用低值易耗品是指车间、部门从仓库领用，直到报废以前整个使用过程中的低值易耗品。低值易耗品在使用中的实物状态基本不变，其价值应该采用适当的摊销方法计入产品成本或期间费用。但是，低值易耗品摊销额在产品成本中所占比重较小，又没有专设成本项目，因此基本生产车间和辅助生产车间耗用的低值易耗品摊销，应计入制造费用；用于组织和管理企业生产经营活动的低值易耗品摊销，应计入管理费用；用于产品销售的低值易耗品摊销，则应计入销售费用。

低值易耗品的摊销方法通常有一次摊销法、分次摊销法和五五摊销法。

1. 一次摊销法

一次摊销法，即一次转销法或一次计入法。采用这种方法领用时，将其全部价值一次计入当月（领用月份）产品成本、期间费用等，借记"制造费用""管理费用"等科目，贷记"低值易耗品"科目。报废时，将报废的低值易耗品的残料价值作为当月低值易耗品摊销额的减少，冲减有关的成本、费用，借记"原材料"等科目，贷记"制造费用""管理费用"等科目。

【例 3-3】 尚铭股份有限公司基本生产车间领用的低值易耗品采用一次摊销法，某月该车间领用生产工具一批，其实际成本为 600 元；以前月份领用的另一批生产工具在本月报废，残料验收入库，作价 30 元。

编制会计分录如下：
(1) 领用生产工具时。

借：制造费用　　　　　　　　600
　　贷：低值易耗品　　　　　　　　600

(2) 报废生产工具残料入库时。

借：原材料　　　　　　　　30
　　贷：制造费用　　　　　　　　30

一次摊销法的核算比较简便，但由于低值易耗品的使用期一般不止一个月，因而采用这种方法会使各月成本、费用负担不太合理，还会产生账外财产，不便于实行价值监督。这种方法一般适用于单位价值较低、使用期限较短、一次领用数量不多以及容易破损的低值易耗品。

2. 分次摊销法

分次摊销法是将低值易耗品的价值，根据其使用期限的长短，分月平均摊销的方法。在分次摊销法下，应在"低值易耗品"总账科目下分设"在库""在用""摊销"三个二级科目。从仓库领出交使用部门时，借记"低值易耗品——在用"科目，贷记"低值易耗品——在库"科目；各月摊销其价值时，借记"制造费用""管理费用"等科目，贷记"低值易耗品——摊销"科目。报废低值易耗品时，收回的残料价值可作为冲减有关费用处理，借记"原材料"科目，贷记"制造费用""管理费用"等科目；同时注销其累计已摊销额，借记"低值易耗品摊销"科目，贷记"低值易耗品——在用"科目。如果低值易耗品按计划成本进行日常核算，领用时按计划成本计价，月末，应调整分配所领用低值易耗品的成本差异。

【例3-4】 尚铭企业铸造车间1月领用专用模具一批，其实际成本为48 000元，该批低值易耗品在一年内按月平均摊销(即每月摊销额为48 000÷12=4 000元)；该年12月末该批低值易耗品报废残料入库，价值1 000元。

编制会计分录如下：

(1) 领用时。

借：低值易耗品——在用　　　　　　　48 000
　　贷：低值易耗品——在库　　　　　　　48 000

(2) 各月(1～12月)摊销低值易耗品价值时。

借：制造费用　　　　　　　　　　　　4 000
　　贷：低值易耗品——摊销　　　　　　　4 000

(3) 12月该批专用模具报废时。

借：原材料　　　　　　　　　　　　　1 000
　　贷：制造费用　　　　　　　　　　　　1 000
借：低值易耗品摊销　　　　　　　　　48 000
　　贷：低值易耗品——在用　　　　　　　48 000

采用分次摊销法，各月成本、费用负担的低值易耗品摊销额比较合理，但核算工作量较大。这种方法一般适用于单位价值较高、使用期限较长而不易损坏的低值易耗品，如多次反复使用的专用工具等。

3. 五五摊销法

五五摊销法也称"五成法"，是指在领用低值易耗品时，摊销其价值的一半，报废时再摊销其价值的另一半。在这种方法下的低值易耗品二级科目的设置与分次摊销法下的相同。从仓库领出交使用部门时，借记"低值易耗品——在用"科目，贷记"低值易耗品——在库"科目；同时，按其价值的50%计算摊销额，借记"制造费用""管理费用"等科目，贷记"低值易耗品——摊销"科目。低值易耗品报废时，按入库残料的价值，借记"原材料"科目，按报废低值易耗品原有价值的50%减去残值后的差额，借记"制造费用""管理费用"等科目，按低值易耗品原有价值的50%，贷记"低值易耗品——摊销"科目。此外，还应将报废低值易耗品的价值及其累计摊销额注销，借记"低值易耗品——摊销"科目，贷记"低值易耗品——在用"科目。如果低值易耗品按计划成本进行日常核算，月末也要调整分配所领用低值易耗品的计划成本，分配成本差异。

从上述内容可知，在按计划成本进行低值易耗品日常核算的情况下，"低值易耗品"总账科目的月末余额，就是月末低值易耗品(包括在库和在用)按计划成本反映的摊余价值，再加上或减去"材料成本差异——低值易耗品成本差异"科目的余额，就是月末低值易耗品按实际成本反映的摊余价值。

低值易耗品采用五五摊销法的优点是能够对在用低值易耗品实行价值监督；各月成

本、费用负担低值易耗品的摊销额比较合理。但其核算工作量比较大。因此，该种方法适用于各月领用和报废低值易耗品的数量比较均衡、各月摊销额相差不多的低值易耗品。

低值易耗品五五摊销法的举例见例 3-16。

3.1.4　外购动力费用的分配

外购动力费用是指企业从外部购买的各种动力，如电力、热力等所支付的费用。外购动力有的直接用于产品生产，如生产工艺用电力；有的间接用于产品生产，如生产单位(车间或分厂)照明用电力；有的则用于经营管理，如企业行政管理部门照明用电力和取暖等。外购动力费用的分配，在企业各车间、部门有计量仪器的情况下，应以电力费用为例，企业各车间、部门以及车间的产品动力用电和照明用电一般都分别装有电表，因此，它们之间电费的分配应以用电度数为依据进行分配。产品之间一般按产品的生产工时比例、机器工时比例、定额耗电量比例或其他例分配用电，一般不按产品分别安装电表，因而车间动力用电费用在各车间、部门的电动力(以电力为例)费用分配的计算公式如下：

$$电力费用分配率 = \frac{电子费用总额}{各车间、部门动力和照明用电度数之和}$$

某车间、部门照明用电力费用 = 该车间、部门照明用电度数 × 电力费用分配率

某车间动力用电力费用 = 该车间动力用电度数 × 电力费用分配率

该车间动力用电力费用：

$$某车间动力用电力费用分配率 = \frac{该车间动力用电力费用}{该车间各种产品生产工时(或机器工时)之和}$$

某产品分配动力用电力费用 = 该车间某产品生产工时(或机器工时) × 该车间动力用电力费用分配率

直接用于产品生产的动力费用，应借记"基本生产成本"科目及其所属产品成本明细账的"直接燃料和动力"成本项目；直接用于辅助生产的动力费用，应借记"辅助生产成本"科目及其所属明细账的"直接燃料和动力"成本项目。间接用于产品生产和辅助生产的动力费用、用于组织和管理企业生产经营活动的动力费用、用于销售产品的动力费用等，应分别借记"制造费用""管理费用""销售费用"等科目及其所属明细账的有关费用项目。

如果企业未单独设置"直接燃料和动力"成本项目，则直接用于产品生产和辅助生产的动力费用，也借记"制造费用"及其所属明细账的有关费用项目。

企业的外购动力费用总额应根据相关的转账凭证或付款凭证贷记"应付账款"科目或"银行存款"科目。

【例 3-5】　尚铭公司 2023 年 6 月应付外购动力价款 29 250 元，增值税进项税额 3 802.5 元，合计 33 052.5 元。各车间、部门的电表所计量的用电度数共计 73 125 度，其中，直接用于产品生产的耗电 42 750 度，没有分产品安装电表。按规定，电费按产品的机器工时比例分配，甲产品机器工时为 5 550 小时，乙产品机器工时为 3 000 小时(其他方面的

耗电度数见表 3-2)。该企业设有"直接燃料和动力"成本项目。外购动力费用通过"应付账款"科目核算。表 3-2 中有关数据的计算如下：

表 3-2　外购动力费用分配表

应借科目		直接计入金额 / 元	动力费用合计 / 元	分配金额 / 元
基本生产成本	甲产品	—	11 100	11 100
	乙产品	—	6 000	6 000
	小计	—	17 100	17 100
辅助生产成本	供水车间	3 000		3 000
	运输车间	2 000		2 000
	小计	5 000		5 000
制造费用	基本生产车间	2 250		2 250
	供水车间	1 500		1 500
	运输车间	1 000		1 000
	小计	4 750		4 750
管理费用		1 800		1 800
销售费用		600		600
合计		12 150	17 100	29 250

(1) 耗电度数分配率的计算：

$$度数分配率 = \frac{29\ 250}{73\ 125} = 0.4$$

(2) 甲、乙产品动力费用分配的计算：

$$动力费用分配率 = \frac{17\ 100}{5\ 550 + 3\ 000} = 2$$

$$甲产品动力费用 = 5\ 550 \times 2 = 11\ 100\ 元$$

$$乙产品动力费用 = 3\ 000 \times 2 = 6\ 000\ 元$$

根据外购动力费用分配表编制的会计分录如下：

借：基本生产成本——甲产品　　　　　　　　11 100

　　　　　　　　——乙产品　　　　　　　　 6 000

　　辅助生产成本——供水车间　　　　　　　 3 000

　　　　　　　　——运输车间　　　　　　　 2 000

　　制造费用——基本生产车间　　　　　　　 2 250

　　　　　　——供水车间　　　　　　　　　 1 500

　　　　　　——运输车间　　　　　　　　　 1 000

　　管理费用　　　　　　　　　　　　　　　 1 800

　　销售费用　　　　　　　　　　　　　　　　 600

　　应交税费——应交增值税（进项税额）　 3 802.5

　贷：应付账款　　　　　　　　　　　　　 33 052.5

3.2　人工费用的归集与分配

职工薪酬是指企业为获得职工提供的服务或解除劳动关系而给予的各种形式的报酬或补偿。职工薪酬包括短期薪酬、离职后福利、辞退福利和其他长期职工福利等，这里我们只介绍短期薪酬的分配。短期薪酬是指企业在职工提供相关服务的年度报告期间结束后12 个月内需要全部予以支付的职工薪酬。

3.2.1　工资费用的计算与分配

这里的工资费用是指短期薪酬中构成工资总额的部分，包括职工工资、奖金、津贴和补贴、加班加点工资和特殊情况下支付的工资等，除此之外的短期薪酬，归为其他短期薪酬。

1. 计时工资和计件工资的计算

在短期薪酬中，构成工资总额的部分，是其基本内容，它是计算和提取各种社会保险费、住房公积金以及工会经费和职工教育经费等的依据。而工资总额中的计时工资和计件工资又是构成工资总额的主要内容，需要采用一定的方法进行计算，因此，需要对此问题单独加以介绍。

1) 工资计算的原始记录

为了正确进行工资的计算，必须建立健全工资计算的原始记录。这些原始记录主要有：

(1) 工资卡。工资卡又称职工工资目录，它应按每一位职工设置，主要记录职工的工资级别和工资标准、工龄及享受的津贴等内容。

(2) 考勤记录。考勤记录是登记和反映每一位职工出勤情况的原始记录，它是计算职工计时工资的基本依据，同时也是企业进行劳动管理的重要依据。

(3) 产量记录。产量记录是登记和反映每个工人或集体 (如班组) 在出勤时间内完成的产品数量、质量和生产产品所用工时数量的原始记录。产量记录是企业计算计件工资的原始记录。

2) 计时工资的计算

职工的计时工资，是根据考勤记录中登记的每一位职工出勤或缺勤日数，按规定的工资标准计算的。工资按其计算时间的不同，有按月计算的月薪，按日计算的日薪或按小时计算的小时工资。企业固定职工的计时工资一般以月薪计算，临时职工的计时工资大多以日薪计算，也有以小时工资计算的。下面只介绍月薪制下职工计时工资的计算。

采用月薪制，不论各月日历天数多少，也不论各月双休日和法定节假日多少，每月的标准工资相同，即只要职工该月出全勤，即可领取固定的月标准工资。在月薪制下，如果发生缺勤情况，可以按以下公式计算应付标准工资：

$$应付标准工资 = 月标准工资 - 应扣缺勤工资$$

$$应扣缺勤工资 = 缺勤日数 \times 日工资率 \times 缺勤扣款比例$$

或

$$应付标准工资 = 出勤日数 \times 日工资率 + 应发缺勤工资$$
$$应发缺勤工资 = 缺勤日数 \times 日工资率 \times (1 - 缺勤扣款比例)$$

从上述计算公式可以看出，在月薪制下，为了按照职工出勤或缺勤计算应付的月工资，还应根据月标准工资计算日工资率，即每日平均工资。由于每月的标准工资固定，但各月的日历天数等不尽相同，因此，在实际工作中，为了简化工费的计算工作，日工资率可以每月按固定的 21.75 天计算，日工资率按月标准工资除以 21.75 求得。21.75 天为法定月平均计薪日数，它是用 365 日减去 104 个双休日，再除以 12 个月算出来的。

在日工资率按 21.75 天计算的情况下，由于在计算日工资率的天数中，不包括双休日，因此，在计算应付工资时，法定节假日要计算工资，而双休日不计算工资。

【例 3-6】 假定尚铭股份有限公司某工人的月标准工资为 6 525 元。5 月份，该工人病假 1 天，事假 1 天，周末休假 10 天，法定节假日 1 天，出勤 18 天。根据该工人的工龄，其病假工资按工资标准的 90% 计算。

下面就日工资率按 21.75 天计算，采用上述计算公式对该工人该月的标准工资计算如下：

按 21.75 日计算日工资率，按缺勤日数扣工资。

$$日工资率 = \frac{6\ 525}{21.75} = 300\ 元$$

$$应扣缺勤病假工资 = 300 \times 1 \times (100\% - 90\%) = 30\ 元$$
$$应扣缺勤事假工资 = 300 \times 1 = 300\ 元$$
$$应付工资 = 6\ 525 - 30 - 300 = 6\ 195\ 元$$

按 21.75 天计算日工资率，按出勤日数计算月工资。

$$应付出勤工资 = 300 \times (18 + 1) = 5\ 700\ 元$$
$$应付病假工资 = 300 \times 1 \times 90\% = 270\ 元$$
$$应付工资 = 5\ 700 + 270 = 5\ 970\ 元$$

3) 计件工资的计算

计件工资可以分为个人计件工资和集体计件工资两种。下面分别介绍这两种计件工资的计算。

(1) 个人计件工资的计算。

职工的计件工资，应根据产量记录中登记的每一位工人的产品产量，乘以规定的计件单价计算。这里的产量包括不是由于工人本人过失造成的不合格品产量 (如料废产品数量)。由于工人本人过失造成的不合格品 (如工废产品)，不支付工资，有的还应由工人赔偿损失。同一工人在月份内可能从事计件工资单价不同的各种产品的生产，因而计件工资的计算公式为

$$应付工资 = \sum 月内每种产品的产量 \times 该种产品的计件单价$$

产品的计件单价是根据工人生产单位产品所需要的工时定额和该级工人每小时的工资率计算求出的。

【例 3-7】 假定甲、乙两种产品都由三级工加工。甲产品的工时定额为 30 分钟，乙产品的工时定额为 18 分钟。三级工的小时工资率为 15 元。

甲、乙两种产品的计件工资单价应计算如下：

$$甲产品计件单价 = 15 \times \frac{30}{60} = 7.5\ 元$$

$$乙产品计件单价 = 15 \times \frac{18}{60} = 4.5\ 元$$

从产品计件单价的计算公式可以看出，同一工人如果生产计件单价不同的各种产品，为了简化计算工作，也可以根据每一个人完成的产品定额工时总数和工人所属等级的小时工资率计算计件工资。其计算结果与按上述公式计算的结果应该相同。

【例 3-8】　沿用例 3-7 的资料。假定某三级工共加工 A 产品 300 件，B 产品 700 件。按上述公式计算的计件工资如下：

$$应付工资 = 300 \times 7.5 + 700 \times 4.5 = 5\ 400\ 元$$

该工人完成的产品定额工时为

$$A\ 产品定额工时 = 300 \times \frac{30}{60} = 150\ 小时$$

$$B\ 产品定额工时 = 700 \times \frac{18}{60} = 210\ 小时$$

$$该工人完成产品定额工时总数 = 150 + 210 = 360\ 小时$$

根据该工人完成的产品定额工时总数和小时工资率计算的计件工资为

$$应付工资 = 360 \times 15 = 5\ 400\ 元$$

以上两种方法计算结果相同，但由于产量记录中记有每种产品的定额工时数，而且每一位工人完成的各种产品的定额工时数可以加总，因而后一种方法比较简便。

(2) 集体计件工资的计算。

按生产小组等集体计件工资的计算方法与上述相同。但是，集体计件工资还要在集体内部各工人之间按照贡献大小进行分配。由于工人的级别或工资标准一般体现工人劳动的质量和技术水平，工作日数一般体现劳动数量，因而集体内部大多按每人的工资标准和工作日数 (或工时数) 乘积进行分配。

【例 3-9】尚铭股份有限公司某生产小组集体完成若干项生产任务，按照一般计件工资的计算方法算出并取得集体工资 13 020 元。该小组由 3 个不同等级的工人组成，每人的姓名、等级、日工资率、出勤日数以及按日工资率和出勤日数计算的工资额 (即集体计件工资内部的分配标准) 如表 3-3 所示。

表 3-3　集体计件工资分配标准

集体单位：第一生产组　　　　　　　　　　2023 年 6 月　　　　　　　　　　金额单位：元

工人姓名	等级	工资标准 (日工资率)	出勤日数	按日工资率和出勤日数计算的 工资额
王帅	六	150	22	3 300
黎明	五	130	22	2 860
赵亮亮	四	120	21	2 520
合计	—	—	65	8 680

该生产小组内部工资分配计算如下：

$$生产小组内部工资分配率 = \frac{13\,020}{8\,680} = 1.5$$

$$王帅应分工资 = 3\,300 \times 1.5 = 4\,950\ 元$$

$$黎明应分工资 = 2\,860 \times 1.5 = 4\,290\ 元$$

$$赵亮亮应分工资 = 2\,520 \times 1.5 = 3\,780\ 元$$

$$3\ 人所分工资 = 4\,950 + 4\,290 + 3\,780 = 13\,020\ 元$$

计时工资和计件工资以外的属于组成工资总额的各种奖金、津贴、补贴、加班加点工资，以及特殊情况下支付的工资，应按照国家和企业有关规定计算，此处不再详述。

2. 工资费用的分配

工资费用的分配是指将企业职工的工资作为一种费用，按照其用途和发生部门进行的归集和分配。企业生产经营所发生的工资费用，应计入产品成本或期间费用。

直接进行产品生产的工人的工资，应计入"基本生产成本"科目及所属明细账的"直接人工"成本项目。其中，生产工人的计件工资属于直接计入费用，可以根据工资结算凭证（如产量记录等）直接计入某种产品成本明细账的"直接人工"成本项目。对于生产工人的计时工资，如果属于直接计入费用，应根据工资结算凭证，直接计入相关产品成本明细账的"直接人工"成本项目；如果属于间接计入费用，应按照产品的实际生产工时比例或定额生产工时比例等分配标准，分配后再计入各相关产品成本明细账的"直接人工"成本项目。

在这里需要说明的是，某种产品实际耗用的生产工时，是实际生产效率下生产一定量产品实际耗用的工时；而某种产品的定额工时，则是按工时消耗定额计算（生产效率达到定额的要求）的、生产一定量产品应该消耗的工时。因此，按照各种产品的实际工时分配生产工人的计时工资费用，能够更好地体现劳动效率高低对费用分配的影响，从而更为合理。但是，如果各种产品实际生产工时数据的获取比较困难，而各种产品的工时消耗定额比较准确，也可以按产品的定额工时比例分配生产工人的计时工资费用。按生产工时（实际或定额）比例分配生产工人工资费用的计算公式如下：

$$工资费用分配率 = \frac{某车间生产工人计时工资总额}{该车间各种产品生产工时(实际或定额)总额}$$

$$某产品应分配计时工资 = 该产品生产工时（实际或定额）\times 工资费用分配率$$

【例 3-10】 尚铭股份有限公司生产甲、乙两种产品。两种产品的生产均采用计时工资制度。甲、乙产品计时工资共计 320 000 元。甲、乙产品生产工时分别为 12 500 小时和 7 500 小时。

按生产工时比例分配计算如下：

$$工资费用分配率 = \frac{320\,000}{12\,500 + 7\,500} = 16$$

$$甲产品分配工资费用 = 12\,500 \times 16 = 200\,000\ 元$$

$$乙产品分配工资费用 = 7\,500 \times 16 = 120\,000\ 元$$

直接用于辅助生产的工资费用，应借记"辅助生产成本"科目及其所属明细账的"直接人工"成本项目；间接用于产品生产和辅助生产的工资费用（如车间管理人员和辅助人员等的工资费用）、企业行政管理部门人员的工资费用、企业专设的销售机构人员的工费用，应分别借记"制造费用""管理费用""销售费用"等科目及其所属明细账的有关费用项目。已分配的工资费用的总额应贷记"应付职工薪酬"科目。

工资费用分配是通过编制工资费用分配表进行的，根据工资费用分配表编制会计分录，登记有关总账和明细账。

【例 3-11】 尚铭股份有限公司 2023 年 6 月工资费用分配表如表 3-4 所示。

表 3-4　工资费用分配表

应借科目		成本或费用项目	直接计入 / 元	分配计入			工资费用合计 / 元
				生产工时 / 小时	分配率	分配金额 / 元	
基本生产车间	甲产品	直接人工	0	12 500	16	200 000	200 000
	乙产品	直接人工	0	7 500	16	120 000	120 000
	小计		0	20 000		320 000	320 000
辅助生产车间	供水车间	直接人工	48 000				48 000
	运输车间	直接人工	32 000				32 000
	小计		80 000				80 000
制造费用	基本生产车间	职工薪酬	20 000				20 000
	供水车间	职工薪酬	10 000				10 000
	运输车间	职工薪酬	10 000				10 000
	小计		40 000				40 000
管理费用		职工薪酬	60 000				60 000
销售费用		职工薪酬	30 000				30 000
合计			210 000	—	—	3 200 000	530 000

根据工资费用分配表编制的会计分录如下：

```
借：基本生产成本——甲产品          200 000
              ——乙产品          120 000
    辅助生产成本——供水车间         48 000
              ——运输车间         32 000
    制造费用——基本生产车间          20 000
          ——供水车间            10 000
          ——运输车间            10 000
    管理费用                    60 000
    销售费用                    30 000
        贷：应付职工薪酬              530 000
```

3.2.2　其他短期薪酬的分配

其他短期薪酬包括职工福利费、各种社会保险费、住房公积金、工会经费、职工教育

G 管理会计 GUANLI KUAIJI

经费、短期带薪缺勤、利润分享计划等。企业发生的其他短期职工薪酬费用应比照工资费用，按其用途和发生部门进行归集与分配。

【例 3-12】 假定尚铭股份有限公司 2023 年 6 月其他短期薪酬费用分配如表 3-5 所示。

表 3-5　其他短期薪酬费用分配表　　　　　　　　　　　　单位：元

应借科目		成本或费用项目	其他短期薪酬
基本生产车间	甲产品	直接人工	80 000
	乙产品	直接人工	48 000
	小计		128 000
辅助生产车间	供水车间	直接人工	19 200
	运输车间	直接人工	12 800
	小计		32 000
制造费用	基本生产车间	职工薪酬	8 000
	供水车间	职工薪酬	4 000
	运输车间	职工薪酬	4 000
	小计		16 000
管理费用		职工薪酬	24 000
销售费用		职工薪酬	12 000
合计			212 000

根据其他短期薪酬费用分配表编制的会计分录如下：

借：基本生产成本——甲产品　　　　80 000
　　　　　　　　——乙产品　　　　48 000
　　辅助生产成本——供水车间　　　19 200
　　　　　　　　——运输车间　　　12 800
　　制造费用——基本生产车间　　　 8 000
　　　　　　——供水车间　　　　　 4 000
　　　　　　——运输车间　　　　　 4 000
　　管理费用　　　　　　　　　　　24 000
　　销售费用　　　　　　　　　　　12 000
　　贷：应付职工薪酬　　　　　　　　　212 000

需要说明的是，以上我们只讲述了短期职工薪酬费用的计算与分配问题，对于其他应计入本期成本、费用的职工薪酬费用也应按照其用途进行分配，计入相关的产品成本或期间费用。

3.3　其他费用的归集与分配

其他费用是指除上述各项费用以外的费用，包括差旅费、邮递费、保险费、劳动保护费、运输费、办公费、水电费、技术转让费、业务招待费等。这些费用有的是计入产品成本的，有的则是期间费用的组成部分，即使是应计入产品成本的，也没有单独设立成本项目，因此，这些费用发生时，根据有关的付款凭证等，按照费用的用途进行归类，分别借记"制造费用""辅助生产成本""管理费用""销售费用"等科目，贷记"银行存款"等科目。

【例 3-13】 尚铭股份有限公司以银行存款支付应由 6 月份负担的有关费用 53 122 元，其中，基本生产车间的劳保费 28 422 元，供水车间的劳保费 4 000 元，运输车间的劳保费 4 000 元，专设销售机构的广告费 3 000 元、办公费 4 000 元，企业行政管理部门的办公费 9 600 元，支付金融机构的手续费 100 元。与上述各项费用相关的可抵扣的增值税进项税额为 6 105 元。

编制会计分录如下：

借：制造费用——基本生产车间　　　　　　　28 422
　　　　　　——供水车间　　　　　　　　　4 000
　　　　　　——运输车间　　　　　　　　　4 000
　　　　　　——管理费用　　　　　　　　　9 600
　　　　　　——销售费用　　　　　　　　　7 000
　　　　　　——财务费用　　　　　　　　　100
　　应交税费——应交增值税（进项税额）　　6 105
　　贷：银行存款　　　　　　　　　　　　　　　59 227

上述各项费用，若其支出数额较大，受益期限较长，为了正确计算各月的成本、费用，应采用按月摊销或计提的方法进行处理，以体现权责发生制原则对成本核算的要求。

通过对上述各种要素费用的归集、分配，已经将这些费用按照用途分别借记有关科目及其所属明细账的有关成本项目（或费用项目），如计入"基本生产成本"科目借方的费用，同时也计入了其所属明细账的"直接材料""直接燃料和动力""直接人工"等成本项目。这就是说，在成本、费用核算中，已经划分了计入产品成本和期间费用与不计入产品成本和期间费用的界限，划分了应计入产品成本还是应计入期间费用的界限。

3.3.1　利息费用的分配

要素费用中的利息费用，不是产品成本的组成部分，而是期间费用中财务费用的组成部分。这里我们只介绍短期借款的利息费用的会计处理。短期借款通常是为了满足正常生产经营的需要，其利息费用一般作为财务费用处理。

在实际工作中，银行一般于每季末收取短期借款利息，为此，按照权责发生制的要求，企业的短期借款利息一般应采用按月预提的方式进行核算。在短期借款的数额不多，各月利息费用数额不大的情况下，可以采用简化的核算方法，即于实际支付利息的月份，将其全部作为当月的财务费用，而不再采用按月预提的办法。

【例 3-14】 尚铭股份有限公司于 2023 年 1 月 1 日从银行借入一笔期限为 6 个月，年利率为 6%，每季结息一次的短期借款 60 000 元，用于企业的生产经营。由于短期借款的数额不多，各月利息费用数额不大，为了简化核算，对其利息不再采取按月预提的方法，即于实际支付利息的月份，将其全部作为当月的财务费用处理。

编制的有关会计分录如下：

(1) 取得借款时：

借：银行存款 　　　　　　　　60 000

　　贷：短期借款 　　　　　　　　60 000

(2) 3 月末归还短期借款利息时：

3 个月应付的利息 = 60 000 × 6% × 3 ÷ 12 = 900 元

借：财务费用 　　　　　　　　900

　　贷：银行存款 　　　　　　　　900

(3) 6 月末归还短期借款本息时：

应按期归还本息 = 60 000 + 900 = 60 900 元

借：短期借款 　　　　　　　　60 000

　　财务费用 　　　　　　　　900

　　贷：银行存款 　　　　　　　　60 900

3.3.2　固定资产折旧费用的分配

固定资产在长期使用过程中保持实物形态不变，但其价值随着固定资产的损耗而逐渐减少，这部分由于损耗而减少的价值应该以折旧费用的形式计入产品成本或期间费用。企业生产单位间或分厂固定资产的折旧费用应计入产品成本，企业管理部门、销售部门固定资产的折旧费用则应计入期间费用。固定资产的折旧应按其使用车间、部门等进行汇总，并进行相应的会计处理。

在这里需要指出的是，企业生产某种产品往往需要使用多种机器设备，而某种机器设备可能生产多种产品。因此，机器设备的折旧费用虽是直接用于产品生产的费用，但一般属于分配工作比较复杂的间接计入费用。为了简化成本计算工作，没有专门设立成本项目，而是与生产车间的其他固定资产折旧费用一起借记"制造费用"科目，对于企业行政管理部门和专设销售机构的固定资产折旧费用，则分别借记"管理费用""销售费用"等科目，对于固定资产折旧总额，应贷记"累计折旧"科目。

按照《企业会计准则》的规定，企业应对所有固定资产计提折旧，但是已提足折旧仍继续使用的固定资产和单独计价入账的土地除外。在确定计提折旧范围时，还应注意以下几点：

(1) 固定资产应按月计提折旧。为了简化折旧的计算工作，当月增加的固定资产当月不计提折旧，从下月起计提折旧；当月减少的固定资产当月照提折旧，从下月起停止计提折旧。

(2) 固定资产应自达到预定可使用状态时开始计提折旧，终止确认时或划分为持有待售非流动资产时停止计提折旧。已经达到预定可使用状态但尚未办理竣工决算的固定资产，应当按照估计价值确定其成本，并计提折旧；待办理竣工决算后再按实际成本调整原来的暂估价值，但不需要调整原已计提的折旧额。

(3) 固定资产提足折旧后，不论能否继续使用，均不再计提折旧，提前报废的固定资产也不再补提折旧。所谓提足折旧是指已经提足该项固定资产的应计折旧额。折旧费用的分配通过编制折旧费用分配表，企业据以编制会计分录，登记有关总账及所属明细账。

【例 3-15】　尚铭公司 2023 年 6 月的折旧费用分配表如表 3-6 所示。

表 3-6　折旧费用分配表

单位：元

项目	基本生产车间	辅助生产车间		行政管理部门	专设销售机构	合计
		供水车间	运输车间			
折旧费	20 000	4 600	3 800	3 000	1 000	34 200

企业编制会计分录如下：

```
借：制造费用——基本生产车间        20 000
            ——供水车间             4 600
            ——运输车间             3 800
    管理费用                       3 000
    销售费用                       1 000
    贷：累计折旧                              34 200
```

3.4　辅助生产费用的归集与分配

辅助生产是指为基本生产车间、企业行政管理部门等单位服务而进行的产品生产和劳务供应。其中有的只生产一种产品或提供一种劳务，如供电、供水、供气、供风、运输等辅助生产；有的则生产多种产品或提供多种劳务，如从事工具、模具、修理用备件的制造，以及机器设备的修理等辅助生产。辅助生产提供的产品和劳务，有时也对外销售，但主要是为本企业服务。辅助生产产品和劳务成本的高低，会影响企业产品成本和期间费用的水平，因此，正确、及时地组织辅助生产费用的核算，加强对辅助生产费用的监督，对于正确计算产品成本和各项期间费用，以及节约支出、降低成本有着重要的意义。

3.4.1　辅助生产费用的归集

辅助生产费用的归集与分配是通过"辅助生产成本"科目进行的。"辅助生产成本"科目一般应按车间及产品或劳务的种类设置明细账，账内按成本项目设置专栏，进行明细核算。进行辅助生产发生的各项费用应计入该科目的借方。辅助生产车间的制造费用，一般应先通过"制造费用"科目进行归集，然后从该科目直接转入或分配转入"辅助生产成本"科目及所属相关明细账的"制造费用"成本项目。

辅助生产完工产品或劳务的成本，经过分配后从"辅助生产成本"科目的贷方转出，期末如有借方余额则为辅助生产的在产品成本。

【例 3-16】　尚铭股份有限公司 2023 年 6 月辅助生产成本和辅助生产车间制造费用明细账格式详见表 3-7 至表 3-10。

表 3-7　辅助生产成本明细账

单位：元

摘　要	直接材料	直接燃料和动力	直接人工	制造费用	合计	转出
原材料费用分配表	42 000				42 000	
外购动力费用分配表		3 000			3 000	
工资费用分配表			48 000		48 000	
其他短期薪酬费用分配表			19 200		19 200	
待分配费用小计	42 000	3 000	67 200		112 200	
制造费用分配表				28 900	28 900	
辅助生产成本分配表（交互分配法）						141 100
合计	42 000	3 000	67 200	28 900	253 300	141 100

表 3-8　辅助生产成本明细账

辅助生产车间：运输　　　　　　　　　2023 年 6 月　　　　　　　　　单位：元

摘　要	直接材料	直接燃料和动力	直接人工	制造费用	合计	转出
原材料费用分配表	22 000				22 000	
外购动力费用分配表		2 000			2 000	
工资费用分配表			32 000		32 000	
其他短期薪酬费用分配表			12 800		12 800	
待分配费用小计	22 000	2 000	44 800		68 800	
制造费用分配表				46 200	46 200	
辅助生产成本分配表（交互分配法）						115 000
合计	22 000	2 000	44 800	46 200	115 000	115 000

表 3-9　制造费用明细账

辅助生产车间：运输　　　　　　　　　2023 年 6 月　　　　　　　　　单位：元

摘　要	机物料消耗	燃料和动力	职工薪酬	折旧费	劳保费	低值易耗品	运费	合计	转出
原材料费用分配表	2 000								
外购动力费用分配表		1 500							
工资费用分配表			10 000						
其他短期薪酬费用分配表			4 000						
折旧费用分配表				4 500					
劳保费					4 000				
低值易耗品摊销分配表						1 000			
待分配费用小计	2 000	1 500	14 000	4 500	4 000	1 000			
辅助生产成本分配表							1 900	1 900	
制造费用分配表									28 900
合计	2 000	1 500	14 000	4 500	4 000	1 000	1 900	28 900	28 900

表 3-10　制造费用明细账

辅助生产车间：运输　　　　　　　　　　2023 年 6 月　　　　　　　　　　单位：元

摘　要	机物料消耗	燃料和动力	职工薪酬	折旧费	劳保费	低值易耗品	运费	合计	转出
原材料费用分配表	1 500							1 500	
外购动力费用分配表		1 000						1 000	
工资费用分配表			10 000					10 000	
其他短期薪酬费用分配表			4 000					4 000	
折旧费用分配表				3 700				3 700	
劳保费					4 000			4 000	
低值易耗品摊销分配表						2 000		2 000	
待分配费用小计	1 500	1 000	14 000	3 700	4 000	2 000		26 200	
辅助生产成本分配表							20 000	20 000	
制造费用分配表								46 200	46 200
合计	1 500	1 000	14 000	3 700	4 000	2 000	20 000	46 200	46 200

　　如前所述，如果有的企业辅助生产车间规模较小，发生的辅助生产费用很少，辅助生产也不对外销售产品或提供劳务，因此，不需要按照规定的成本项目计算辅助生产的成本。在这种情况下，为了简化核算工作，辅助生产车间的制造费用可以不单独设置"制造费用"明细账，即不通过"制造费用"科目进行核算，而直接借记"辅助生产成本"科目及其明细账。这时，"辅助生产成本"明细账就是按照成本项目与费用项目相结合设置专栏，而不是按成本项目设置专栏。

　　【例 3-17】　尚铭股份有限公司有供电、供水两个辅助生产车间，因其规模很小，不设"制造费用"明细账，其辅助生产成本明细账详见表 3-11 和表 3-12。

表 3-11　辅助生产成本明细账

辅助生产车间：运输　　　　　　　　　　2023 年 6 月　　　　　　　　　　单位：元

摘　要	原材料	低值易耗品	职工薪酬	折旧费	保险费	办公费	其他	合计	转出
原材料费用分配表	5 000							5 000	
低值易耗品摊销		4 000						4 000	
职工薪酬分配表			22 000					22 000	
折旧费用分配表				1 500				1 500	
保险费用分配表					300			300	
办公费用支出						2 800	1 360	4 160	
辅助生产成本分配表（直接分配法）									36 960
合计	5 000	4 000	22 000	1 500	300	2 800	1 360	36 960	36 960

表 3-12　辅助生产成本明细账

辅助生产车间：运输　　　　　　　　　　　2023 年 6 月　　　　　　　　　　　　单位：元

摘　要	原材料	低值易耗品	职工薪酬	折旧费	保险费	办公费	其他	合计	转出
原材料费用分配表	4 000							4 000	
低值易耗品摊销		1 000						1 000	
职工薪酬分配表			18 000					18 000	
折旧费用分配表				1 200				1 200	
保险费用分配表					400			400	
办公费用支出						2 000	400	2 400	
辅助生产成本分配表（直接分配法）									27 000
合计	4 000	1 000	18 000	1 200	400	2 000	400	27 000	27 000

　　在上述辅助生产费用的第一种归集程序中，"辅助生产成本"科目与"基本生产成本"科目一样，一般按车间以及产品和劳务设置明细账，账内按成本项目设立专栏或专行进行明细核算，辅助生产车间的制造费用，通过单独设置的"制造费用"明细账核算，然后转入"辅助生产成本"科目的借方，计入辅助生产产品或劳务的成本。在上述第二种归集程序中，也就是辅助生产车间的制造费用不通过"制造费用"科目核算，而是直接计入"辅助生产成本"科目。辅助生产费用的两种归集程序的主要区别在于辅助生产制造费用归集程序的不同。

3.4.2　辅助生产费用的分配

　　在辅助生产费用的分配中，由于辅助生产车间所生产的产品和劳务的种类不同，费用转出、分配的程序也有所不同。所提供的产品，如工具、模具和修理用备件等产品成本，应在产品完工时，从"辅助生产成本"科目的贷方分别转入"低值易耗品"和"原材料"科目的借方；而提供的劳务作业，如供水、供电、供气、修理和运输等所发生的费用，则要在各受益单位之间按照所耗数量或其他比例进行分配后，从"辅助生产成本"科目的贷方转入"基本生产成本""制造费用""管理费用""销售费用"等科目的借方。辅助生产费用的分配是通过编制辅助生产费用分配表进行的。

　　由于辅助生产提供的产品和劳务，主要是为基本生产车间等服务的，但在某些辅助生产车间之间，也有相互提供产品或劳务的情况。这样就存在一个如何处理辅助生产车间之间费用负担的问题。如供电车间为供水车间提供电力，供水车间为供电车间提供水，这样，为了计算电力成本，就要确定水的成本，而要计算水的成本又要确定电力成本。因此，采用哪些方法来处理辅助车间之间的费用分配问题是辅助生产费用分配的特点。辅助生产费用的分配，常采用直接分配法、顺序分配法、交互分配法、代数分配法和计划成本分配法等。

1. 直接分配法

直接分配法，是各辅助生产车间发生的费用直接分配给除辅助生产车间以外的各受益产品、单位，而不考虑各辅助生产车间之间相互提供产品或劳务情况的一种辅助费用分配方法。

【例 3-18】 公司 (例 3-17 中的公司) 有供水和供电两个辅助生产车间，主要为本企业基本生产车间和行政管理部门等服务，根据 "辅助生产成本" 明细账汇总的资料 (见表 3-13、表 3-14)，供电车间本月发生费用 36 960 元，供水车间本月发生费用 27 000 元。各辅助生产车间供应产品或劳务数量详见表 3-13。

表 3-13　各辅助生产车间供应产品或劳务数量

受 益 单 位		耗水 / 立方米	耗电 / 度
基本生产——A 产品			48 000
基本生产车间		24 000	8 000
辅助生产车间	供电车间	3 000	
	供水车间		12 000
行政管理部门		2 000	4 000
专设销售部门		1 000	1 600
合计		30 000	73 600

采用直接分配法的辅助生产费用分配表详见表 3-14。

表 3-14　辅助生产费用分配表 (直接分配法)

项　目		供水车间	供电车间	合计
待分配辅助生产费用		27 000 元	36 960 元	63 960 元
供应辅助生产以外的劳务 (产品) 数量		27 000 立方米	61 600 度	
单位成本 (分配率)		1 元 / 立方米	0.6 元 / 度	
基本生产——A 产品	耗用数量		48 000 度	
	分配金额		28 800 元	28 800 元
基本生产车间	耗用数量	24 000 立方米	8 000 度	
	分配金额	24 000 元	4 800 元	28 800 元
行政管理部门	耗用数量	2 000 立方米	4 000 度	
	分配金额	2 000 元	2 400 元	4 400 元
专设销售机构	耗用数量	1 000 立方米	1 600 度	
	分配金额	1 000 元	960 元	1 960 元
合计		27 000 元	36 960 元	63 960 元

表 3-14 中有关数据计算过程如下：

$$单位成本(分配率) = \frac{待分配辅助生产费用}{辅助生产劳务(产品)总量 - 辅助生产车间之间交互分配的劳务(产品)耗用量}$$

$$供水单位成本（分配率）= \frac{27\,000}{30\,000 - 3\,000} = 1$$

$$供电单位成本（分配率）= \frac{36\,960}{73\,600 - 12\,000} = 0.6$$

根据辅助生产费用分配表编制的会计分录如下：

借：基本生产成本——A 产品　　　　　28 800

　　制造费用　　　　　　　　　　　　28 800

　　管理费用　　　　　　　　　　　　4 400

　　销售费用　　　　　　　　　　　　1 960

　　贷：辅助生产成本——供水车间　　　　27 000

　　　　　　　　——供电车间　　　　　36 960

采用直接分配法，各辅助生产费用只是进行对外分配，且只分配一次，计算简便。当辅助生产车间相互提供产品或劳务量差异较大时，分配结果往往与实际不符，因此，这种方法只适用于在辅助生产车间内部相互提供产品或劳务不多、不进行费用的交互分配、对辅助生产成本和产品生产成本影响不大的情况下采用。

2. 顺序分配法

顺序分配法，是按照受益多少的顺序将辅助生产车间依次排列，受益少的排在前面，先将费用分配出去，受益多的排在后面，后将费用分配出去的一种辅助费用分配方法。

例如，在上述企业的供电和供水两个辅助生产车间中，供电车间耗用水的费用较少，而供水车间耗用电的费用较多，就费用分配的顺序可以按照供电、供水的顺序排列，先分配电费，然后分配水费。

【例 3-19】沿用例 3-18 的资料。按顺序分配法编制辅助生产费用分配表，详见表 3-15、表 3-16。

表中的有关数据计算过程如下：

$$电费分配率 = \frac{36\,960}{48\,000 + 8\,000 + 12\,000 + 4\,000 + 1\,600} = 0.5$$

$$水费分配率 = \frac{27\,000 + 6\,026.04}{24\,000 + 2\,000 + 1\,000} = 1.2$$

根据辅助生产费用分配表编制的会计分录如下：

(1) 分配电费。

借：辅助生产成本供水车间　　　　　　6 026.04

　　基本生产成本——A 产品　　　　　24 104.16

　　制造费用　　　　　　　　　　　　4 017.36

　　管理费用　　　　　　　　　　　　2 008.68

　　销售费用　　　　　　　　　　　　803.76

　　贷：辅助生产成本——供电车间　　　　36 960

表 3-15　辅助生产成本明细表（顺序分配法）

项目	辅助生产车间					
车间部门	供电车间			供水车间		
	劳务（产品）量 / 度	待分配费用 / 元	分配率	劳务（产品）量	待分配费用 / 元	分配率
	73 600	36 960		30 000 立方米	27 000	
分配电费	−73 600	−36 960	0.502 17	12 000 度	6 026.04	
分配水费				−27 000 立方米	−33 026.04	1.223 2

表 3-16　辅助生产成本明细表（顺序分配法）

基本生产				行政管理部门		专设销售机构	
A 产品		基本生产车间					
耗用数量	分配金额 / 元	耗用数量	分配金额 / 元	耗用数量	分配金额 / 元	耗用数量	分配金额 / 元
48 000 度	24 104.16	8 000 度	4 017.36	4 000 度	2 008.68	1 600 度	803.76
		24 000 立方米	29 356.8	2 000 立方米	2 446.4	1 000 立方米	1 222.84
	24 104.16		33 374.16		4 455.08		2 026.6

(2) 分配水费。

借：制造费用　　　　　　　　　　　29 356.8

　　管理费用　　　　　　　　　　　　2 446.4

　　销售费用　　　　　　　　　　　　1 222.84

　　贷：辅助生产成本——供水车间　　　　33 026.04

　　在顺序分配法下，由于排在前面的辅助生产车间不负担排在后面的辅助生产车间的费用，所以分配结果的准确性会受到一定的影响。这种方法适用于各辅助生产车间之间相互受益程度具有明显顺序性的情况。

3. 交互分配法

　　交互分配法，是对各辅助生产车间的成本费用进行交互和对外两次分配的一种辅助生产费用的分配方法。在这种方法下，首先，根据各辅助生产车间、部门相互提供的产品或劳务的数量和交互分配前的单位成本（费用分配率），在各辅助生产车间、部门交互分配后的实际费用（交互分配前的费用加上交互分配转入的费用，减去交互分配转出的费用），再按提供产品或劳务的数量和交互分配后的单位成本（费用分配率），在辅助生产车间、部门以外的各受益单位之间进行分配。

　　【例 3-20】　某公司设有供水和运输两个辅助生产车间，2023 年 6 月有关资料见表 3-17。

表 3-17　辅助生产车间资料表

项　　目		供水车间	运输车间
待分配辅助生产费用	辅助生产成本科目	112 200 元	68 800 元
	制造费用科目	27 000 元	26 200 元
	小计	139 200 元	95 000 元
劳务供应数量		139 220 立方米	100 000 千米
耗用劳务数量	供水车间		2 000 千米
	运输车间	20 000 立方米	
	基本车间	100 000 立方米	40 000 千米
	企业管理部门	10 000 立方米	10 000 千米
	专设销售机构	9 200 立方米	48 000 千米

(1) 表中的有关数据计算过程如下：

① 交互分配。

$$水费的分配率 = \frac{139\ 200}{139\ 200} = 1$$

$$运输劳务的分配率 = \frac{95\ 000}{100\ 000} = 0.95$$

供水车间应分配的运费 = 0.95 × 2 000 = 1 900 元

运输车间应分配的水费 = 1 × 20 000 = 20 000 元

② 交互分配后的实际费用。

供水车间实际费用 = 139 200 + 1 900 - 20 000 = 121 100 元

运输车间实际费用 = 95 000 + 20 000 - 1 900 = 113 100 元

③ 对外分配。

$$水费的分配率 = \frac{121\ 100}{119\ 200} = 1.015\ 94$$

$$运输劳务的分配率 = \frac{113\ 100}{98\ 000} = 1.154\ 1$$

基本生产车间应分配的水费 = 1.015 94 × 100 000 = 101 594 元

基本生产车间应分配的运输费 = 1.154 1 × 40 000 = 46 164 元

基本生产车间分配的费用合计 147 758 元。

企业管理部门应分配的水费 = 1.015 94 × 10 000 = 10 159.4 元

企业管理部门应分配的运输费 = 1.154 1 × 10 000 = 11 541 元

企业管理部门分配的费用合计 21 700.4 元。

专设销售机构应分配的水费 = 1.015 94 × 9 200 = 9 346.6 元

专设销售机构应分配的运输费 = 1.154 1 × 48 000 = 55 395 元

专设销售机构费用合计 64 741.6 元。

(2) 根据辅助生产费用分配表 (交互分配法) 编制的会计分录如下：

① 交互分配。

借：制造费用供水车间　　　　　　　　　　　　1 900

　　运输车间　　　　　　　　　　　　　　　20 000

　　　贷：辅助生产成本——供水车间　　　　　　　　　　20 000

　　　　　　　　　　——运输车间　　　　　　　　　　　1 900

② 结转辅助生产车间的制造费用。

借：辅助生产成本——供水车间　　　　　　　　28 900

　　　　　　　——运输车间　　　　　　　　46 200

　　　贷：制造费用——供水车间　　　　　　　　　　　28 900

　　　　　　　　——运输车间　　　　　　　　　　46 200

③ 对外分配。

借：制造费用——基本生产车间　　　　　　　147 758

　　管理费用　　　　　　　　　　　　　　21 700.4

　　销售费用　　　　　　　　　　　　　　64 741.6

　　　贷：辅助生产成本——供水车间　　　　　　　　　121 100

　　　　　　　　　　——运输车间　　　　　　　　　　113 100

在交互分配法下，各辅助生产车间之间就相互消耗的产品 (或劳务) 进行费用的交互分配，因此，与直接分配法和顺序分配法相比，费用分配的准确性更高。但是，由于在交互分配法中所采用的分配并非准确的分配率，所以整个费用分配的准确性受到一定的影响。采用交互分配法分配辅助生产费用，需要进行两次费用分配，增加了工作量。在各月辅助生产费用水平相差不多的情况下，为了简化计算工作，也可以用上月辅助生产单位成本作为本月交互分配的单位成本。

4. 代数分配法

代数分配法，是通过建立多元一次联立方程并求解的方法，取得各种辅助生产产品或劳务的单位成本，进而进行辅助生产费用分配的一种辅助生产费用分配方法。采用这种分配方法，首先，应根据各辅助生产车间相互提供产品和劳务的数量，建立联立方程，并计算辅助生产产品或劳务的单位成本；其次，根据各受益单位 (包括辅助生产内部和外部各单位) 耗用产品或劳务的数量和单位成本，计算分配辅助生产费用。

【例 3-21】 沿用例 3-20 交互分配法下供水和运输车间的有关资料，设供水车间的供水单位成本为 x 元，运输车间的运输单位成本为 y 元。根据以上资料可以建立以下联立方程：

$$(112\ 200 + 27\ 000) + 2\ 000y = 139\ 200x$$

$$(68\ 800 + 26\ 200) + 20\ 000x = 100\ 000y$$

解此联立方程，得

$$x = 1.016\ 57$$

$$y = 1.153\ 3$$

根据 x，y 的值以及各受益单位所耗用的水和运输劳务的数量，即可求得各受益单位应负担的费用金额 (计算过程从略)。据以编制辅助生产费用分配表如表 3-18 所示。

表 3-18 辅助生产费用分配表（代数分配法）

项目		单位成本（分配率）	费用合计/元	辅助生产				基本生产车间		行政管理部门		专设销售机构	
				供水车间		运输车间							
				数量	金额/元	数量	金额/元	数量	金额/元	数量	金额/元	数量	金额/元
待分配辅助生产费用				139 200	139 200	100 000	95 000						
费用分配	供水车间	1.016 57	141 506.6			20 000 立方米	20 331.4	100 000 立方米	101 657	1 000 立方米	10 165.7	9 200 立方米	9 352.5
	运输车间	1.153 3	115 331.4	2 000 千米	2 306.6			40 000 千米	46 132	10 000 千米	11 533	48 000 千米	55 359.8
合计			256 838		141 506.6		115 331.4		147 789		21 698.7		64 712.3

注：小数尾差计入销售费用。

根据表 3-18 编制会计分录如下：

(1) 向各受益单位分配辅助生产费用。

借：制造费用——供水车间　　　　　　　2 306.6
　　　　　　——运输车间　　　　　　20 331.4
　　　　　　——基本生产车间　　　　147 789
　　管理费用　　　　　　　　　　　　21 698.7
　　销售费用　　　　　　　　　　　　64 712.3
　　贷：辅助生产成本——供水车间　　　　　141 506.6
　　　　　　　　——运输车间　　　　　115 331.4

(2) 结转辅助生产车间的制造费用。

借：辅助生产成本——供水车间　　　　29 306.6
　　　　　　——运输车间　　　　46 531.4
　　贷：制造费用——供水车间　　　　　29 306.6
　　　　　——运输车间　　　　　46 531.4

采用代数分配法分配辅助生产费用，分配结果最正确。但在辅助生产车间较多的情况下，未知数较多，计算工作比较复杂，因而这种分配方法适宜在已经实现会计电算化的企业中采用。

5. 计划成本分配法

计划成本分配法是按照计划单位成本计算、分配辅助生产费用的一种方法。在这种方法下，辅助生产为各受益单位（包括其他辅助生产车间）提供的产品或劳务，一律按产品或劳务的实际耗用量和计划单位成本进行分配；辅助生产车间实际发生的费用，包括辅助生产交互分配转入的费用在内，与按计划单位成本分配转出的费用之间的差额，也就是辅助生产产品或劳务的成本差异，可以追加分配给辅助生产以外的各受益单位，为了简化计算工作，也可以全部计入"管理费用"科目。

【例 3-22】 沿用例 3-20 的资料，采用计划成本分配法编制辅助生产费用分配表，详见表 3-19。

表 3-19　辅助生产费用分配表（计划成本分配法）

项　目		供水车间	运输车间	合计
待分配辅助生产费用	"辅助生产成本"科目	112 200	68 800	181 000
	"制造费用"科目	27 000	26 200	53 200
	小计	139 200	95 000	234 200
供应劳务数量（水：立方米，运输：千米）		139 200	100 000	—
计划单位成本		1.05	1.1	—
制造费用	供水车间 耗用数量	—	2 000	2 000
	供水车间 分配金额	—	2 200	2 200
	运输车间 耗用数量	20 000	—	
	运输车间 分配金额	21 000	—	21 000
	基本生产车间 耗用数量	100 000	40 000	
	基本生产车间 分配金额	105 000	44 000	149 000
管理费用	企业行政管理部门 耗用数量	10 000	10 000	
	企业行政管理部门 分配金额	10 500	11 000	21 500
销售费用	专设销售机构 耗用数量	9 200	48 000	
	专设销售机构 分配金额	9 660	52 800	62 460
按计划成本分配合计		146 160	110 000	256 160
辅助生产实际成本		141 400	116 000	257 400
辅助生产成本差异		−4760	6000	1240

辅助生产实际成本：

供水车间实际成本 = 139 200 + 2 200 = 141 400 元

运输车间实际成本 = 95 000 + 21 000 = 116 000 元

根据辅助生产费用分配表编制会计分录如下：

(1) 按计划成本分配。

借：制造费用——供水车间　　　　2 200
　　　　　　——运输车间　　　　21 000
　　　　　　——基本生产车间　　149 000
　　管理费用　　　　　　　　　　21 500
　　销售费用　　　　　　　　　　62 460
　　贷：辅助生产成本——供水车间　　　146 160
　　　　　　　　　　——运输车间　　　110 000

(2) 结转辅助生产车间的制造费用。

借：辅助生产成本——供水车间　　29 200
　　　　　　　　——运输车间　　47 200
　　贷：制造费用——供水车间　　　　29 200
　　　　　　　　——运输车间　　　　47 200

(3) 结转辅助生产成本差异。为了简化核算,辅助生产成本差异计入"管理费用"科目。

借：管理费用   1 240

   贷：辅助生产成本——供水车间   −4 760

               ——运输车间   6 000

采用计划成本分配法,由于辅助生产车间的产品或劳务的计划单位成本有现成资料,只要有各受益单位耗用辅助生产车间的产品或劳务量,便可进行分配,从而简化和加速了分配的计算工作；按照计划单位成本分配,排除了辅助生产实际费用的高低对各受益单位成本的影响,便于考核和分析各受益单位的经济责任；还能够反映辅助生产车间产品或劳务的实际成本脱离计划成本的差异。采用该种分配方法,要求辅助生产产品或劳务的计划单位成本比较准确。

3.5   制造费用的归集与分配

企业在产品生产过程中,除产品直接耗用的各种材料费用、人工费用和燃料动力费用(即各种专设成本项目的生产费用)外,还会发生各种制造费用。为此,正确核算制造费用,对于正确计算产品的制造成本非常重要。本节着重讲述基本生产的制造费用归集与分配的核算。

3.5.1   制造费用的归集

制造费用是指工业企业为生产产品(或提供劳务)而发生的、应计入产品成本但没有专设成本项目的各项生产费用。由于企业一般只对直接材料、直接人工、直接燃料和动力等费用单独设置成本项目,进行单独核算和反映,而将应计入产品成本的其他方面的费用均在制造费用成本项目中进行核算,因此,制造费用的内容比较复杂,用途不尽相同。它们有的是被用于生产单位组织和管理生产活动的制造费用,如生产单位管理人员的薪酬费用、办公费用、差旅费等；有的是间接用于产品生产,如机器设备用的机物料费用、车间厂房的折旧费、劳动保护费用；有的则是直接用于产品生产,如产品生产用的机器设备的折旧费、生产用低值易耗品的摊销费用、设计制图费和试验检验费用等。

制造费用的内容比较复杂,应按照管理要求分别设立若干费用项目进行计划和核算,归类反映各项费用的计划执行情况。制造费用的项目有的可以按照费用的经济用途设立,如对用于车间办公方面的各项支出设立"办公费"项目；也可以按照费用的经济内容设立,如对全车间的机器设备和房屋建筑物等固定资产的折旧设立"折旧费"项目。

制造费用的核算是通过"制造费用"科目进行归集与分配的。该科目应按车间、部门设置明细账,账内按照费用项目设专栏或专行,分别反映各车间、部门各项制造费用的支出情况。制造费用发生时,根据有关的付款凭证、转账凭证和前述各种费用分配表,借记

"制造费用"科目，并视具体情况，分别贷记"原材料""应付职工薪酬""累计折旧""银行存款"等科目；期末按照一定的标准进行分配时，借记"基本生产成本"等科目，贷记"制造费用"科目；除季节性生产的车间外，"制造费用"科目期末应无余额。应该指出，如果辅助生产车间的制造费用是通过"制造费用"科目单独核算的，则应比照基本生产车间发生的费用核算；如果辅助生产车间的制造费用不通过"制造费用"科目单独核算，则应全部计入"辅助生产成本"科目及其明细账的有关成本或费用项目。

【例 3-23】 根据各种费用分配表及付款凭证登记尚铭股份有限公司基本生产车间制造费用明细账，详见表 3-20。

表 3-20　制造费用明细账

车间名称：基本生产车间　　　　　　2023 年 6 月　　　　　　单位：元

摘要	机物料消耗	动力费用	职工薪酬	折旧费	水费	运费	低值易耗品	其他	合计	转出
付款凭证								28 422	28 422	
原材料费用分配表	5 000								5 000	
低值易耗品摊销分配表							4 570		4 570	
外购动力费用分配表		2 250							2 250	
工资费用分配表			20 000						20 000	
其他短期薪酬费用分配表			8 000						8 000	
折旧费用分配表				20 000					20 000	
辅助生产费用分配表					101 594	46 164			147 758	
制造费用分配表										236 000
合计	5 000	2 250	28 000	20 000	101 594	46 164	4 570	28 422	236 000	236 000

3.5.2　制造费用的分配

为了正确计算产品的生产成本，必须合理地分配制造费用。由于各车间制造费用水平不同，因此制造费用应该按照各车间分别进行分配，而不得将各车间的制造费用统一在整个企业范围内分配。

在只生产一种产品的车间中，该车间的全部制造费用均属于直接计入费用，可以直接计入这种产品的生产成本；在生产多种产品的车间中，对于制造费用中的直接计入费用也应直接计入各种产品的生产成本，对于制造费用中的间接计入费用则应采用适当的方法，在各种产品之间进行分配。制造费用的分配方法一般有生产工时比例法、生产工人工资比例法、机器工时比例法和按年度计划分配率分配法等。分配方法一经确定，不应随意变更。

1. 生产工时比例法

生产工时比例法是按照各种产品所用生产工人工时的比例分配制造费用的一种方法。其计算公式如下：

$$制造费用分配率 = \frac{制造费用总额}{车间产品生产工时总额}$$

某种产品应分配的制造费用 = 该种产品生产工时 × 制造费用分配率

按生产工时比例分配,可以用各种产品实际耗用的生产工时(实用工时),如果产品的工时定额比较准确,制造费用也可以按定额工时的比例分配。其计算公式如下:

$$制造费用分配率 = \frac{制造费用总额}{车间产品定额工时总额}$$

某种产品应分配的制造费用 = 该种产品定额工时 × 制造费用分配率

【例 3-24】 尚铭股份有限公司 2023 年 6 月基本生产车间发生的制造费用总额为 236 000 元,基本生产车间甲产品生产工时为 12 500 小时,乙产品生产工时为 7 500 小时。

制造费用计算分配如下:

$$制造费用分配率 = \frac{236\ 000}{12\ 500 + 7\ 500} = 11.8$$

甲产品应分配制造费用 = 12 500 × 11.8 = 147 500 元

乙产品应分配制造费用 = 7 500 × 11.8 = 88 500 元

根据制造费用分配表,编制会计分录如下:

借:基本生产成本——甲产品　　　　　147 500

　　　　　　　　——乙产品　　　　　　88 500

　　贷:制造费用　　　　　　　　　　　236 000

按生产工时比例分配是较为常见的一种分配方法,它能将劳动生产率的高低与产品负担费用的多少联系起来,分配结果比较合理。由于生产工时是分配间接计入费用常用的分配标准之一,因此,必须正确组织好产品生产工时的记录和核算等基础工作,以保证生产工时的准确、可靠。

2. 生产工人工资比例法

生产工人工资比例法又称生产工资比例法,是以各种产品的生产工人工资的比例分配制造费用的一种方法。其计算公式如下:

$$制造费用分配率 = \frac{制造费用总额}{车间产品生产工人工资总额}$$

某种产品应分配的制造费用 = 该种产品生产工人工资 × 制造费用分配率

由于工资费用分配表中有现成的生产工人工资的资料,因此这种分配方法核算工作很简便。这种方法适用于各种产品生产机械化程度大致相同的情况,否则会影响费用分配的合理性。例如,机械化程度低的产品,所用工资费用多,分配的制造费用也多;反之,机械化程度高的产品,所用工资费用少,分配的制造费用也少,会出现不合理情况。该分配方法与生产工时比例法原理基本相同。如果生产工人的计时工资是按照生产工时比例分配的,按照生产工人工资比例分配制造费用,实际上就是按生产工时比例分配制造费用。

3. 机器工时比例法

机器工时比例法是按照各种产品所用机器设备运转时间的比例分配制造费用的一种方

法。这种方法适用于机械化程度较高的车间，因为在这种车间中，机器折旧费用、维护费用等的多少与机器运转的时间有密切的联系。采用这种方法，必须组织好各种产品所耗用机器工时的记录工作，以保证工时的准确性。该方法的计算程序、原理与生产工时比例法基本相同。

为了提高分配结果的正确性，可以将机器设备划分为若干类别，按其类别归集和分配制造费用；也可以将制造费用按性质和用途分类，如分为与机器设备使用有关的费用，以及由于管理组织生产而发生的费用，分别采用适当的方法分配制造费用。

4. 按年度计划分配率分配法

按年度计划分配率分配法，是按照年度开始前确定的全年适用的计划分配率分配费用的方法。采用这种分配方法，不论各月实际发生的制造费用为多少，每月各种产品成本中的制造费用都按年度计划确定的计划分配率分配。年度内如果发现全年制造费用的实际数和产品的实际产量与计划数产生较大的差额，应及时调整计划分配率。其计算公式如下：

$$年度计划分配率 = \frac{年度制造费用计划总额}{年度各种产品计划产量的定额工时总额}$$

某月某产品制造费用 = 该月该种产品实际产量的定额工时数 × 年度计划分配率

【例 3-25】 尚铭股份有限公司第一车间全年制造费用计划数为 200 000 元。全年各种产品的计划产量为甲产品 4 800 件，乙产品 4 000 件。单件产品的工时定额为甲产品 5 小时，乙产品 4 小时。6 月份实际产量为甲产品 300 件，乙产品 200 件。本月实际发生制造费用 12 000 元。试用按年度计划分配率分配法计算各种产品应分配的制造费用。

计算过程如下：

(1) 各种产品年度计划产量的定额工时。

甲产品年度计划产量的定额工时 = 4 800 × 5 = 24 000 小时

乙产品年度计划产量的定额工时 = 4 000 × 4 = 16 000 小时

(2) 制造费用年度计划分配率。

$$制造费用年度计划分配率 = \frac{200\ 000}{24\ 000 + 16\ 000} = 5$$

(3) 各种产品本月实际产量的定额工时。

甲产品本月实际产量的定额工时 = 300 × 5 = 1 500 小时

乙产品本月实际产量的定额工时 = 200 × 4 = 800 小时

(4) 各种产品应分配的制造费用。

该月甲产品分配制造费用 = 1 500 × 5 = 7 500 元

该月乙产品分配制造费用 = 800 × 5 = 4 000 元

该车间本月按计划分配率分配转出的制造费用 = 7 500 + 4 000 = 11 500 元

【例 3-26】 假定例 3-25 中尚铭股份有限公司第一车间的"制造费用"科目 6 月初贷方余额为 300 元，则该月制造费用的实际发生额和分配转出额登记结果如图 3-1 所示。

制造费用 / 基本生产成本

原材料、应付职工薪酬、累计折旧等	制造费用		基本生产成本
		6月初余额 300	
	6月实际发生额	6月分配转出额	
6月余额 12 000 →	12 000	11 500 →	11 500
	合计 12 000	合计 11 800	
	6月末余额 200		

图 3-1　登记结果

采用按年度计划分配率分配法时，每月实际发生的制造费用与分配转出的制造费用金额不等，因此，"制造费用"科目一般月末有余额，既可能是借方余额，也可能是贷方余额。如为借方余额，则其为年度内累计实际发生的制造费用大于累计分配转出的制造费用的数额；如为贷方余额，则其为年度内累计实际发生的制造费用小于累计分配转出的制造费用的数额。对于"制造费用"科目的年末余额，即全年制造费用的实际发生额与计划分配额的差额，一般应按照本年各种产品已经负担的制造费用的比例，将其调整计入 12 月份各种产品的成本。实际发生额大于计划分配额的，借记"基本生产成本"科目及其所属明细账，贷记"制造费用"科目；实际发生额小于计划分配额的，则用红字冲减，或借记"制造费用"科目，贷记"基本生产成本"科目及其所属明细账。

假定上例中的企业本年 1～12 月份，按计划分配率分配转出的制造费用总额为 204 000 元，其中甲产品负担 122 400 元，乙产品负担 81 600 元，全年实际发生制造费用 210 120 元，即全年实际发生的制造费用大于已经按计划分配率分配转出的制造费用 6 120 元。据此，有关计算和会计分录如下：

$$调整分配率 = \frac{6\ 120}{122\ 400 + 81\ 600} = 3\%$$

$$甲产品应负担差异 = 122\ 400 \times 3\% = 3\ 672\ 元$$

$$乙产品应负担差异 = 81\ 600 \times 3\% = 2\ 448\ 元$$

借：基本生产成本——甲产品　　　　3 672
　　　　　　　　——乙产品　　　　2 448
　　贷：制造费用　　　　　　　　　　　6 120

3.6　完工产品和在产品之间的归集与分配

完工产品和月末在产品之间分配费用，是成本核算工作中一项重要而复杂的工作，在产品结构复杂、零件种类和加工工序较多的情况下更是这样。企业应该根据在产品数量的多少、各月在产品数量变化的大小、各项费用比重的大小以及定额管理基础的好坏等具体条件，选择既合理又简便的分配方法，在完工产品与月末在产品之间分配费用。

3.6.1　完工产品和在产品的分配方法

在完工产品与月末在产品之间分配费用的方法有多种，但若将其加以归纳，大体上可以分为两种类型：第一种是将月初在产品费用与本月费用之和划分为本月完工产品费用和月末在产品费用两部分；第二种是先确定月末在产品费用，然后用月初在产品费用与本月费用之和减去月末在产品费用即可得到本月完工产品费用。

上述第二种类型的费用分配方法，是利用倒挤的办法算出完工产品成本的，很显然，这是为了简化费用的分配工作而采取的一种办法。为了说明在使用这种类型的方法时应注意的问题，我们可以将其稍微做一下变动：

本月生产费用 +（月初在产品费用 − 月末在产品费用）= 本月完工产品费用

通过这一公式可以更加清楚地看出，本月生产费用是既定的，所以本月完工产品生产费用计算的准确程度，与月初、月末在产品费用之间差额的大小有着直接关系。如果月初、月末在产品数量不多，则月初、月末在产品费用就不会大，而它们之间的差额则会更小；再者，如果在产品虽然数量较多但各月之间变化不大，那么，月初、月末在产品费用之间的差额就会不大。因此，在上述情况下，采用简化办法确定在产品费用，并在此基础上计算出完工产品费用，不仅可以简化费用的分配工作，而且对完工产品费用的正确性也影响不大。

完工产品和月末在产品之间分配费用通常采用的具体方法包括：不计算在产品成本法、在产品成本按年初数固定计算法、在产品按所耗直接材料费用计价法、约当产量比例法、在产品按完工产品成本计算法、在产品按定额成本计价法和定额比例法。下面分别介绍这些方法的具体应用。

1. 不计算在产品成本法

不计算在产品成本法是指月末虽然有在产品，但不计算其成本，将各月的生产费用全部计入完工产品的一种方法。很显然，这是一种非常简化的费用分配方法。这种方法适用于各月末在产品数量很少的产品。例如，采煤企业月末在产品的数量很少，是否计算在产品费用对完工产品成本的影响很小，为了简化费用的分配工作就可以用这种方法。

2. 在产品成本按年初数固定计算法

在产品成本按年初数固定计算法是指年内各月末在产品成本固定不变地按年初数计算的一种方法。这种方法适用于在产品数量较少，或者在产品数量虽然较多但各月之间变化不大的产品。在月末在产品数量并不少的情况下，如果仍不计算在产品成本，会使账面反映的在产品资金占用不实，这不利于资金管理和对在产品实物的会计监督；而在在产品数量较少，或者在产品数量虽然较多但各月之间变化不大的情况下，是否计算月初月末在产品之间的成本差额，对完工产品成本的影响不大，因此，为了简化核算工作，同时又反映在产品的资金占用，各月在产品成本可以按年初数固定计算。例如，钢铁企业的高炉和化工企业各种装置中的在产品，其数量都比较稳定，为了简化核算就可以采用这种方法。

采用这种分配方法，某种产品本月发生的生产费用就是本月完工产品的成本。在这种分配方法下，年终应根据实际盘点的在产品数量，重新计算确定在产品成本，以免按年初数固定计算的在产品成本与实际出入过大，影响成本计算的正确性。

3. 在产品按所耗直接材料费用计价法

在产品按所耗直接材料费用计价法是只将直接材料费用在完工产品与月末在产品之间进行分配，其他费用全部由完工产品负担的一种方法。也就是说，在这种方法下，某种产品的全部生产费用减去月末在产品直接材料费用，就是完工产品的成本。这种分配方法适用于各月末在产品数量较大，数量变化也较大，同时直接材料费用在成本中所占比重较大的产品，如造纸、酿酒等行业的产品。

【例 3-27】 某企业生产甲产品，该产品直接材料费用在产品成本中所占比重较大，完工产品与在产品之间的费用分配采用在产品按所耗直接材料费用计价法。甲产品月初在产品直接材料费用(即月初在产品费用)为 40 000 元；本月发生直接材料费用 210 000 元，直接人工费用 8 000 元，制造费用 2 000 元；完工产品 850 件，月末在产品 150 件。该种产品的直接材料费用是生产开始时一次投入的，直接材料费用按完工产品和在产品的数量比例分配。

直接材料费用分配及完工产品成本计算如下：

$$直接材料费用分配率 = \frac{40\,000 + 210\,000}{850 + 150} = 250$$

$$完工产品直接材料费用 = 850 \times 250 = 212\,500\ 元$$

$$月末在产品直接材料费用(即月末在产品费用) = 150 \times 250 = 37\,500\ 元$$

$$完工产品成本 = 212\,500 + 8\,000 + 2\,000 = 222\,500\ 元$$

或

$$完工产品成本 = 40\,000 + (210\,000 + 8\,000 + 2\,000) - 37\,500 = 222\,500\ 元$$

在这里需要说明的是，就一般情况而言，如果直接材料是在生产开始时一次投入的，单位完工产品和单位月末在产品所消耗的直接材料费用是一样的，因此，应按照完工产品与月末在产品的实际数量比例来进行直接材料费用的分配。但是，同样是直接材料在生产开始时一次投入，如果产品在加工过程中有损耗，并且这种损耗对所加工的产品的数量有影响，那么，在这种情况下，不仅单位完工产品与单位在产品所消耗的直接材料是不一样的，而且处于不同工序上的单位在产品之间，所消耗的直接材料也有可能是不一样的。因此，在这种情况下，就不能按完工产品和月末在产品的实际数量比例分配直接材料费用，而应当分别将各工序的在产品的直接材料消耗数量进行还原，折合成未经加工的直接材料数量以后，再乘以直接材料单价，计算月末在产品的直接材料费用。

【例 3-28】 假定某纺织企业纺纱的清花工序的计划损耗率为 4%，在产品数量为 12 000 千克，原棉的单价为 12 元，则

$$月末在产品消耗的原棉的数量 = \frac{12\,000}{1 - 4\%} = 12\,500\ 千克$$

$$月末在产品直接材料费用 = 12\,500 \times 12 = 150\,000\ 元$$

4. 约当产量比例法

约当产量比例法是将在产品按其完工程度折算为相当于完工产品的产量，即约当产量，然后以完工产品的产量和在产品的约当产量为依据，分配计算完工产品成本和月末在产品成本的一种方法。采用该种分配方法，在产品既要计算直接材料费用，又要计算直接人工、制造费用等其他加工费用。这种分配方法适用于月末在产品数量较大、各月末在产品数量变化也较大、产品成本中直接材料费用和加工费用比重相差不多的产品。

1) 在产品完工程度的测定和约当产量的计算

在约当产量比例法下，约当产量的一般计算公式为

$$在产品约当产量 = 在产品数量 \times 完工百分比（即完工率或投料率）$$

从以上计算公式可以看出，在约当产量比例法下，在产品完工程度的测定对于费用分配的正确性有着决定性的影响。从精细化分配费用的角度看，应针对不同成本项目的具体情况来确定其完工率及约当产量，并在此基础上分配各项费用。但一般来说，各项加工费用是按照生产工时进行分配和归集的，因此，采用约当产量比例法时，一般可以按照生产工时投入情况来确定在产品的加工进度，即完工程度，进而计算约当产量，分配各项加工费用。直接材料的投入方式可以有多种，因此，在采用约当产量比例法时，应根据直接材料投入方式的不同以及其他具体情况来确定投料率，进而计算约当产量，分配直接材料费用。

2) 在产品投料率的测定和约当产量的计算

如果直接材料是在生产开始时一次性投入的，可以参照上述在产品按所消耗的直接材料费用计价法中所采用的方法对直接材料费用进行分配。

如果直接材料随加工进度陆续投入，则可以分为以下三种情况：

第一，直接材料随加工进度陆续投入，且直接材料投入的程度与加工进度完全一致或基本一致，这时分配直接材料费用所依据的月末在产品约当产量可以与分配加工费用所采用的在产品约当产量一致，即月末在产品的投料率可以采用分配加工费用时的完工率。

第二，直接材料随加工进度陆续投入，其投料程度与加工进度不一致，则应按工序分别确定各工序在产品的投料率。在确定各工序的投料率时，一般以各工序的直接材料消耗定额为依据，投料程度按完成本工序投料的 50% 折算。

【例 3-29】某产品需经两道工序制成，直接材料消耗定额为 100 千克，其中，第一道工序直接材料消耗定额为 40 千克，第二道工序直接材料消耗定额为 60 千克。月末在产品数量：第一道工序为 200 件，第二道工序为 300 件。完工产品为 750 件。

其计算过程和结果如表 3-21 所示。

表 3-21　约当产量计算表

工序	本工序直接材料消耗定额	完工率（投料率）	在产品约当产量	完工产品	合计
1	40 千克	40 × 50% ÷ 100 = 20%	200 × 20% = 40(件)	—	—
2	60 千克	(40 + 60 × 50%) ÷ 100 = 70%	300 × 70% = 210(件)	—	—
合计	100 千克	—	250 件	750 件	1 000 件

直接材料是在每道工序随加工进度陆续分次投料，因此每道工序投料程度按 50%

折算。

第三，直接材料随加工进度分工序投入，但在每一道工序则是在开始时一次投入，那么也应按工序确定投料率，不过在确定各工序的投料率时，应以各工序的直接材料消耗定额为依据，投料程度按完成本工序投料的 100% 计算。

【例 3-30】 采用上例中某产品在各工序的直接材料消耗定额，但直接材料在各工序开始时一次投入。

其计算过程和结果如表 3-22 所示。

表 3-22　约当产量计算表

工序	工序开始时一次投入的直接材料消耗定额	完工率（投料率）	在产品约当产量	完工产品	合计
1	40 千克	40 ÷ 100 = 40%	200 × 40% = 80（件）	—	—
2	60 千克	(40 + 60) ÷ 100 = 100%	300 × 100% = 300（件）	—	—
合计	100 千克	—	380 件	750 件	1 130 件

由于直接材料是在每道工序一开始就投入的，在同一工序中各件在产品直接材料的消耗定额就是该工序的消耗定额，不应按 50% 折算，最后一道工序在产品的消耗定额为完工产品的消耗定额，完工率为 100%。

3) 在产品完工率的测定和约当产量的计算

采用约当产量比例法分配加工费用时，首先要测定在产品的完工率，在此基础上，计算在产品的约当产量，进而进行费用的分配。测定在产品完工率的方法一般有两种：

第一种，平均计算。即一律按 50% 作为各工序在产品的完工率。这种方法适用于在各工序在产品数量和单位产品在各工序的加工量都相差不多的情况下采用。在这种情况下，后面各工序在产品多加工的程度可以抵补前面各工序少加工的程度，这样，全部在产品完工程度均可按 50% 平均计算。

第二种，各工序分别测定完工率。为了保证成本计算的准确性，加速成本的计算工作，可以按照各工序的累计工时定额占完工产品工时定额的比例计算，事前确定各工序在产品的完工率。

其计算公式如下：

$$某工序在产品完工率 = \frac{前面各工序工时定额之和 + 本工序工时定额 \times 50\%}{产品工时定额}$$

式中，本工序即在产品所在工序，其工时定额乘以 50%，是因为该工序中各件在产品的完工程度不同，为了简化完工率的测算工作，在产品所在工序的加工程度一律按平均完工率的 50% 计算。在产品从上道工序转入下一道工序时，因上道工序已经完工，所以前面各道工序的工时定额应按 100% 计算。

【例 3-31】 尚铭股份有限公司甲产品单位工时定额为 10 小时，经过三道工序制成。第一道工序工时定额为 4 小时，第二道工序工时定额为 4 小时，第三道工序工时定额为 2 小时。各道工序内各件在产品加工程度均按 50% 计算。

各工序完工率计算如下：

第一道工序：$\dfrac{4\times50\%}{10}\times100\%=20\%$。

第二道工序：$\dfrac{4+4\times50\%}{10}\times100\%=60\%$。

第三道工序：$\dfrac{4+4+2\times50\%}{10}\times100\%=90\%$。

根据各工序的月末在产品数量和各工序完工率，计算出月末各工序在产品的约当产量及其总数，据以分配费用。

【例 3-32】　假定例 3-31 中的甲产品本月完工 200 件。第一道工序的在产品 10 件，第二道工序的在产品 20 件，第三道工序的在产品 30 件。

根据各工序月末在产品的数量和各工序的完工率，分别计算各工序月末在产品的约当产量及其总数，如表 3-23 所示。

表 3-23　约当产量计算表

产品名称：甲　　　　　　　　　　　　2023 年 6 月　　　　　　　　　　　单位：件

在产品所在工序	完工率 /%	在产品数量		完工产品产量	产量合计
		结存量	约当产量		
1	20	10	2		
2	60	20	12		
3	90	30	27		
合计	—	60	41	200	241

4) 费用的具体分配方法

在约当产量比例法下，费用的具体分配方法有加权平均法和先进先出法两种。

(1) 加权平均法。

加权平均法是不考虑生产费用的发生与产品实物流转的对应关系，而将生产费用按月末在产品的约当产量和本月完工产品数量的比例进行分配的一种方法。

这种方法的基本计算公式如下：

$$某项费用分配率=\dfrac{该项费用总额}{完工产品数量+在产品约当产量}$$

$$完工产品该项费用=完工产品数量\times费用分配率$$

$$在产品该项费用=在产品约当产量\times费用分配率=该项费用总额-完工产品该项费用$$

【例 3-33】　甲产品完工产品与在产品之间费用的分配采用约当产量比例法 (加权平均法) 进行。有关资料如下：

① 本月完工产品 1 000 件。

② 本月月初在产品 200 件，其中第一道工序为 50 件，第二道工序为 90 件，第三道工序为 60 件。

③ 本月月末在产品 240 件，其中第一道工序为 80 件，第二道工序为 60 件，第三道工序为 100 件。

④ 甲产品的原材料在各工序陆续投入，其投料程度与加工进度不一致。甲产品的原材料消耗定额为 120 千克，其中第一道工序 60 千克，第二道工序 30 千克，第三道工序 30 千克。

⑤ 甲产品的工时消耗定额为 20 小时，其中第一道工序 4 小时，第二道工序 10 小时，第三道工序 6 小时。

⑥ 月初在产品生产费用为直接材料费用 6 000 元，直接人工费用 2 400 元，制造费用 3 000 元；本月生产费用为直接材料费用 36 365 元，直接人工费用 15 520 元，制造费用 20 520 元。

采用加权平均法计算分配结果。

计算过程如下：

① 直接材料费用的计算分配过程。

计算直接材料投料率：

$$\frac{60 \times 50\%}{120} = 25\%$$

$$\frac{60 + 30 \times 50\%}{120} = 62.5\%$$

$$\frac{60 + 30 + 30 \times 50\%}{120} = 87.5\%$$

计算月末在产品约当产量：

$$80 \times 25\% = 20 (件)$$
$$60 \times 62.5\% = 37.5 (件)$$
$$100 \times 87.5\% = 87.5 (件)$$

月末在产品约当产量合计 145 件。

直接材料费用的分配。

$$分配率 = \frac{6\ 000 + 36\ 365}{1\ 000 + 145} = \frac{42\ 365}{1\ 145} = 37$$

$$本月完工产品直接材料费用 = 1\ 000 \times 37 = 37\ 000 \ 元$$
$$月末在产品直接材料费用 = 145 \times 37 = 5\ 365 \ 元$$

② 直接人工和制造费用的计算分配过程。

计算完工率：

$$\frac{4 \times 50\%}{20} = 10\%$$

$$\frac{4 + 10 \times 50\%}{20} = 45\%$$

$$\frac{4 + 10 + 6 \times 50\%}{20} = 85\%$$

计算月末在产品约当产量：

$$80 \times 10\% = 8 (件)$$
$$60 \times 45\% = 27 (件)$$
$$100 \times 85\% = 85 (件)$$

月末在产品约当产量合计 120 件。

直接人工和制造费用的分配。

直接人工分配：

$$分配率 = \frac{2\,400 + 15\,520}{1\,000 + 120} = 16$$

本月完工产品直接人工费用 = 1\,000 × 16 = 16\,000 元

月末在产品直接人工费用 = 120 × 16 = 1\,920 元

制造费用分配：

$$分配率 = \frac{3\,000 + 20\,520}{1\,000 + 120} = 21$$

本月完工产品制造费用 = 1\,000 × 21 = 21\,000 元

月末在产品制造费用 = 120 × 21 = 2\,520 元

③ 本月完工产品成本和月末在产品成本的计算。

本月完工产品成本 = 37\,000 + 16\,000 + 21\,000 = 74\,000 元

月末在产品成本 = 5\,365 + 1\,920 + 2\,520 = 9\,805 元

(2) 先进先出法。

先进先出法是假设先投产的产品先行完工，并以此作为生产费用的流转顺序，将生产费用在完工产品与月末在产品之间进行分配的一种方法。

这种方法的计算公式如下：

① 直接材料费用的分配公式：

本月耗料产量 = 本月完工产品数量 + 月末在产品约当产量 – 月初在产品约当产量

$$本月直接材料分配率 = \frac{本月直接材料费用}{本月耗料产量}$$

月末在产品直接材料费用 = 月末在产品约当产量 × 本月直接材料分配率

完工产品直接材料费用 = 月初在产品直接材料费用 + 本月直接材料费用 – 月末在产品直接材料费用

② 直接人工和制造费用的分配公式：

本月耗工时产品数量 = 本月完工产品数量 + 月末在产品约当产量 – 月初在产品约当产量

$$本月直接人工(制造费用)分配率 = \frac{本月直接人工费用(制造费用)}{本月耗工时产量}$$

月末在产品直接人工费用 (制造费用) = 月末在产品约当产量 × 本月直接人工费用 (制造费用) 分配率

完工产品直接人工费用 (制造费用) = 月初在产品直接人工费用 (制造费用) + 本月直接人工费用 (制造费用) – 月末在产品直接人工费用 (制造费用)

【例 3-34】 沿用例 3-33 的资料，采用先进先出法将生产费用在完工产品与在产品之间进行分配。

① 直接材料费用的计算分配过程。

计算本期耗料产量。由于本月完工产品产量 1\,000 件为已知，月末在产品分配直接材

料费用的约当产量在上例中已经算出，为 145 件，这里可以借用，对于月初在产品分配直接材料费用的约当产量则需要计算。

月初在产品约当产量：

$$\frac{60 \times 50\%}{120} \times 50 = 25\% \times 50 = 12.5(件)$$

$$\frac{60 + 30 \times 50\%}{120} \times 90 = 62.5\% \times 90 = 56.25(件)$$

$$\frac{60 + 30 + 30 \times 50\%}{120} \times 60 = 87.5\% \times 60 = 52.5(件)$$

月初在产品约当产量合计 121.25 件。

月末在产品约当产量合计 145 件。

$$本期耗料产量 = 1\,000 + 145 - 121.25 = 1\,023.75 件$$

$$本月直接材料费用分配率 = \frac{36\,365}{1\,023.75} \approx 35.52$$

$$月末在产品直接材料费用 = 145 \times 35.52 = 5\,150.4 元$$

$$完工产品直接材料费用 = (6\,000 + 36\,365) - 5\,150.4 = 37\,214.6 元$$

② 直接人工费用和制造费用的计算分配过程。

a. 计算本期耗工时产量。由于本期完工产品产量 1\,000 件为已知，期末在产品分配直接人工费用和制造费用的约当产量在上例中已经算出，为 120 件，这里可以借用，对于月初在产品分配直接人工和制造费用的约当产量则需要计算。

月初在产品约当产量：

$$\frac{4 \times 50\%}{20} \times 50 = 10\% \times 50 = 5(件)$$

$$\frac{4 + 10 \times 50\%}{20} \times 90 = 45\% \times 90 = 40.5(件)$$

$$\frac{4 + 10 + 6 \times 50\%}{20} \times 60 = 85\% \times 60 = 51(件)$$

月初在产品约当产量合计 96.5 件。

月末在产品约当产量：120 件。

$$本月耗工时产量 = 1\,000 + 120 - 96.5 = 1\,023.5 件$$

b. 直接人工费用分配。

$$本月生产工资分配率 = \frac{15\,520}{1\,023.5} \approx 15.16$$

$$月末在产品直接人工费用 = 120 \times 15.16 = 1\,819.2 元$$

$$本月完工产品直接人工费用 = (2\,400 + 15\,520) - 1\,819.2 = 16\,100.8 元$$

c. 制造费用分配。

$$制造费用分配率 = \frac{20\,520}{1\,023.5} \approx 20.05$$

月末在产品制造费用 = 120 × 20.05 = 2 406 元

本月完工产品制造费用 = (3 000 + 20 520) − 2 406 = 21 114 元

加权平均法的优点是，生产费用的分配过程易于理解，生产费用的计算分配工作也比较简便；其缺点是，生产费用分配所依据的约当产量单位成本（费用分配率）是一种月初在产品生产费用与本月生产费用的"混合成本"，而不是本月成本水平的体现，在上月与本月成本水平相差较大的情况下，会使上月的成本水平对本月月末在产品成本产生一定的影响，这不便于对各月产品成本的分析和考核。先进先出法避免了加权平均法的缺点，但其生产费用的计算分配工作较为复杂。

5. 在产品按完工产品成本计算法

在产品按完工产品成本计算法，是将在产品视同完工产品来分配费用的一种方法。这种方法适用于月末在产品已经接近完工，或者产品已经加工完毕，但尚未验收或包装入库的产品。在这种情况下，在产品成本已接近完工产品成本，为了简化核算工作，将月末在产品视同完工产品，按完工产品与在产品的数量分配费用。

【例 3-35】　某产品月初在产品费用和本月发生费用累计数为直接材料费用 35 000 元，直接人工费用 15 000 元，制造费用 5 000 元。完工产品 900 件，月末在产品 100 件，该产品已接近完工，月末在产品成本按完工产品成本计算。其计算分配结果如表 3-24 所示。

表 3-24　成 本 计 算 表

金额单位：元

成本项目	生产费用合计	费用分配率	完工产品		月末在产品	
			数量 / 件	费用	数量 / 件	费用
1	2	③ = 2 ÷ (④ + ⑥)	④	⑤ = ④ × ③	⑥	⑦ = ⑥ × ③
直接材料	35 000	35	900	31 500	100	3 500
直接人工	15 000	15	900	13 500	100	1 500
制造费用	5 000	5	900	4 500	100	500
合计	55 000	—	—	49 500	—	5 500

表 3-24 中各项费用的分配率是根据各生产费用的累计数除以完工产品数量与月末在产品数量之和计算得出的；各费用分配率分别乘以完工产品数量和月末在产品数量，即求出完工产品与月末在产品分配的各项费用。

6. 在产品按定额成本计价法

在产品按定额成本计价法，是将月末在产品按照其定额成本计价，然后从某种产品全部生产费用（月初在产品费用加本月生产费用）中减去月末在产品的定额成本，从而得出完工产品成本的一种方法。也就是说，在这种方法下，每月月末在产品实际生产费用脱离定额的差异，全部计入当月完工产品成本。这种方法虽然简化了费用的分配工作，但月末在产品脱离定额的差异全部由完工产品负担，不尽合理。为了较为准确地进行费用分配，这种方法适用的情况是：定额管理基础比较好，各项消耗定额或费用定额比较准确、稳定，而且各月在产品数量变动不大的产品。

采用这种分配方法，应根据各种在产品有关定额资料以及在产品月末结存数量，计算各种月末在产品的定额成本。

【例 3-36】 尚铭股份有限公司生产甲、乙两种产品。两种产品完工产品与月末在产品费用的分配均采用在产品按定额成本计价的方法。甲产品月末在产品 50 件，单件直接材料费用定额为 390 元（原材料在生产开始时一次投入），在产品定额机器工时（简称"机时"）200 小时，定额人工工时 500 小时；乙产品月末在产品 150 件，单件直接材料费用定额为 320 元（原材料在生产开始时一次投入），在产品定额机器工时 500 小时，定额人工工时 1 200 小时。其他有关资料及月末在产品定额成本的计算结果如表 3-25 所示。

表 3-25　月末在产品定额成本计算表

车间名称：基本生产车间　　　　　　　　　　　　　　　　　　　　　2023 年 6 月

产品名称	在产品数量/件	直接材料定额费用/元	定额工时/小时		直接和动力（每机时2.1元）	直接人工（每工时22元）	制造费用（每工时12元）	定额成本合计/元
			机器工时	人工工时				
甲产品	50	19 500	200	500	420	11 000	6 000	36 920
乙产品	150	48 000	500	1 200	1 050	26 400	14 400	89 850
合计	—	67 500	—	—	1 470	37 400	20 400	126 770

7. 定额比例法

定额比例法是产品的生产费用按照完工产品和月末在产品的定额消耗量或定额费用的比例，分配计算完工产品成本和月末在产品成本的一种方法。其中，直接材料费用按照直接材料定额消耗量或直接材料定额费用比例分配；直接人工费用、制造费用等各项加工费，可以按定额工时的比例分配，也可以按定额费用比例分配。

这种分配方法适用于定额管理基础较好，各项消耗定额和费用定额比较准确、稳定，各月末在产品数量变动较大的产品。

定额比例法计算公式如下。

公式 1：

$$消耗量分配率 = \frac{月初在产品实际消耗量 + 本月实际消耗量}{完工产品定额消耗量 + 月末在产品定额消耗量}$$

$$完工产品实际消耗量 = 完工产品定额消耗量 \times 消耗量分配率$$

完工产品费用 = 完工产品实际消耗量 × 原材料单价（或单位工时的直接人工费用、单位工时的制造费用）

$$月末在产品实际消耗量 = 月末在产品定额消耗量 \times 消耗量分配率$$

月末在产品费用 = 月末在产品实际消耗量 × 原材料单价（或单位工时的直接人工费用、单位工时的制造费用）

按照公式 1 分配，既可以提供完工产品和月末在产品的实际费用资料，又可以提供实际消耗量资料，便于考核和分析各项消耗定额的执行情况。但是，在各产品所耗原材料的品种较多的情况下，采用这种分配方法工作量较大。为了简化核算工作，也可以采用下列公式计算分配。

公式 2：

$$直接材料费用分配率 = \frac{月初在产品实际直接材料费用 + 本月实际直接材料费用}{完工产品定额直接材料费用 + 月末在产品定额直接材料费用}$$

完工产品实际直接材料费用 = 完工产品定额直接材料费用 × 直接材料费用分配率

月末在产品实际直接材料费用 = 月末在产品定额直接材料费用 × 直接材料费用分配率

(或 = 月初在产品实际直接材料费用 + 本月实际直接材料费用 − 完工产品实际直接材料费用)

$$某项加工费用分配率 = \frac{月初在产品该项加工费用的实际金额 + 本月该项加工费用的实际金额}{完工产品定额工时 + 月末在产品定额工时}$$

完工产品应负担的某项加工费用实际金额 = 完工产品定额工时 × 该项加工费用分配率

月末在产品应负担的某项加工费用实际金额 = 月末在产品定额工时 × 该项加工费用分配率 (或月初在产品该项实际加工费用 + 本月该项实际加工费用 − 完工产品应负担该项实际加工费用)

【例 3-37】　某产品月初在产品费用为直接材料 1 400 元；直接人工 6 000 元；制造费用 40 000 元。本月生产费用：直接材料 8 200 元；直接人工 30 000 元；制造费用 20 000 元。完工产品 4 000 件，直接材料定额费用 8 000 元；定额工时 5 000 小时。月末在产品 1 000 件，直接材料定额费用 2 000 元；定额工时 1 000 小时。完工产品与月末在产品之间，直接材料费用按直接材料定额费用比例分配，其他费用按定额工时比例分配。

各项费用分配计算结果如表 3-26 所示。

表 3-26　产品成本明细账

产品名称：某产品　　　　　　　　　　　2023 年 6 月　　　　　　　　　　　金额单位：元

成本项目	月初在产品费用	本月费用	生产费用合计	费用分配率	完工产品费用		月末在产品费用	
					定额（工时）	实际费用	定额（工时）	实际费用
①	②	③	④ = ② + ③	⑤ = ④ / (⑥ + ⑧)	⑥	7 = ⑥ × ⑤	⑧	9 = ⑧ × ⑤
直接材料	1 400	8 200	9 600	0.96	8 000	7 680	2 000	1 920
直接人工	6 000	30 000	36 000	6	5 000	30 000	1 000	6 000
制造费用	40 000	20 000	60 000	10	5 000	50 000	1 000	10 000
合计	47 400	58 200	105 600	—	—	87 680	—	17 920

按照上述公式计算分配费用，必须取得完工产品和月末在产品的定额消耗量或定额费用资料。完工产品的直接材料定额消耗量和工时定额消耗量，可以根据完工产品的实际数量分别乘以单位产品直接材料消耗定额和工时消耗定额计算求得，在此基础上，再乘以相应的计划单价就可以计算完工产品的各项定额费用。月末在产品的直接材料定额消耗量和工时定额消耗量，可以根据月末在产品盘存表或账面所记录的在产品的结存数量以及相应的消耗定额具体计算，在此基础上，再乘以相应的计划单价，就可以得到月末在产品的各项定额费用。但当在产品的种类和生产工序繁多时，核算工作量繁重。因此，在产品定额消耗量可采用简化的方法计算 (即倒轧方法)。其计算公式如下：

月末在产品定额消耗量 = 月初在产品定额消耗量 + 本月投入的定额消耗量 − 本月完工产品定额消耗量

上述公式中月初在产品定额消耗量根据上月成本计算资料取得。本月投入的定额消耗量中的直接材料定额消耗量，根据领料凭证所列直接材料定额消耗量等数据计算求得；本月投入的工时定额消耗量，根据有关定额工时的原始记录计算求得。按照倒轧方法计算月末在产品的定额数据，可以简化计算工作，但是，在发生在产品盘盈、盘亏的情况下，计算求得的成本资料就不能如实反映产品成本的水平。为了提高成本计算的准确性，必须每隔一定时期对在产品进行一次实地盘点，根据在产品的实存数计算一次定额消耗量。

【例 3-38】 沿用例 3-37 的资料。某产品月初在产品定额原材料费用 1 500 元，定额工时 1 500 小时。本月投入生产定额直接材料费用 8 500 元，定额工时 4 500 小时。本月实际发生的费用和完工产品定额资料同例 3-37。

各项费用分配计算结果如表 3-27 所示。

表 3-27　产品成本明细账

成本项目	月初在产品		本月投入		合计		费用分配率	完工产品		月末在产品	
	定额	实际	定额	实际	定额	实际		定额	实际	定额	实际
①	②	③	④	⑤	⑥=②+④	⑦=③+⑤	⑧=⑦÷(⑨+⑪)	⑨	⑩=⑨×⑧	⑪=⑥-⑨	⑫=⑪×⑧
直接材料	1 500	1 400	8 500	8 200	10 000	9 600	0.96	8 000	7 680	2 000	1 920
直接人工	1 500	6 000	4 500	30 000	6 000	36 000	6	5 000	30 000	1 000	6 000
制造费用	1 500	40 000	4 500	20 000	6 000	60 000	10	5 000	50 000	1 000	10 000
合计	—	47 400	—	58 200	—	105 600	—	—	87 680	—	17 920

计算过程如下：

$$月末在产品原材料定额费用 = 1\ 500 + 8\ 500 - 8\ 000 = 2\ 000\ 元$$
$$月末在产品定额工时 = 1\ 500 + 4\ 500 - 5\ 000 = 1\ 000\ 小时$$

采用定额比例法分配完工产品与月末在产品费用，分配结果比较准确，同时还便于将实际费用与定额费用进行比较，考核和分析定额的执行情况。

通过以上所述生产费用在各种产品之间，以及在同种产品的完工产品与月末在产品之间分配和归集以后，分别计算出各种产品的总成本和单位成本，借以考核和分析各种产品成本计划的执行情况。

根据第 3 章、第 4 章中尚铭股份有限公司的各种费用分配表及有关凭证，登记基本生产成本明细账，详见表 3-28 和表 3-29。

表 3-28　产品成本明细账

车间名称：基本生产车间　　　　　　（基本生产成本明细账）　　　　　　产量：1 210 件
产品名称：甲产品　　　　　　2023 年 6 月　　　　　　单位：元

成本项目	月初在产品	本月费用	生产费用累计	月末在产品成本	产成品成本	
					总成本	单位成本
直接材料	23 400	465 200	488 600	19 500	469 100	387.69
直接燃料和动力	525	11 100	11 625	420	11 205	9.26
直接人工	13 200	280 000	293 200	11 000	282 200	233.22
制造费用	7 200	147 500	154 700	6 000	148 700	122.89
合计	44 325	903 800	948 125	36 920	911 205	753.06

表 3-29　产品成本明细账

车间名称：基本生产车间　　　　　　　　（基本生产成本明细账）　　　　　　　　产量：830 件

产品名称：乙产品　　　　　　　　　　　2023 年 6 月　　　　　　　　　　　单位：元

成本项目	月初在产品成本	本月费用	不可修复废品成本	生产费用净额	月末在产品成本	产品成本	
						总成本	单位成本
直接材料	57 600	267 400	-9 600	315 400	48 000	267 400	322.17
直接燃料和动力	1 260	6 000	-220.5	7 039.5	1 050	5 989.5	7.22
直接人工	33 000	168 000	-5 940	195 060	26 400	168 660	203.2
制造费用	18 000	88 500	-3 240	103 260	14 400	88 860	107.06
废品损失		18 000.5		18 000.5		18 000.5	21.69
合计	109 860	547 900.5	-19 000.5	638 760	89 850	548 910	661.34

3.6.2　完工产品成本的结转

工业企业生产产品发生的各项生产费用，已在各种产品之间进行了分配，在此基础上又在同种产品的完工产品和月末在产品之间进行了分配，计算出各种完工产品的成本，从"基本生产成本"科目及所属明细科目贷方转出，计入有关科目的借方。完工入库产成品的成本，借记"库存商品"科目；完工的自制材料、工具、模具等的成本，分别借记"原材料""低值易耗品"等科目，贷记"基本生产成本"科目。"基本生产成本"科目月末借方余额就是基本生产在产品的成本，即占用在基本生产过程中的生产资金。

【例 3-39】　工业企业的完工产品，包括产成品、自制材料、工具、模具等。根据表 3-28 和表 3-29，即甲、乙产品成本明细账（基本生产成本明细账），汇总编制产成品成本汇总表如表 3-30 所示。

表 3-30　产成品成本汇总表

2023 年 6 月　　　　　　　　　　　　　　　　　　　　　　　　　　　　　单位：元

产品名称	直接材料	直接燃料和动力	直接人工	制造费用	废品损失	合计
甲产品	469 100	11 205	282 200	148 700	—	911 205
乙产品	267 400	5 989.5	168 660	88 860	18 000.5	548 910
合计	736 500	17 194.5	450 860	237 560	18 000.5	1 460 115

根据完工验收入库产成品的入库单及产成品成本汇总表等，编制会计分录如下：

借：库存商品　　　　　　　　　　1 460 115

　　贷：基本生产成本　　　　　　　1 460 115

3.7　期间费用的核算

3.7.1　期间费用及其核算内容

期间费用是指企业在生产经营过程中发生的，与产品生产活动没有直接联系，属于某一时期发生的直接计入当期损益的费用。期间费用包括企业在产品销售过程中发生的各项费用，以及专设销售机构的各项经费；企业行政管理部门为组织和管理生产经营活动而发生的各项管理费用；企业为筹集生产经营所需资金而发生的财务费用。期间费用的核算是指销售费用的核算、管理费用的核算和财务费用的核算。

3.7.2 销售费用的归集与结转

销售费用是指企业在产品销售过程中发生的各项费用，以及销售机构的经常费用。它不计入产品的生产成本，不参与产品成本计算，也不存在分配问题，而是作为期间费用直接计入当期损益。这种费用应该按年、季、月和费用项目编制费用计划，进行分析和考核。销售费用的归集与结转是通过"销售费用"总账科目及其所属明细科目进行的。销售费用应按费用项目设置明细账，进行明细核算，用以反映和考核各项费用的支出情况。发生和支付各项产品销售费用时，借记"销售费用"科目，贷记"银行存款""库存现金""应付账款""应付职工薪酬""包装物"等科目。月末，根据"销售费用"科目和所属明细科目借方归集的各项费用，将其实际发生额全部结转至"本年利润"科目。结转以后，"销售费用"科目及其所属明细科目应无余额。

【例 3-40】 根据前列尚铭股份有限公司的各种费用分配表和有关凭证，登记销售费用明细账，如表 3-31 所示。

表 3-31 销售费用明细账

2023 年 6 月 　　　　　　　　　　　　　　　　　　　单位：元

摘要	机物料消耗	办公费	职工薪酬	折旧费	水费	电费	运费	包装费	广告费	低值易耗品	其他	合计	转出	余额
付款凭证		4 000							3 000			7 000		
原材料费用分配表	1 800											1 800		
低值易耗品摊销分配表										1 000		1 000		
外购动力费用分配表						600						600		
工资费用分配表			30 000									30 000		
其他短期薪酬费用分配表			12 000									12 000		
折旧费用分配表				10 000								1 000		
辅助生产费用分配表					9 346.6		55 395					64 741.6		118 141.6
转账凭证转出													118 141.6	
合计	1 800	4 000	42 000	10 000	9 346.6	600	55 395		3 000	1 000		118 141.6	118 141.6	0

月末，将销售费用直接转入"本年利润"科目。编制会计分录如下：

借：本年利润　　　　　　　118 141.6

　　贷：销售费用　　　　　　118 141.6

3.7.3　管理费用的归集与结转

管理费用是指企业行政管理部门为组织和管理生产经营活动而发生的各项费用。它不计入产品的生产成本，不参与产品成本计算，也不存在分配问题，而是作为期间费用直接计入当期损益。这种费用应该按年、季、月和费用项目编制费用计划，进行核算和考核。

管理费用的归集与结转，是通过"管理费用"总账科目及其所属明细科目进行的。管理费用应按费用项目设置明细账，用来反映和考核各项费用的支出情况。发生或支付各项管理费用时，借记"管理费用"科目，贷记有关科目。在发生材料、产品盘盈时，抵减管理费用的金额，应借记有关科目，贷记"管理费用"科目，同时要在"管理费用"明细科目的"材料产品盘亏和毁损"专栏中用红字或负数登记。月末，结转管理费用时借记"本年利润"科目，贷记"管理费用"科目，结转以后，"管理费用"科目及其所属明细科目无余额。

【例 3-41】　根据前列尚铭股份有限公司的各种费用分配表和有关凭证，登记管理费用明细账，如表 3-32 所示。

表 3-32　管理费用明细账

2023 年 6 月　　　　　　　　　　　　　　　　　　　　　　　　单位：元

摘　要	材料消耗	办公费	职工薪酬	折旧费	水费	电费	运费	低值易耗品	合计	转出	余额
付款凭证		9 600							9 600		
原材料费用分配表	2 000								2 000		
低值易耗品摊销分配表								2 500	2 500		
外购动力费用分配表		1 800				1 800			1 800		
工资费用分配表			60 000						60 000		
其他短期薪酬费用分配表			24 000						24 000		
折旧费用分配表				3 000					3 000		
辅助生产费用分配表					10 159.4		11 541		21 700.4		124 600.4
转账凭证转出										124 600.4	
合计	2 000	9 600	84 000	3 000	10 159.4	1 800	11 541	2 500	124 600.4	124 600.4	0

月末，结转管理费用直接转入"本年利润"科目。编制会计分录如下：

借：本年利润　　　　　　　124 600.4

　　贷：管理费用　　　　　　124 600.4

3.7.4　财务费用的归集与结转

财务费用是指企业为筹集生产经营活动所需的资金而发生的各项筹资费用。财务费用不计入产品的制造成本，不参与产品成本计算，也不存在分配问题，而是作为期间费用，直接计入当期损益。企业为购建固定资产而筹集资金所发生的费用，在固定资产尚未完工交付使用前发生的费用，应计入有关固定资产价值，不属于财务费用。财务费用也应该按年、季、月和费用项目编制费用计划，进行核算和考核。

财务费用的归集与结转，是通过"财务费用"总账科目和所属明细账进行的。财务费用应按费用项目设置明细账，用以反映和考核各项费用的支出情况。发生或预提利息支出时，借记"财务费用"科目，贷记"应付利息"或"银行存款"科目。在发生利息收入和汇兑收益时，应借记"银行存款"等科目，贷记"财务费用"科目。这些抵减财务费用的金额，既要计入该总账科目的贷方，又应在财务费用明细账"利息支出"和"汇兑损失"专栏中用红字或负数登记。月末结转财务费用时借记"本年利润"科目，贷记"财务费用"科目，结转以后，"财务费用"科目及所属明细账无余额。

【例 3-42】 根据前列尚铭股份有限公司的各种费用分配表和有关凭证登记财务费用明细账，如表 3-33 所示。

表 3-33　财务费用明细账

2023 年 6 月　　　　　　　　　　　　　　　　　　　　　　　　单位：元

摘　要	利息支出	手续费	其他	合计	转出	余额
利息费用分配表	1 000			1 000		
付款凭证		100		100		1 100
转账凭证（转出）					1 100	0
本月合计	1 000	100		1 100	1 100	0

月末，将财务费用直接转入"本年利润"科目。编制会计分录如下：

借：本年利润　　　　　　　1 100

　　贷：财务费用　　　　　　1 100

本章小结

生产经营费用的归集与分配是企业成本管理的核心内容之一，通过对直接材料、直接人工、制造费用等的归集与分配，以及在完工产品和在产品之间的合理划分，可以提高企业的成本管理水平和经济效益。在实际操作中，需要根据企业具体情况采用合适的成本核算方法和管理手段，以保证成本数据的准确性和可靠性。

闯关考验

一、单项选择题

1. 直接用于产品生产的燃料费用，应计入的会计科目是 (　　)。
A. "管理费用"　　　　　　　　B. "基本生产成本"
C. "销售费用"　　　　　　　　D. "制造费用"

2. 基本生产车间耗用的机物料费用，应计入的会计科目是 (　　)。
A. "基本生产成本"　　　　　　B. "辅助生产成本"
C. "制造费用"　　　　　　　　D. "管理费用"

3. 基本生产车间用于生产的低值易耗品，其价值摊销额应计入的会计科目是 (　　)。
A. "销售费用"　　　　　　　　B. "制造费用"
C. "管理费用"　　　　　　　　D. "基本生产成本"

4. 在计件工资制度下，产品生产工人的工资费用 (　　)。
A. 是直接生产费用，也是直接计入费用
B. 是直接生产费用，但属于间接计入费用
C. 是间接生产费用，也是间接计入费用
D. 是间接生产费用，但属于直接计入费用

5. 基本生产车间计提的固定资产折旧费，应计入的会计科目是 (　　)。
A. "财务费用"　　　　　　　　B. "销售费用"
C. "管理费用"　　　　　　　　D. "制造费用"

6. 企业行政管理部门计提的固定资产折旧费，应计入的会计科目是 (　　)。
A. "销售费用"　　　　　　　　B. "管理费用"
C. "制造费用"　　　　　　　　D. "财务费用"

7. 辅助生产费用的直接分配法，是将辅助生产费用 (　　)。
A. 直接计入基本生产成本的方法
B. 直接计入辅助生产成本的方法
C. 直接分配给所有受益单位的方法
D. 直接分配给辅助生产以外的各受益单位的方法

8. 辅助生产费用的顺序分配法，是指各辅助生产车间之间的费用分配应按照辅助生产车间 (　　)。
A. 费用多的排列在前，费用少的排列在后的顺序分配
B. 费用少的排列在前，费用多的排列在后的顺序分配
C. 受益多的排列在前，受益少的排列在后的顺序分配
D. 受益少的排列在前，受益多的排列在后的顺序分配

9. 辅助生产交互分配后的实际费用，应再在 (　　) 进行分配。
A. 各基本生产车间　　　　　　B. 各受益单位之间
C. 各辅助生产车间　　　　　　D. 辅助生产以外的受益单位之间

10. 各辅助生产分配方法中，分配结果最准确的是 (　　)。

A. 代数分配法　　　　　　　B. 顺序分配法
C. 交互分配法　　　　　　　D. 直接分配法

二、多项选择题

1. 基本生产车间领用的材料费用,按其用途进行分配,可能计入的会计科目有（　　　）。
A. "基本生产成本"　　　　　B. "制造费用"
C. "管理费用"　　　　　　　D. "销售费用"

2. 直接材料费用的分配标准有（　　　）。
A. 直接材料定额消耗量　　　B. 直接材料定额费用
C. 产品的体积　　　　　　　D. 产品的重量

3. 在下列方法中,属于低值易耗品摊销方法的有（　　　）。
A. 一次摊销法　　　　　　　B. 分次摊销法
C. 五五摊销法　　　　　　　D. 定额比例法

4. 在下列职工薪酬费用中,应计入产品成本的有（　　　）。
A. 产品生产工人的薪酬费用
B. 基本生产车间管理人员的薪酬费用
C. 基本生产车间辅助工人的薪酬费用
D. 企业专设销售机构人员的薪酬费用

5. 辅助生产车间不设"制造费用"账户核算是因为（　　　）。
A. 为了简化核算工作　　　　B. 制造费用较少
C. 辅助生产车间规模较小　　D. 辅助生产车间不对外提供商品

6. 辅助生产费用的分配方法有（　　　）。
A. 直接分配法　　　　　　　B. 顺序分配法
C. 交互分配法　　　　　　　D. 计划成本分配法

7. 辅助生产车间发生的间接用于产品生产的费用可以借记的会计科目有（　　　）。
A. "辅助生产成本"　　　　　B. "基本生产成本"
C. "制造费用"　　　　　　　D. "管理费用"

8. 制造费用的分配方法有（　　　）。
A. 生产工时比例法　　　　　B. 生产工人工资比例法
C. 机器工时比例法　　　　　D. 按年度计划分配率分配法

9. 计算废品净损失时,应考虑的内容有（　　　）。
A. 可修复废品的修复费用　　B. 生产过程中发现的不可修复废品的生产成本
C. 废品的残值　　　　　　　D. 废品的应收赔款

10. 不可修复废品的成本,可以按（　　　）。
A. 废品所耗实际费用计算　　B. 废品所耗定额费用计算
C. 废品售价计算　　　　　　D. 废品残值计算

三、简答题

1. 辅助生产费用的分配方法有哪些？其特点是什么？
2. 制造费用的分配方法有哪些？其适用范围是什么？

四、计算题

1. 某企业本月生产 A 产品 25 台,B 产品 40 台,C 产品 50 台,共同耗用甲材料 3 672

千克，甲材料单价 5 元。三种产品单位材料消耗量分别是 60 千克、40 千克和 10 千克。

　　要求：按定额消耗量比例分配甲材料费用。

　　2. 某企业生产甲、乙两种产品，共同耗用 A、B 两种原材料。有关资料如表 3-34 所示。

表 3-34　A、B 两种原材料有关资料

产品名称	投产数量	单件产品材料消耗定额		实际消耗材料数量（甲乙共同消耗）	
		A 材料	B 材料	A 材料	B 材料
甲	200 件	5 千克	10 千克		
乙	100 件	4 千克	2 千克		
合计				1 400 千克	3 300 千克

　　原材料 A 单价为 6 元，原材料 B 单价为 8 元。

　　要求：按定额消耗量比例分配材料费用，并编制相关会计分录。

知识拓展

　　扫描二维码获取《管理会计应用指引第 301 号——目标成本法》。

考证对接

　　扫描二维码获取对接题目。

小尚寄语：

　　没有最好的，只有适合的。并不存在一种适用于各种情况的普适的管理原则和方法，管理只能依据各种具体的情况行事。

——菲德勒

第4章
产品成本计算的主要方法

▼

目标规划

学习目标： 掌握各种成本计算方法的特点、适用范围、一般计算程序及账务处理过程；掌握分批法的应用条件、基本生产成本二级账的作用及其在生产费用分配上的特点；掌握逐步结转分步法下各步骤间成本结转的方法以及成本还原的必要性和还原方法；掌握平行结转分步法下广义在产品的含义以及生产费用在最终完工产品与广义在产品之间分配的方法。

技能目标： 掌握品种法、分批法、分步法的计算原理，能够熟练运用、练习并应用于企业实践中。

思维导图

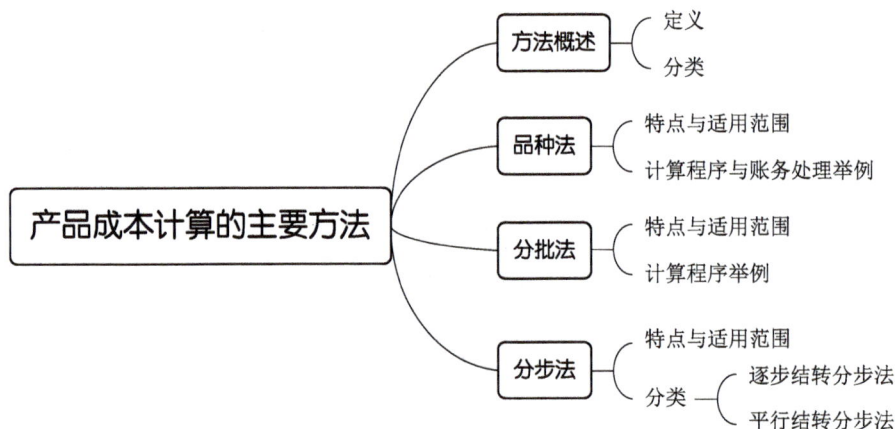

思政要点

通过各种实训平台，实操演练产品成本的计算，从品种法、分批法和分步法的计算步骤中体会每一步账务处理都关乎最终产品成本信息的准确性，培养不急不躁、认真细致的职业素养。

培育求真务实、大胆创新的品格。如今，会计专业已向大数据方向全面转型，随着人工智能、信息技术、财务机器人等在会计领域的推广，时代对高职院校会计人才的培养提出了新的要求。鼓励在工作中追求卓越、勇于创新、精益求精，是当代工匠精神在会计行业的具体体现。

案例导入

尚铭股份有限公司生产和销售甲、乙两种产品。两种产品的生产都属于大量、大批、多步骤生产，其中乙产品的半成品种类较多。两种产品的生产已经定型，针对这两种产品的计划和定额管理工作的基础都很扎实，各项消耗定额比较准确、稳定；甲产品的各月末在产品数量稳定，乙产品的各月末在产品数量变动较大。甲产品的半成品除供本企业加工甲产品所用外，还对外销售，需要计算半成品成本；乙产品则不需要计算半成品成本。另外，从企业内部管理的要求看，均要求两种产品分步骤归集费用，计算成本。其中，甲产品不仅需要从整个企业角度考核和分析其成本构成情况，而且需要严格进行分步骤的成本管理，即要求各步骤成本核算所提供的资料能够较为清晰地反映各步骤的工作业绩和经济责任。

请思考：

1. 从既满足管理的需要又要加速和简化成本计算工作的要求出发，这两种产品最适合采用什么样的成本计算方法？

2. 如果你选择了某种成本计算方法，请详细说明在该种方法下成本计算都包括哪些方面的工作。

3. 这两种产品的完工产品与月末在产品之间的费用分配适合采用什么样的方法？

4. 如果你选择某种完工产品与月末在产品之间的费用分配方法，请详细说明在该种方法下分配费用所需要的有关资料应如何取得。

4.1　产品成本计算的方法概述

产品成本计算的方法是将生产经营过程中发生的生产费用，按一定的成本计算对象进行归集和分配，从而计算产品成本的方法。产品成本计算方法必须适应企业生产过程的特点和管理要求。在大量大批单步骤生产或管理上不要求分步骤计算成本的多步骤生产企业，如发电、采掘等企业，一般只按产品的品种计算成本。在大量大批多步骤生产企业，如纺织、冶金等企业，不仅要求按品种计算成本，还要求分步骤计算成本。在单件小批生产企业，如机器制造、造船等企业，生产按产品的批别或订单组织，成本可按批别或订单计算。在工业企业里，往往同时生产一些品种规格相近、工艺技术过程基本相同的同类别产品，为简化核算，可按产品类别确定成本计算对象，从而计算产品成本。在定额管理基础较好的企业中，为了考核经营管理成果，及时反映和调整生产过程中的成本差异，还可采用定额法计算产品成本。

4.1.1 产品成本计算方法的定义

产品成本计算方法，是指根据产品生产工艺过程的特点和成本管理的要求，确定产品成本计算对象，归集生产费用，计算产品总成本和单位成本的方法。

4.1.2 产品成本计算方法的分类

1. 产品成本计算的基本方法

产品成本计算的基本方法有品种法、分批法和分步法。

(1) 品种法。品种法是以产品品种作为成本核算对象，归集和分配生产费用，计算产品成本的一种方法。它适用于单步骤、大量生产的企业，如发电、供水、采掘等企业。

(2) 分批法。分批法是以产品的批别对象作为成本核算对象，归集和分配生产费用，计算产品成本的一种方法。它适用于单件、小批生产的企业，如造船、重型机器制造、精密仪器制造等企业。

(3) 分步法。分步法是以生产过程中各个加工步骤 (分品种) 作为成本核算对象，归集和分配生产费用，计算各步骤半成品和最后产成品成本的一种方法。它适用于大量大批、多步骤生产的企业，如冶金、纺织、机械制造等企业。

2. 产品成本计算的辅助方法

产品成本计算的辅助方法包括分类法、定额法等。

4.2　产品成本计算的品种法

4.2.1 品种法的特点与适用范围

产品成本计算的品种法，亦称简单法，是按照产品品种归集生产费用、计算产品成本的一种方法。它主要适用于大量、大批的单步骤生产，如发电、采掘等生产。在这种类型的生产中，产品的生产工艺过程不可能或者不需要划分为几个生产步骤，因而也就不可能或者不需要按照生产步骤计算产品成本。在大量、大批的多步骤生产中，如果企业或车间的规模较小，或者车间是封闭式的 (即从原材料投入到产品产出的全过程，都是在一个车间内进行的)，或者生产是按流水线组织的，管理上不要求按照生产步骤计算产品成本，也可以采用品种法计算产品成本，如小型水泥厂、织布厂等。此外，辅助生产的供水、供气、供电等单步骤的大量生产，也可以采用品种法计算成本。

1. 成本计算对象

在采用品种法计算产品成本的企业或车间里，成本计算对象就是产品品种。在品种法下，成本计算对象是产品的品种。因此，采用品种法计算产品成本，要以产品的品种为对象来设置产品成本明细账；同时应以某种产品单独耗用还是几种产品共同耗用为标准来区分是直接计入费用还是间接计入费用。如果只生产一种产品，则当计算产品成本时，只需要为这种产品开设一本产品成本明细账。在这种情况下，所发生的全部生产费用都是直接计分费用，可以直接计入该产品成本明细账的有关成本项目。如果是生产多种产品，则产品成本明细账就要按照产品品种分别设置，发生的生产费用中，能分得清是哪种产品耗用的，可以直接计入该产品成本明细账的有关成本项目，分不清的则要采用适当的分配方法，在各成本计算对象之间进行分配，然后分别计入各产品成本明细账的有关成本项目。

2. 成本计算期

在大量、大批生产的企业中，由于是重复生产一种或几种产品，原材料不断投入，产成品不断产出，每月都有产品完工，因而成本计算一般定期于每月月末进行。

3. 费用在完工产品与在产品之间的分配

在单步骤生产企业中，由于生产不能间断，生产周期短，月末计算成本时，一般不存在尚未完工的在产品，或者在产品数量很小，因而可以不计算在产品成本。在这种情况下，产品成本明细账中按成本项目归集的生产费用就是该产品的总成本，用该产品的产量去除，即可求得该产品的平均单位成本。

在一些规模较小，而且管理上又不要求按照生产步骤计算成本的大量、大批的多步骤生产企业中，月末一般都有在产品，而且数量较多，这就需要将产品成本明细账中归集的生产费用，选择适当的分配方法，在完工产品与月末在产品之间进行分配，以便计算完工产品成本和月末在产品成本。

4.2.2　品种法的计算程序与账务处理举例

品种法是产品成本计算方法中最基本的方法。品种法的计算程序体现着产品成本计算的一般程序。下面的具体例子把品种法所用的各种费用分配表和明细账都串联起来，这样不仅便于从中系统、全面、具体地掌握品种法的特点，而且有利于深入理解产品成本计算的基本原理。

【例 4-1】　尚铭股份有限公司设有一个基本生产车间，大量生产甲、乙两种产品，其生产工艺过程属于单步骤生产。根据生产特点和管理要求，确定采用品种法计算产品成本。该公司还设有供水和运输两个辅助生产车间，辅助生产车间的制造费用通过"制造费用"科目核算。该公司不单独核算废品损失，产品成本包括"直接材料""直接燃料和动力""直接人工""制造费用"四个成本项目。

下面以该公司 2023 年 6 月份各项费用资料为例，说明产品成本计算的程序和相应的账务处理（本例中涉及增值税的内容从略）。

1. 编制费用分配表，分配要素费用

根据各项费用的原始凭证和其他有关资料，编制各种费用分配表，分配各种要素费用。

(1) 根据 6 月份银行存款付款凭证汇总编制各项货币支出（假定全部用银行存款支付）汇总表，详见表 4-1。

表 4-1　银行存款付款凭证汇总表　　　　　单位：元

应 借 科 目			金　额
总账科目	明细科目	成本或费用项目	
辅助生产成本	运输车间	直接燃料和动力	15 000
制造费用	基本生产车间	办公费	7 000
		劳动保护费	4 000
		其他	950
	供水车间	办公费	1 500
		劳动保护费	2 000
		其他	400
	运输车间	办公费	1 500
		劳动保护费	1 500
		其他	1 200
	小计		20 050
管理费用		办公费	8 000
		劳动保护费	5 000
		其他	3 000
	小计		16 000
合计			51 050

为了简化核算，本例均汇总编制会计分录，只列出应借、应贷的总账科目。

编制会计分录如下：

借：辅助生产成本　　　　　15 000

　　制造费用　　　　　　　20 050

　　管理费用　　　　　　　16 000

　　贷：银行存款　　　　　　　51 050

(2) 根据按原材料用途归类的领退料凭证和有关的费用分配标准，编制原材料费用分配表，详见表 4-2。

表 4-2　原材料费用分配表（分配表 1）　　　　　单位：元

应 借 科 目			原材料及主要材料	其他材料	合　计
总账科目	明细科目	成本或费用项目			
基本生产成本	甲产品	直接材料	800 000	2 500	82 500
	乙产品	直接材料	730 000	1 500	74 500
	小计		153 000	4 000	157 000
辅助生产成本	供水车间	直接材料	1 800	600	2 400
	运输车间	直接材料	1 500	300	1 800
	小计		3 300	900	4 200

应 借 科 目			原材料及主要材料	其他材料	合　计
总账科目	明细科目	成本或费用项目			
制造费用	基本生产车间	机物料消耗		1 200	1 200
	供水车间	机物料消耗		700	700
	运输车间	机物料消耗		2 100	2 100
	小计			4 000	4 000
管理费用	物料消耗			1 800	1 800
合计			156 300	10 700	167 000

编制会计分录如下：

借：基本生产成本　　　　　　157 000
　　辅助生产成本　　　　　　　4 200
　　制造费用　　　　　　　　　4 000
　　管理费用　　　　　　　　　1 800
　　贷：原材料　　　　　　　167 000

(3) 根据各车间、部门耗电数量、电价和有关的费用分配标准 (各种产品用的机器工时) 编制外购动力费 (电费) 分配表，详见表 4-3。

表 4-3　外购动力费 (电费) 分配表 (分配表 2)　　　　单位：元

应 借 科 目			数 量		金 额
总账科目	明细科目	成本或费用项目	机器工时 (分配率 2.5)	度数 (单价 0.4)	
基本生产成本	甲产品	直接燃料和动力	2 400		6 000
	乙产品	直接燃料和动力	1 600		4 000
	小计		4 000	25 000	10 000
辅助生产成本	供水车间	直接燃料和动力		5 000	2 000
	运输车间	直接燃料和动力		4 000	1 600
	小计			9 000	3 600
制造费用	基本生产车间	水电费		1 500	600
	供水车间	水电费		1 000	400
	运输车间	水电费		1 000	400
	小计			3 500	1 400
管理费用	水电费			500	200
合计				38 000	115 200

编制会计分录如下：

借：基本生产成本　　　　　　10 000
　　辅助生产成本　　　　　　　3 600
　　制造费用　　　　　　　　　1 400

	200
管理费用	200
贷：应付账款	115 200

(4) 根据各车间、部门的职工薪酬结算凭证等资料，编制职工薪酬费用分配表，详见表4-4。

表4-4 职工薪酬费用分配表（分配表3）

单位：元

应 借 科 目			金 额
总账科目	明细科目	成本或费用项目	
基本生产成本	甲产品	直接人工	112 000
	乙产品	直接人工	56 000
	小计		168 000
辅助生产成本	供水车间	直接人工	21 000
	运输车间	直接人工	16 800
	小计		37 800
制造费用	基本生产车间	职工薪酬	14 000
	供水车间	职工薪酬	5 600
	运输车间	职工薪酬	5 600
	小计		25 200
管理费用			21 000
合计			252 000

编制会计分录如下：

借：基本生产成本	168 000
辅助生产成本	37 800
制造费用	25 200
管理费用	21 000
贷：应付职工薪酬	252 000

(5) 根据本月应提折旧固定资产原价和月折旧率，计算本月应计提的固定资产折旧额，编制折旧费用分配表，详见表4-5。

表4-5 固定资产折旧费用分配表（分配表4）

单位：元

项目	生产车间				企业管理部门	合计
	基本生产车间	供水车间	运输车间	小计		
折旧费用	24 000	12 000	9 000	45 000	5 000	50 000

编制会计分录如下：

借：制造费用	45 000
管理费用	5 000
贷：累计折旧	50 000

2. 计算在产品盘盈、盘亏或毁损价值

根据在产品盘存表和其他有关资料，计算在产品盘盈、盘亏或毁损价值，并从有关费用中冲减盘盈价值，将盘亏或毁损损失计入管理费用。

乙产品的在产品毁损 6 件，按定额成本计价。在产品的单位直接材料费用定额为 400 元；毁损在产品的定额工时为 120 小时，每小时直接人工费用为 8.5 元；定额机器工时为 22.5 小时，每机时直接燃料和动力费用为 2.4 元，每机时制造费用为 405 元。毁损在产品的定额成本和净损失计算详见表 4-6。

表 4-6　在产品盘亏、毁损损失计算表（分配表 5）（按定额成本计算）

产品名称：乙　　　　　　　　　　毁损数量：6 件　　　　　　　　　　单位：元

项　目	直接材料	直接燃料和动力	直接人工	制造费用	合计
单件费用定额	400	2.4	8.5	40	—
毁损在产品成本（6 件）	2 400	54	1 020	900	4 374
减：回收残料价值	274				274
在产品毁损损失	2 126	54	1 020	900	4 100
向过失人索赔					100
基本生产车间在产品毁损净损失					4 000

编制会计分录如下（清查中发现在产品毁损 4 374 元）：

借：待处理财产损溢　　　　　　　　4 374

　　贷：基本生产成本　　　　　　　　　4 374

编制会计分录如下（回收残料 274 元，向过失人索赔 100 元。经审批，将净损失转入当月管理费用）：

借：原材料　　　　　　　　　　　　274

　　其他应收款　　　　　　　　　　100

　　管理费用　　　　　　　　　　　4 000

　　贷：待处理财产损溢　　　　　　　　4 374

3. 对跨期摊提费用编制费用分配表并进行分配

本月基本生产车间领用低值易耗品 3 600 元，经审批采用分次摊销法进行摊销，从本月起分 3 个月平均摊入产品成本。

编制会计分录如下（本月基本生产车间领用低值易耗品 3 600 元）：

借：低值易耗品——在用　　　　　　3 600

　　贷：低值易耗品——在库　　　　　　3 600

采用分次摊销法对本月基本生产车间领用的低值易耗品进行摊销（假设本月需要摊销的费用仅此一项）。低值易耗品摊销分配表如表 4-7 所示。

表 4-7　低值易耗品摊销分配表（分配表 6）

　　　　　　　　　　　　　　　　　　　　　　　　　　　　　　　　单位：元

费用种类	应借科目		应贷（摊销）金额
	总账科目	明细科目	
低值易耗品摊销	制造费用	基本生产车间——低值易耗品摊销	1 200

编制会计分录如下（分月摊销时）：

借：制造费用　　　　　　　　　　1 200

　　贷：低值易耗品摊销　　　　　　　1 200

4. 归集和分配辅助生产费用

(1) 根据上述各种费用分配表，登记辅助生产成本明细账和辅助生产车间制造费用明细账，详见表4-8至表4-11。

表4-8　辅助生产成本明细账

车间名称：供水车间　　　　　　　　　　　　　　　　　　　　　　　　单位：元

月	日	摘　要	直接材料	直接燃料和动力	直接人工	制造费用	合计	转出	余额
6	30	根据分配表1	2 400				2 400		
6	30	根据分配表2		2 000			2 000		
6	30	根据分配表3			21 000		21 000		
6	30	待分配的费用小计	2 400	2 000	21 000		25 400		25 400
6	30	根据分配表7						48 000	
6	30	根据分配表8				22 600	22 600		
6	30	合计	2 400	2 000	21 000	22 600	48 000	48 000	0

表4-9　辅助生产成本明细账

车间名称：运输车间　　　　　　　　　　　　　　　　　　　　　　　　单位：元

月	日	摘　要	直接材料	直接燃料和动力	直接人工	制造费用	合计	转出	余额
6	30	根据付款凭证汇总表		15 000			15 000		
6	30	根据分配表1	1 800				1 800		
6	30	根据分配表2		1 600			1 600		
6	30	根据分配表3			16 800		16 800		
6	30	待分配的费用小计	1 800	16 600	16 800		35 200		35 200
6	30	根据分配表7						56 500	
6	30	根据分配表8				21 300	21 300		
6	30	合计	1 800	16 600	16 800	21 300	56 500	56 500	0

(2) 该公司采用直接分配法分配辅助生产费用。本月供水车间提供水42 000立方米，其中为运输车间供水2 000立方米，为基本生产车间供水36 000立方米，为行政管理部门供水4 000立方米。运输车间提供运输劳务51 000吨·千米，其中为供水车间运输1 000吨·千米，为基本生产车间运输45 000吨·千米，为行政管理部门运输5 000吨·千米。

表 4-10 制造费用明细账

车间名称：供水车间　　　　　　　　　　　　　　　　　　　　　　　　　　　　单位：元

月	日	摘 要	职工薪酬	机物料消耗	水电费	折旧费	劳动保护费	办公费	其他	合计	转出	余额
6	30	根据付款凭证汇总表					2 000	1 500	400	3 900		
6	30	根据分配表1		700						700		
6	30	根据分配表2			400					400		
6	30	根据分配表3	5 600							5 600		
6	30	根据分配表4				12 000				12 000		
6	30	待分配费用小计	5 600		400	12 000	2 000	1 500	400	22 600		22 600
6	30	根据分配表8									22 600	
6	30	合 计	5 600	700	400	12 000	2 000	1 500	400	22 600		0

表 4-11 制造费用明细账

车间名称：运输车间　　　　　　　　　　　　　　　　　　　　　　　　　　　　单位：元

月	日	摘 要	职工薪酬	机物料消耗	水电费	折旧费	劳动保护费	办公费	其他	合计	转出	余额
6	30	根据付款凭证汇总表					1 500	1 500	1 200	4 200		
6	30	根据分配表1		2 100						2 100		
6	30	根据分配表2			400					400		
6	30	根据分配表3	5 600							5 600		
6	30	根据分配表4				9 000				9 000		
6	30	待分配费用小计	5 600	2 100	400	9 000	1 500	1 500	1 200	21 300		21 300
6	30	根据分配表8									21 300	
6	30	合 计	5 600	2 100	400	9 000	1 500	1 500	1 200	21 300	21 300	0

　　根据辅助生产成本明细账和辅助生产车间制造费用明细账中的待分配费用、供水和运输车间提供的劳务数量，编制辅助生产费用分配表，如表 4-12 所示。

表 4-12 辅助生产费用分配表（分配表 7）(直接分配法)

项 目			供水车间	运输车间	合计
待分配费用 / 元		辅助生产成本科目发生额	25 400	35 200	60 600
		制造费用科目发生额	22 600	21 300	43 900
		小计	48 000	56 500	104 500
供应辅助生产以外单位的劳务数量			40 000 立方米	50 000 吨·千米	
费用分配率 (单位成本)			1.2	1.13	
应借"管理费用"科目		耗用数量	4 000 立方米	5 000 吨·千米	94 050
		分配金额 / 元	4 800	5650	10 450
应借"制造费用"科目	基本生产车间	耗用数量	36 000 立方米	45 000 吨·千米	
		分配金额 / 元	43 200	50 850	
合计 / 元			48 000	56 500	104 500

表 4-12 中，费用分配率计算如下：

$$供水费用分配率 = \frac{48\,000}{40\,000} = 1.2$$

$$运输费用分配率 = \frac{56\,500}{50\,000} = 1.13$$

编制会计分录如下：

借：制造费用——基本生产车间　　　　　94 050

　　管理费用　　　　　　　　　　　　　10 450

　　贷：辅助生产成本　　　　　　　　　　　　104 500

(3) 将辅助生产费用分配表的各项分配数计入各有关明细账后，结算辅助生产车间制造费用明细账，并编制辅助生产车间制造费用分配表，将各辅助生产车间的制造费用分配转入辅助生产成本明细账，归集辅助生产费用。辅助生产车间制造费用分配表如表 4-13 所示。

表 4-13　辅助生产车间制造费用分配表（分配表 8）　　　　　单位：元

应 借 科 目		供水车间 制造费用	运输车间 制造费用	合计
总账科目	明细科目			
辅助生产车间	供水车间	22 600		22 600
	运输车间		21 300	21 300
合计		22 600	21 300	43 900

编制会计分录如下：

借：辅助生产成本——供水车间　　　　　22 600

　　　　　　　　——运输车间　　　　　21 300

　　贷：制造费用——供水车间　　　　　　　22 600

　　　　　　　——运输车间　　　　　　　21 300

5. 归集和分配基本生产车间的制造费用

(1) 根据上述各种费用分配表，登记基本生产车间制造费用明细账，如表 4-14 所示。

表 4-14　基本生产车间制造费用明细账

车间名称：基本生产车间　　　　　　　　　　　　　　　　　　　　　　单位：元

月	日	摘 要	职工薪酬	机物料消耗	低值易耗品摊销	折旧费	水电费	运费	办公费	劳动保护费	其他	合计	转出	余额
6	30	付款凭证汇总表							7 000	4 000	950	11 950		
6	30	分配表1		1 200								1 200		
6	30	分配表2					600					600		
6	30	分配表3	14 000									14 000		
6	30	分配表4				24 000						24 000		
6	30	分配表6			1 200							1 200		
6	30	分配表7					43 200	50 850				94 050		
6	30	分配表9											147 000	
6	30	合计	14 000	1 200	1 200	24 000	43 800	50 850	7 000	4 000	950	147 000	147 000	0

(2) 根据基本生产车间制造费用明细账归集的制造费用和甲、乙产品的机器工时，编制基本生产车间制造费用分配表，详见表 4-15。

表 4-15　基本生产车间制造费用分配表（分配表 9）　　　　单位：元

应 借 科 目		机器工时	分配金额（分配率 36.75）
总账科目	明细科目		
基本生产成本	甲产品	2 400	88 200
	乙产品	1 600	58 800
合 计		4 000	147 000

$$分配率 = \frac{147\ 000}{4\ 000} = 36.75$$

编制会计分录如下：

借：基本生产成本　　　　　　　　　147 000

　　贷：制造费用——基本生产车间　　　147 000

6. 登记管理费用明细账

根据上述各种费用分配表，登记管理费用明细账，归集和结转管理费用（此处从略）。

7. 登记产品成本明细账并计算产品成本

根据上述各种费用分配表和其他有关资料，登记产品成本明细账，分别归集甲、乙两种产品的生产费用，并采用适当的分配方法，分别计算甲、乙产品的完工产品成本和月末在产品成本。

(1) 根据上月产品成本明细账和本月各种费用分配表，登记产品成本明细账的上月末（即本月初）在产品成本和本月生产费用发生额。甲、乙两种产品的成本明细账详见表 4-16 和表 4-17。

表 4-16　产品成本明细账

产品名称：甲　　　　　　　　　　　　　　　　　　　　　　　　单位：元

月	日	摘 要		产量/件	直接材料	直接燃料和动力	直接人工	制造费用	成本合计
5	31	在产品成本（定额成本）			18 000	567	10 710	9 450	38 727
6	30	根据分配表 1			82 500				82 500
6	30	根据分配表 2				6 000			6 000
6	30	根据分配表 3					112 000		112 000
6	30	根据分配表 9						88 200	88 200
6	30	本月生产费用合计			82 500	6 000	112 000	88 200	288 700
		生产费用累计			100 500	6 567	122 710	97 650	327 427
6	30	产成品成本	总成本	160	80 500	5 937	110 810	87 150	284 397
6	30		单位成本		503.13	37.1	692.56	544.69	1 777.48
6	30	在产品成本（定额成本）			20 000	630	11 900	10 500	43 030

表 4-17　产品成本明细账

产品名称：乙　　　　　　　　　　　　　　　　　　　　　　　　　　　　　　单位：元

月	日	摘　要		产量/件	直接材料	直接燃料和动力	直接人工	制造费用	成本合计
5	31	在产品成本（定额成本）			12 000	270	5 100	4 500	21 870
6	30	根据分配表 1			74 500				74 500
6	30	根据分配表 2				4 000			4 000
6	30	根据分配表 3					56 000		56 000
6	30	根据分配表 9						58 800	58 800
6	30	本月生产费用合计			74 500	4 000	56 000	58 800	193 300
6	30	生产费用累计			86 500	4 270	61 100	63 300	215 170
6	30	生产费用净额			84 100	4 216	60 080	62 400	210 796
6	30	产成品成本	总成本	190	74 100	3 991	55 830	58 650	192 571
			单位成本		390	21.01	293.84	308.68	1 013.53
6	30	在产品成本（定额成本）			10 000	225	4 250	3 750	18 225

(2) 该企业产品的消耗定额比较准确、稳定，甲、乙产品各月在产品数量变动不大，对在产品按定额成本计价法进行完工产品与在产品之间的费用分配。根据在产品的盘存资料和费用定额资料，编制月末在产品定额成本计算表，作为分配费用的依据，详见表 4-18。

表 4-18　月末在产品定额成本计算表　　　　　　　　　　　　　　　　单位：元

产品名称	在产品数量/件	直接材料费用		定额工时		直接燃料和动力费用（2.4/机时）	直接人工费用（8.5/工时）	制造费用（40/机时）	定额成本合计
		费用定额	定额费用	机器工时	人工工时				
甲	40	500	20 000	262.5	1 400	630	11 900	10 500	43 030
乙	25	400	10 000	93.75	500	225	4 250	3 750	18 225

(3) 计算完工产品的实际生产成本。将月末在产品的定额成本计入产品成本明细账，并从生产费用累计数（或净额）中减去月末在产品定额成本，即可计算出完工产品（产成品）的实际总成本。本月甲产品完工 160 件，乙产品完工 190 件。各产品的总成本除以各该产品产量，即可计算出各种完工产品的单位产品成本。

8. 结转产成品成本

根据甲、乙产品成本明细账中的产成品成本，汇总编制产成品成本汇总表，结转产成品成本。产成品成本汇总表详见表 4-19。

表 4-19　产成品成本汇总表　　　　　　　　　　　　　　　　　　　　单位：元

产成品名称	单位	产品数量	直接材料	直接燃料和动力	直接人工	制造费用	成本合计
甲产品	件	160	80 500	5 937	110 810	87 150	284 397
乙产品	件	190	74 100	3 991	55 830	58 650	192 571
合计			154 600	9 928	166 640	145 800	476 968

编制会计分录如下：

借：库存商品　　　　　　　　476 968
　　贷：基本生产成本　　　　　476 968

思考：可以试着做一下品种法的账务处理程序。

从上述例题中可以看出，品种法的计算程序体现了产品成本计算的一般程序。这一程序与第 2 章的成本核算账务处理程序图之间的区别主要是：在学习第 2 章时，尚未学习成本计算具体账表的名称、结构和登记方法，因而成本计算程序只能用会计科目的对应关系来表示；本章已经学习了这些账表的名称、结构和登记方法，因而可以用这些账表之间的关系来表示。学习时，应将两者联系起来，以加深对产品成本计算一般程序、品种法以及产品成本计算与一般会计核算的关系的理解。

同时还表明，产品成本计算实际上就是会计核算中成本费用科目的明细核算。为了正确计算各种产品成本，必须正确编制各种费用分配表和归集、分配各项费用的会计分录，并且按照平行登记的规则，既登记有关的总账科目，又登记该总账科目所属的明细账。最后，将各种生产费用归集、分配到基本生产成本科目及其所属的各种产品成本明细账中，计算各种产品的总成本和单位成本。

4.3　产品成本计算的分批法

4.3.1　分批法的特点与适用范围

产品成本计算的分批法，是按照产品的批别归集生产费用，计算产品成本的一种方法。它主要适用于小批、单件，管理上不要求分步骤计算成本的多步骤生产，如重型机械、船舶、精密工具仪器制造业，以及服装业、印刷业等。

1. 成本计算对象

在分批法下，成本计算对象是产品的批别 (单件生产为件别)，因此，采用分批法计算产品成本，要以产品的批别 (或件别) 为对象来设置产品成本明细账。在小批和单件生产中，产品的种类和每批产品的数量，大多是根据购买单位的订单规定的，因而按批、按件计算产品成本，往往也就是按照订单计算产品成本，因此，分批法也称订单法。但是，在有些情况下，企业需要考虑产品订单的具体情况、生产组织的合理性以及成本考核、分析的要求，并据此来决定生产组织和成本计算的批别。比如，在下列情况下，企业就不是完全按照订单来组织生产和进行产品成本计算的。

(1) 在一张订单中规定有几种产品。在这种情况下，为了考核和分析各种产品的成本计划的执行情况，便于加强生产管理，应将这一订单按产品品种划分批别来组织生产和进行成本计算。

(2) 在一张订单中虽然只有一种产品，但其数量较大，而且要求分批交货。在这种情况下，为了便于生产上的一次集中投料，并满足用户分批交货的要求，也可以分为几批组织生产和进行成本计算。

(3) 同一时期的不同订单中有相同的产品，而且数量都不多。在这种情况下，为了经济合理地组织生产，也可以将几张订单合为一批来组织生产和进行成本计算。

(4) 大型、复杂的单件产品。对于大型、复杂的单件产品 (如大型船舶)，由于其价值大，生产周期长，因此可以按照产品的组成部分分批组织生产和进行成本计算。

在上述情况下，成本计算的对象就不是购货单位的订单，而是企业生产计划部门签发下达的生产任务通知单。在生产任务通知单中应对该批生产任务进行编号，称为产品批号或生产令号。会计部门应根据产品批号设立产品成本明细账，进行成本计算。

在分批法下，应以某批产品单独耗用还是几批产品共同耗用为标准来区分是直接计入费用还是间接计入费用。对于直接计入费用，应直接计入有关产品成本明细账的相关成本项目；对于间接计入费用，应选择适当的分配标准在有关批别之间进行分配，将分配结果分别计入有关成本明细账的相关成本项目。由于分批法下可能存在多个成本计算对象，间接计入费用多，因此为了提高成本计算的正确性，应合理选择间接计入费用的分配标准。

2. 成本计算期

在分批法下，由于每批产品的生产成本总额只有在其全部完工后 (完工月份的月末) 才能最终计算确定，因而完工产品的成本计算是不定期的，即其成本计算期与产品的生产周期基本一致，而与会计报告期不一致。

3. 费用在完工产品与在产品之间的分配

在单件生产中，产品完工前，产品成本明细账中所记录的生产费用都是在产品成本；产品完工时，产品成本明细账中所记录的生产费用就是完工产品的成本。因而在月末计算成本时，不存在完工产品与在产品之间费用分配的问题。

在小批量生产中，由于产品批量较小，批内产品一般都能同时完工，因而一般不存在完工产品与月末在产品之间的费用分配问题。但是，如果批内产品存在跨月陆续完工的情况，则在月末计算产品成本时，就有必要在完工产品与在产品之间分配费用。如果批内产品跨月陆续完工的情况不多，则当完工产品数量占批量比重较小时，可以按计划单位成本、定额单位成本或近期相同产品的实际单位成本计算本月完工产品的成本，并据以将其从成本账中转出。如果批内产品跨月陆续完工的情况较多，则当完工产品数量占批量比重较大时，为了提高成本计算的准确性，应采用适当的方法 (如约当产量比例法等)，进行完工产品与月末在产品之间的费用分配。

在批内产品跨月陆续完工的情况下，不论采用上述哪一种方法计算部分完工产品的成本，都应当在该批产品全部完工时计算全部产品的实际总成本和单位成本。但对已经转账的完工产品成本，不再作账面调整。为了使同一批产品尽可能同时完工，避免或减少由于跨月陆续完工而带来的完工产品与月末在产品的费用分配工作，在合理组织生产的前提下，可适当缩小产品的批量。

4.3.2 分批法计算程序举例

【例 4-2】 尚铭股份有限公司根据购买单位订单小批生产甲、乙两种产品，采用分批法计算产品成本。2023 年 7 月生产情况和生产费用支出情况的资料如下：

(1) 本月生产成品的批号：

3020：A 产品 10 台，5 月投产，本月全部完工。

3040：A 产品 15 台，6 月投产，本月完工 10 台。

4021：B 产品 10 台，本月投产，计划 8 月完工，本月提前完工 2 台。

(2) 生产费用支出情况。

① 各批产品的月初在产品费用详见表 4-20。

表 4-20　月初在产品费用　　　　　单位：元

批号	直接材料	直接燃料和动力	直接人工	制造费用	合计
3020	45 000	3 500	24 000	21 000	93 500
3040	87 000	4 220	30 040	23 000	144 260

② 根据费用分配表，汇总各批产品本月发生的生产费用，详见表 4-21。

表 4-21　本月生产费用汇总　　　　　单位：元

批号	直接材料	直接燃料和动力	直接人工	制造费用	合计
3020	1 500	15 000	13 000	29 500	
3040		1 600	17 000	14 500	33 100
4021	35 000	2 000	20 000	15 000	72 000

(3) 计算本月各批产品的成本。

3020 批 A 产品，本月已全部完工，产品成本明细账中所归集的全部费用即为该批产品的总成本。

3040 批 A 产品，本月完工数量较大，其完工产品与月末在产品之间的费用分配采用约当产量比例法。由于原材料是在生产开始时一次投入的，因此其费用按照完工产品和在产品实际数量分配；其他费用按约当产量比例分配。在产品的完工程度为 40%。

4021 批 B 产品，本月完工数量为 2 台。为简化核算，这 2 台 B 产品的成本按计划成本转出，每台计划成本为直接材料费用 3 510 元，直接燃料费用 300 元，直接人工费用 2 800 元，制造费用 2 100 元，合计 8 710 元。

根据上述各项资料，登记各批产品成本明细账，详见表 4-22 至表 4-24。

表 4-22　产品成本明细账

产品批号：3020　　购货单位：南岗公司　　完工日期：7 月　　投产日期：5 月

产品名称：A　　　　　　　　批量：10 台　　　　　　　单位：元

摘　要	直接材料	直接燃料和动力	直接人工	制造费用	合计
月初在产品费用	45 000	3 500	24 000	21 000	93 500
本月费用		1 500	15 000	13 000	
累计	45 000	5 000	39 000	34 000	
完工产品成本	45 000	5 000	39 000	34 000	
完工产品单位成本	4 500	500	3 900	3 400	

表 4-23　产品成本明细账

产品批号：3040　　购货单位：道里公司　　完工日期：8 月（本月完工 10 台）　　投产日期：6 月

产品名称：A　　　　　　　　　　　　　批量：15 台　　　　　　　　　　　　单位：元

摘　要	直接材料	直接燃料和动力	直接人工	制造费用	合计
月初在产品费用	87 000	4 220	30 040	23 000	144 260
本月费用		1 600	17 000	14 500	33 100
累计	87 000	5 820	47 040	37 500	177 360
完工产品成本	58 000	4 850	39 200	31 250	133 300
完工产品单位成本	5 800	485	3 920	3 125	13 330
月末在产品费用	29 000	970	7 840	6 250	44 060

表 4-23 中有关数据计算如下：

$$完工产品直接材料费用 = \frac{87\ 000}{10+5} \times 10 = 58\ 000\ 元$$

$$月末在产品直接材料费用 = \frac{87\ 000}{10+5} \times 5 = 29\ 000\ 元$$

$$月末在产品约当产量 = 5 \times 40\% = 2\ 台$$

$$完工产品直接燃料和动力费用 = \frac{5\ 820}{10+2} \times 10 = 4\ 850\ 元$$

$$月末在产品直接燃料和动力费用 = \frac{5\ 820}{10+2} \times 2 = 970\ 元$$

$$完工产品直接人工费用 = \frac{47\ 040}{10+2} \times 10 = 39\ 200\ 元$$

$$月末在产品直接人工费用 = \frac{47\ 040}{10+2} \times 2 = 7\ 840\ 元$$

$$完工产品制造费用 = \frac{37\ 500}{10+2} \times 10 = 31\ 250\ 元$$

$$月末在产品制造费用 = \frac{37\ 500}{10+2} \times 2 = 6\ 250\ 元$$

表 4-24　产品成本明细账

产品批号：4021　　购货单位：群力公司　　完工日期：8 月（本月完工 2 台）　　投产日期：7 月

产品名称：B　　　　　　　　　　　　　批量：10 台　　　　　　　　　　　　单位：元

摘　要	直接材料	直接燃料和动力	直接人工	制造费用	合计
本月费用	35 000	2 000	20 000	15 000	72 000
单台成本	3 510	300	2 800	2 100	8 710
完工 2 台成本	7 020	600	5 600	4 200	17 420
月末在产品费用	27 980	1 400	14 400	10 800	54 580

4.4　产品成本计算的分步法

■ 4.4.1　分步法的特点与适用范围

产品成本计算的分步法，是按照产品的生产步骤归集生产费用、计算产品成本的一种方法。它适用于大量、大批管理上要求分步计算成本的多步骤生产。在多步骤生产的企业（例如，纺织企业的生产可分为纺纱、织布等步骤，冶金企业的生产可分为炼铁、炼钢、轧钢等步骤，机械制造企业的生产可分为铸造、加工、装配等步骤）中，为了加强成本管理，往往不仅要求按照产品品种归集生产费用，计算产品成本，而且要求按照产品的生产步骤归集生产费用，计算各步骤产品成本，提供反映各种产品及其各生产步骤成本计划执行情况的资料。

1. 成本计算对象

在分步法下，成本计算对象是产品的生产步骤。因此，采用分步法计算产品成本，要以产品的生产步骤为对象来设置产品成本明细账。具体来说，如果只生产一种产品，成本计算对象就是该种产成品及其所经过的各个生产步骤，产品成本明细账应该按照产品的生产步骤设立；如果生产多种产品，成本计算对象应是各种产成品及其经历的各个生产步骤，产品成本明细账应该按照每种产品的各个生产步骤设立。

在分步法下，应以某种产品的某一生产步骤单独耗用，还是产品的多个生产步骤共同耗用为标准来区分是直接计入费用还是间接计入费用。对于直接计入费用，应直接计入有关产品成本明细账的相关成本项目；对于间接计入费用，应选择适当的分配标准在有关生产步骤之间进行分配，将分配结果分别计入有关产品成本明细账的相关成本项目。

在实际工作中，产品成本计算的步骤与实际生产步骤不一定完全一致。采用分步法计算产品成本时，应根据管理的要求，本着简化计算工作的原则来确定成本计算对象。也就是说，对于可以只对管理上有必要分步计算成本的生产步骤，应将其单独列为成本计算对象，单独计算其成本；对于管理上不要求单独计算成本的生产步骤，则可以将其与其他生产步骤合并作为成本计算对象，合并计算成本。还需要指出的是，分步计算成本与分车间计算成本，有时也不相同。例如，在按生产步骤设立车间的企业中，一般来讲，分步计算成本也就是分车间计算成本。但是，如果企业生产规模很小，管理上不要求分车间计算成本，则可以将几个车间合并为一个步骤计算成本。相反，如果企业生产规模很大，车间内又分成几个生产步骤，而管理上又要求分步计算成本，就应该在车间内再分步计算成本。

2. 成本计算期

在大量、大批、多步骤生产中，由于生产过程较长，可以间断，而且往往是跨月陆续完工的，因此，成本计算一般都是按月、定期进行的，即在分步法下，成本计算期与会计报告期一致，而与产品的生产周期不一致。

3. 费用在完工产品与在产品之间的分配

由于大量、大批、多步骤生产的产品往往跨月陆续完工，月末各步骤一般都存在未完工的在产品，因此，在计算成本时，还需要采用适当的分配方法，将汇集在各种产品、各生产步骤产品成本明细账中的生产费用，在完工产品与在产品之间进行分配，计算各产品、各生产步骤的完工产品成本和在产品成本。

4. 各步骤之间成本的结转

由于产品生产是分步骤进行的，上一步骤生产的半成品是下一步骤的加工对象，因此，为了计算各种产品的产成品成本，还需要按照产品品种，结转各步骤成本。也就是说，与其他成本计算方法不同，在采用分步法计算产品成本时，在各步骤之间还有个成本结转问题。这是分步法的一个重要特点。

由于各个企业生产工艺过程的特点和成本管理对各步骤成本资料的要求（要不要计算半成品成本）不同，以及对简化成本计算工作的考虑，各生产步骤成本的计算和结转采用两种不同的方法：逐步结转法和平行结转法，因而，产品成本计算的分步法也就相应地分为逐步结转分步法和平行结转分步法两种。

■ 4.4.2 分布法的分类

1. 逐步结转分步法

逐步结转分步法，也称计列半成品成本的分步法，是按照产品的生产步骤逐步计算并结转半成品成本，最后算出产成品成本的一种分步法。逐步结转分步法主要适应于管理上需要计算各生产步骤半成品成本的情况。例如，在大量、大批、多步骤生产的企业中，有的半成品不仅供本企业进一步加工成为最终产成品，而且经常直接对外销售（如钢铁企业生产的生铁），为了满足半成品定价、计算盈亏以及成本考核和分析的需要，就必须计算半成品的成本；又如，有的半成品为本企业几种产品所耗用（如造纸企业生产的纸浆），为了计算各种产品的成本，就需要计算它们所消耗的半成品的成本。此外，在实行内部经济责任制的企业中，为了考核和分析内部有关单位的生产耗费和资金占用水平，也需要计算各生产步骤半成品的成本。

综上所述，逐步结转分步法是在大量、大批、多步骤生产的企业中为了计算半成品成本而采用的一种分步法。

在逐步结转分步法下，各步骤所耗用的上一步骤半成品的成本，要随着半成品实物的转移，从上一步骤的产品成本明细账转入下一步骤相同产品的产品成本明细账中，以便逐步计算各步骤的半成品成本和最后步骤的产成品成本。这一计算程序如图 4-1 所示。

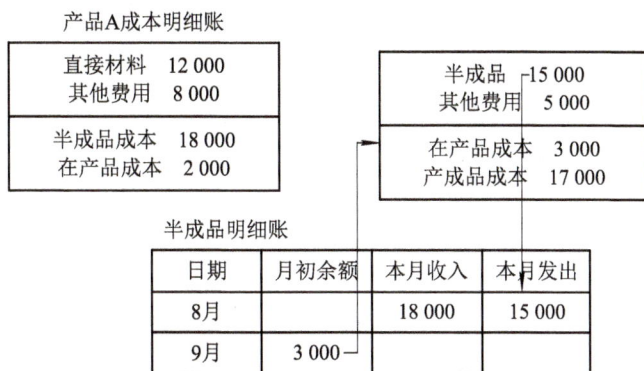

产品A成本明细账

直接材料	12 000
其他费用	8 000
半成品成本	18 000
在产品成本	2 000

半成品	15 000
其他费用	5 000
在产品成本	3 000
产成品成本	17 000

半成品明细账

日期	月初余额	本月收入	本月发出
8月		18 000	15 000
9月	3 000		

图 4-1　逐步结转分步法的计算程序图

第一步骤完工半成品在验收入库时应根据完工转出的半成品成本编制借记"自制半成品"科目，贷记"基本生产成本"科目的会计分录；第二步骤领用时，再编制相反的会计分录。如果半成品完工后不通过半成品库收发，而直接转入下一步骤，则半成品成本应在各步骤的产品成本明细账之间直接结转，不编制上述分录。

从图 4-1 所示的计算程序中可以看出，采用这种分步法，每月月末，各项生产费用（包括所耗上一步骤半成品成本）在各步骤产品成本明细账中归集以后，如果该步骤既有完工的半成品（最后步骤为产成品），又有正在加工中的在产品，则为了计算完工的半成品（最后步骤为产成品）和正在加工中的在产品成本，还应将各步骤产品成本明细账中归集的生产费用，采用适当的分配方法，在完工半成品（最后步骤为产成品）与正在加工中的在产品之间进行分配，然后通过半成品的逐步结转，在最后一个步骤的产品成本明细账中，计算出完工产成品成本。上述计算程序表明，每一个步骤都是一个品种法，逐步结转分步法实际上是品种法的多次连续应用。

采用逐步结转分步法时，按照结转的半成品成本在下一步骤产品成本明细账中的反映方式，又可以分为综合结转和分项结转两种方法。

综合结转法的特点是将各步骤所耗用的上一步骤半成品成本，综合计入该步骤的产品成本明细账"直接材料"或专设的"半成品"项目中。它可以按照半成品的实际成本综合结转，也可以按照半成品的计划成本（或定额成本）综合结转。

分项结转法的特点是将各步骤所耗用的上一步骤半成品成本，按照成本项目分项转入该步骤产品成本明细账的各个成本项目中。如果半成品通过半成品库收发，则在自制半成品明细账中登记半成品成本时也要按照成本项目分别登记。它既可以按照半成品的实际成本分项结转，也可以按照半成品的计划成本分项结转，然后按成本项目分项调整成本差异。由于后一种做法计算工作量较大，因而一般多采用按实际成本分项结转的方法。

【例 4-3】　假定 A 产品生产分为两个步骤，分别由第一、第二两个车间进行。第一车间生产的半成品交半成品库验收；第二车间按所需数量从半成品库领用，所耗半成品费用按全月一次加权平均法单位成本计算。两个车间的月末在产品均按定额成本计价。

成本计算程序如下：

第一，根据各种生产费用分配表、半成品交库单和第一车间月初与月末在产品定额成本资料，登记第一车间 A 产品成本明细账，如表 4-25 所示。

表 4-25　产品成本明细账

第一车间：A 半成品　　　　　　　　　　　　　　　　　　　　　　　　单位：元

摘　要	产量 / 件	直接材料	直接人工	制造费用	成本合计
月初在产品成本 (定额成本)		36 000	16 000	20 000	72 000
本月费用		270 600	178 500	223 500	672 600
合计		306 600	194 500	243 500	744 600
完工转出半成品	900	269 700	177 900	222 750	670 350
月末在产品成本		36 900	16 600	20 750	74 250

根据第一车间的半成品交库单所列交库数量和 A 产品成本明细账中完工转出的半成品成本，编制下列会计分录：

借：自制半成品　　　　　　　　670 350

　　贷：基本生产成本　　　　　　　　670 350

第二，根据计价后的半成品交库单和第二车间领用半成品的领用单，登记自制半成品明细账，如表 4-26 所示。

表 4-26　自制半成品明细账

A 半成品　　　　　　　　　　　　　　　　　　　　　　　　　　单位：元

月份	摘　要	数量 / 件	直接材料	直接人工	实际成本	制造费用
1	月初余额	450	136 650	92 100	108 000	336 750
	本月增加	900	269 700	177 900	222 750	670 350
	合计	1 350	406 350	270 000	330 750	1 007 100
	单位成本		301	200	245	746
	本月减少	870	261 870	174 000	213 150	649 020
	月末余额	480	144 480	96 000	117 600	358 080

表 4-26 中 A 半成品单位成本的各成本项目都是按全月一次加权平均法计算的。根据第二车间半成品领用单 (单中所列的领用数量和自制半成品明细账中的单位成本计价)，编制下列会计分录：

借：基本生产成本　　　　　　　649 020

　　贷：自制半成品　　　　　　　　　649 020

第三，根据各种生产费用分配表、第二车间半成品领用单、自制半成品明细账、第二车间产成品交库单、第二车间在产品定额成本等资料，登记第二车间 A 产品成本明细账，如表 4-27 所示。

表4-27 产品成本明细账

第二车间：A产成品   单位：元

摘 要	产量/件	直接材料	直接人工	制造费用	成本合计
月初在产品成本（定额成本）		40 500	51 660	61 500	153 660
本月本步骤生产费用			144 500	180 300	324 800
本月耗用半成品费用		261 870	174 000	213 150	649 020
合计		302 370	370 160	454 950	1 127 480
完工转出产成品成本	875	263 370	323 750	398 125	985 245
产成品单位成本		300.99	370	455	1 125.99
月末在产品成本（定额成本）		39 000	46 410	56 825	142 235

根据第二车间的产成品交库单所列产成品交库数量和第二车间产品成本明细账中的完工转出产成品成本，编制下列会计分录：

借：库存商品　　　　　　　　　　985 245
　　贷：基本生产成本　　　　　　　　985 245

采用分项结转法逐步结转半成品成本，可以较直接、准确地提供按原始成本项目反映的产成品成本资料，便于从整个企业角度考核和分析产品成本计划的执行情况，不需要进行成本还原。但是，这种方法的成本结转工作比较复杂，而且在各步骤完工产品成本中看不出所耗上一步骤半成品的费用和本步骤加工费用的水平，不便于进行完工产品成本分析。因此，这种结转方法一般适用于管理上不要求分别提供各步骤完工产品所耗半成品费用和本步骤加工费用资料，但要求按原始成本项目反映产品成本的企业。

2. 平行结转分步法

在采用分步法计算成本的大量、大批、多步骤生产的企业中，如果各生产步骤所生产的半成品种类较多，但又不需要计算半成品的成本，则为了简化和加速成本计算工作，可以采用平行结转分步法计算产品成本。

平行结转分步法，也称不计列半成品成本的分步法。在这种方法下，产品生产的各步骤不计算半成品成本，只计算本步骤发生的费用，以及这些费用中应计入最终产成品的"份额"；将各生产步骤这一"份额"平行结转、汇总，即可计算出该种产品的产成品成本。具体来说，平行结转分步法的特点是：

(1) 除第一生产步骤费用中包括所耗用的直接材料和各项加工费用外，其他各步骤不计算所耗上一生产步骤的半成品成本，而只计算本步骤发生的其他各项费用。

(2) 不论半成品实物在各步骤之间是直接转移还是通过半成品库收发，半成品的成本都不随实物转移而结转。也就是说，在平行结转分步法下，无论半成品实物如何转移，只要半成品没有被最终加工成为产成品，其在各生产步骤所消耗的费用均还保留在各生产步骤的成本明细账中。

(3) 为了计算最终完工产成品的成本，必须将每一生产步骤的费用划分为耗用于产成品的部分和耗用于尚未最后制成在产品的部分。这里的在产品是指广义的在产品，它包括：

① 尚在本步骤加工中的在产品；

② 本步骤已经完工、转入半成品库的半成品；

③ 已从半成品库转到以后各生产步骤进一步加工、尚未最后制成的半成品；

④ 将某一种产品的各生产步骤应计入产成品的份额平行结转、汇总，即可计算出该种产品的产成品成本。

平行结转分步法的成本计算程序如图 4-2 所示。在平行结转分步法下，如何将各生产步骤的生产费用正确地在完工产成品和广义在产品之间进行分配，是能否正确计算产成品成本的关键所在。在实际工作中，一般采用定额成本计价法、定额比例法或者约当产量比例法。

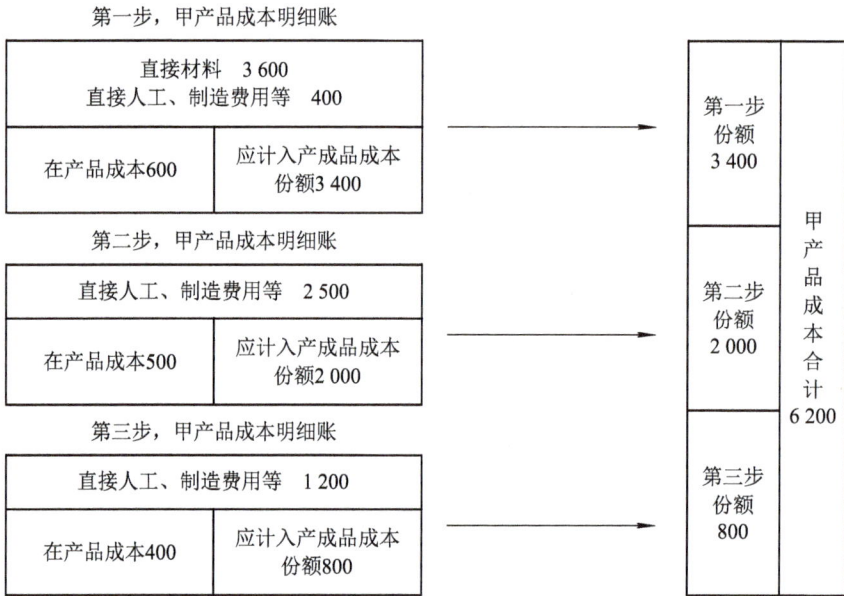

第一步，甲产品成本明细账

直接材料　3 600	
直接人工、制造费用等　400	
在产品成本600	应计入产成品成本份额3 400

第二步，甲产品成本明细账

直接人工、制造费用等　2 500	
在产品成本500	应计入产成品成本份额2 000

第三步，甲产品成本明细账

直接人工、制造费用等　1 200	
在产品成本400	应计入产成品成本份额800

第一步份额 3 400

第二步份额 2 000

第三步份额 800

甲产品成本合计 6 200

图 4-2　平行结转分步法的计算程序图

【例 4-4】 尚铭股份有限公司生产乙产品，生产费用在完工产品与在产品之间的分配采用定额比例法，其中直接材料费用按定额直接材料费用比例分配，其他各项费用均按定额工时比例分配。

其成本核算程序如下：

第一，有关乙产品的定额资料详见表 4-28。

表 4-28　乙产品的定额资料

项目	月初在产品		本月投入		单件定额		产量	本月产成品	
	定额直接材料费用 / 元	定额工时	定额直接材料费用 / 元	定额工时	直接材料费用 / 元	工时		定额直接材料费用	定额工时
第一车间	80 000	6 000	400 000	54 000	400	50	1 100	440 000	55 000
第二车间		5 000		42 000		40			44 000
合计	80 000	11 000	400 000	96 000	400	90	1 100	440 000	99 000

第二，根据乙产品的定额资料、各种生产费用分配表和产成品交库单，登记第一车间、第二车间的产品成本明细账 (见表 4-29 和表 4-30)。

表 4-29　产品成本明细账

第一车间：乙产品　　　　　　　　　　　　　　　　　　　　　　　　　单位：元

摘　要	产成品产量/件	直接材料		定额工时	直接人工	制造费用	成本合计
		定额	实际				
月初在产品	—	80 000	79 800	6 000	54 000	49 000	182 800
本月生产费用	—	400 000	424 200	54 000	516 000	401 000	1 341 200
合计	—	480 000	504 000	60 000	570 000	450 000	1 524 000
费用分配表	—	—	1.05	—	9.5	7.5	—
产成品成本中本步骤份额	1 100	440 000	462 000	55 000	522 500	412 500	1 397 000
月末在产品	—	40 000	42 000	5 000	47 500	37 500	127 000

表 4-30　产品成本明细账

第二车间：乙产品　　　　　　　　　　　　　　　　　　　　　　　　　单位：元

摘　要	产成品产量/件	直接材料		定额工时	直接人工	制造费用	成本合计
		定额	实际				
月初在产品	—	—	—	5 000	45 000	36 000	81 000
本月生产费用	—	—	—	42 000	401 500	340 000	741 500
合计	—	—	—	47 000	446 500	376 000	822 500
费用分配表	—	—	—	—	9.5	8	—
产成品成本中本步骤份额	1 100	—	—	44 000	418 000	352 000	770 000
月末在产品	—	—	—	3 000	28 500	24 000	52 500

明细账中数字计算及登记方法如下：

(1) 直接材料定额费用和定额工时，根据前列乙产品定额资料计算登记。月末没有盘点在产品，月末在产品定额资料是根据月初在产品定额资料、本月投入产品定额资料和产成品定额资料采用倒轧的方法计算求得的。其计算公式如下：

月末在产品定额直接材料费用 = 月初在产品材料定额费用 + 本月投入产品的直接材料定额费用 − 本月完工产品的直接材料定额费用

月末在产品的定额工时 = 月初在产品的定额工时 + 本月投入产品的定额工时 − 本月完工产品的定额工时

以第一车间直接材料定额费用和定额工时计算为例：

月末在产品定额直接材料费用 = 80 000 + 400 000 − 440 000 = 40 000 元

月末在产品定额工时 = 6 000 + 54 000 − 55 000 = 5 000 小时

(2) 本月生产费用，即本月各步骤为生产乙产品所发生的各项生产费用，应根据各种生产费用分配表登记。由于原材料是在生产开始时一次投入的，采用平行结转分步法在各生产步骤间不结转半成品成本，因而只有第一车间有直接材料费用（定额和实际），第二车间则没有本月耗用的直接材料费用。

（3）采用定额比例法在完工产品与在产品之间分配费用，应首先计算费用分配率，其中直接材料费用按直接材料定额费用比例分配，其他各项费用均按定额工时比例分配。本例各项费用分配率及产成品成本中各步骤份额的计算如下：

以第一车间为例：

$$直接材料费用分配率 = \frac{79\,800 + 424\,200}{440\,000 + 40\,000} = 1.05$$

产成品成本中第一车间直接材料费用份额 = 440 000 × 1.05 = 462 000 元

月末在产品直接材料费用 = 40 000 × 1.05 = 42 000 元

或月末在产品直接材料费用 = 79 800 + 424 200 − 462 000 = 42 000 元

$$直接人工分配率 = \frac{54\,000 + 516\,000}{55\,000 + 5\,000} = 9.5$$

产成品成本中第一车间直接人工费用份额 = 55 000 × 9.5 = 522 500 元

月末在产品直接人工费用 = 5 000 × 9.5 = 47 500 元

或月末在产品直接人工费用 = 54 000 + 516 000 − 522 500 = 47 500 元

$$制造费用分配率 = \frac{49\,000 + 401\,000}{55\,000 + 5\,000} = 7.5$$

产成品成本中第一车间制造费用份额 = 55 000 × 7.5 = 412 500 元

月末在产品制造费用 = 5 000 × 7.5 = 37 500 元

或月末在产品制造费用 = 49 000 + 401 000 − 412 500 = 37 500 元

第三，将第一车间、第二车间产品成本明细账中应计入产成品成本的份额平行结转、汇总计入乙产品成本汇总表，详见表4-31。

表 4-31 乙产品成本汇总表

2023 年 6 月　　　　　　　　　　　　　　　　　　　　　　　　　　　　　　单位：元

项　目	产量/件	直接材料	直接人工	制造费用	成本合计
第一车间成本份额	1 100	462 000	522 500	412 500	1 397 000
第二车间成本份额	1 100		418 000	352 000	770 000
合计		462 000	940 500	764 500	2 167 000
单位成本		420	855	695	1 970

生产费用在最终完工产品与广义在产品之间的分配，在实际工作中也常常采用约当产量比例法。下面我们举例说明在平行结转分步法下，采用约当产量比例法（加权平均法）将生产费用在最终完工产品与广义在产品之间进行分配的计算过程。

【例 4-5】 A 产品的生产分两个步骤进行，第一生产步骤将原材料加工成半成品，第二生产步骤将第一生产步骤生产的半成品加工成产成品。其成本计算采用平行结转分步法。6 月份有关 A 产品的资料如下：

（1）A 产品实物量及在产品完工程度资料如表 4-32 所示。

表 4-32　A 产品实物量及在产品完工程度资料　　　　　　　单位：件

项　目	第一生产步骤	第二生产步骤
月初在产品结存	150	250
本月投入或转入	1 000	1 050
本月完工并转出	1 050	1 000
月末在产品结存	100	300
完工程度	40%	50%

(2) 第一生产步骤所需要的原材料及第二生产步骤所需要的半成品均在每个生产步骤开始时一次投入；两个生产步骤的直接人工费用和制造费用随加工进度发生。上述各项费用在完工产品 (应计入产成品份额) 和月末在产品 (广义在产品) 之间的分配均采用约当产量比例法。

(3) 各步骤月初在产品成本和本月生产费用分别见表 4-33 和表 4-34。

表 4-33　月初在产品成本摘录表

产品名称：A　　　　　　　　　　　　　　　　　　　　　　　　　单位：元

项　目	直接材料	直接人工	制造费用	合　计
第一生产步骤	204 000	126 750	133 250	464 000
第二生产步骤		58 500	61 500	120 000

表 4-34　本月生产费用摘录表

产品名称：A　　　　　　　　　　　　　　　　　　　　　　　　　单位：元

项　目	直接材料	直接人工	制造费用	合　计
第一生产步骤	496 000	382 450	402 750	1 281 200
第二生产步骤		384 250	392 750	777 000

根据以上资料，生产费用在完工产品与广义在产品之间的分配计算过程如下：

第一生产步骤的费用分配如下：

(1) 直接材料费用分配：

$$分配率 = \frac{204\ 000 + 496\ 000}{1\ 000 + (100 + 300)} = 500$$

$$应计入产成品的份额 = 1\ 000 \times 500 = 500\ 000\ 元$$

$$月末在产品成本 = 400 \times 500 = 200\ 000\ 元$$

(2) 直接人工费用分配：

$$分配率 = \frac{126\ 750 + 382\ 450}{1\ 000 + (100 \times 40\% + 300)} = 380$$

$$应计入产成品的份额 = 1\ 000 \times 380 = 380\ 000\ 元$$

$$月末在产品成本 = 340 \times 380 = 129\ 200\ 元$$

(3) 制造费用分配：

$$分配率 = \frac{133\ 250 + 402\ 750}{1\ 000 + (100 \times 40\% + 300)} = 400$$

$$应计入产成品的份额 = 1\ 000 \times 400 = 400\ 000\ 元$$

月末在产品成本 = 340 × 400 = 136 000 元

第二生产步骤的费用分配如下：

(1) 直接人工费用分配：

$$分配率 = \frac{58\ 500 + 384\ 250}{1\ 000 + 300 \times 50\%} = 385$$

应计入产成品的份额 = 1 000 × 385 = 385 000 元

月末在产品成本 = 150 × 385 = 57 750 元

(2) 制造费用分配：

$$分配率 = \frac{61\ 500 + 392\ 750}{1\ 000 + 300 \times 50\%} = 395$$

应计入产成品的份额 = 1 000 × 395 = 395 000 元

月末在产品成本 = 150 × 395 = 59 250 元

根据以上资料和分配计算结果登记各生产步骤产品成本明细账，如表 4-35、表 4-36 所示。

表 4-35　产品成本明细账

第一生产步骤　　　　　　　　　　　　　　　　　　　　　　　　　　　　单位：元

项　目	直接材料	直接人工	制造费用	合　计
月初在产品成本	204 000	126 750	133 250	464 000
本月费用	496 000	382 450	402 750	1 281 200
合计	700 000	509 200	536 000	1 745 200
应计入产成品份额	500 000	380 000	400 000	1 280 000
月末在产品成本	200 000	129 200	136 000	465 200

表 4-36　产品成本明细账

第二生产步骤　　　　　　　　　　　　　　　　　　　　　　　　　　　　单位：元

项　目	直接人工	制造费用	合　计
月初在产品成本	58 500	61 500	120 000
本月费用	384 250	392 750	777 000
合计	442 750	454 250	897 000
应计入产成品份额	385 000	395 000	780 000
月末在产品成本	57 750	59 250	117 000

根据第一生产步骤和第二生产步骤的产品成本明细账汇总计算、平行登记 A 产成品成本汇总表 (见表 4-37)。

表 4-37　产成品成本汇总表

产品名称：A　　　　　　　　　　　产量：1000 件　　　　　　　　　　单位：元

项　目	直接材料	直接人工	制造费用	合　计
第一生产步骤成本份额	500 000	380 000	400 000	1 280 000
第二生产步骤成本份额	—	385 000	395 000	780 000
产成品总成本	500 000	765 000	795 000	2 060 000
单位成本	500	765	795	2 060

逐步结转分步法与平行结转分步法各自的优缺点如下：

(1) 逐步结转分步法可以提供产成品和各步骤半成品的成本资料，从而有利于对产品成本进行全面的考核和分析；而平行结转分步法不能提供各步骤的半成品成本资料。

(2) 在逐步结转分步法下，半成品成本都是随着半成品实物的转移而结转的，能为在产品的实物管理和资金管理提供资料；在平行结转分步法下，由于不计算也不结转半成品成本，因而使实物的转移与其费用的结转脱节，这不利于半成品实物和资金的管理。

(3) 在逐步结转分步法下，如果采用综合结转法，则在各步骤的产品成本明细账中可以全面、清晰地反映费用的耗用情况，这有利于各步骤的成本管理；而在平行结转分步法下，各步骤的生产费用均不包括所消耗的其他步骤的半成品费用，即除第一步骤外，其他步骤不能全面、清晰地反映生产费用的耗用情况，这不利于各步骤的成本管理。

(4) 在平行结转分步法下，各步骤不计算也不结转半成品成本，可以同时计算成本，而且产成品成本是按照成本项目平行汇总得到的，也不需要进行成本还原。因此，相对于逐步结转分步法来说，平行结转分步法可以简化和加速成本计算工作。

本章小结

产品成本计算方法是企业进行成本管理和决策的重要工具。通过选择合适的产品成本计算方法，企业可以更准确地核算产品成本，为决策提供有力支持。本章产品成本计算方法主要介绍了品种法、分批法、分步法，通过分析实际案例，使读者了解不同成本计算方法的适用范围和优缺点，掌握各种方法的操作流程和应用技巧。同时，实践操作也有助于企业发现自身成本管理中的问题和不足之处，提出针对性的改进措施，提升成本管理水平。

闯关考验

一、单项选择题

1. 品种法是产品成本计算的 (　　)。
A. 主要方法　　　　　　　　　　B. 重要方法
C. 最基本方法　　　　　　　　　D. 最一般方法

2. 品种法适用的生产组织是 (　　)。
A. 大量大批生产　　　　　　　　B. 大量成批生产
C. 大量小批生产　　　　　　　　D. 单件小批生产

3. 品种法的成本计算对象是 (　　)。
A. 产品品种　　　　　　　　　　B. 产品类别
C. 批别或订单　　　　　　　　　D. 生产步骤

4. 若企业只生产一种产品，则发生的费用（　　）。

A. 全部是直接计入费用

B. 全部是间接计入费用

C. 部分是直接费用，部分是间接费用

D. 需要分配

5. 在各种成本计算方法中，品种法的成本计算程序（　　）。

A. 最具有特殊性　　B. 最具有代表性

C. 最不完善　　D. 与其他方法的成本计算程序不同

6. 品种法的成本计算期与（　　）是不一致的，一般是按月进行的。

A. 生产周期　　B. 会计核算期

C. 会计分期　　D. 生产日期

7. 采用品种法，生产成本明细账（产品成本计算单）应当按照（　　）分别开设。

A. 生产单位　　B. 产品品种

C. 生产步骤　　D. 产品类别

8. 区分各种成本计算基本方法的主要标志是（　　）。

A. 成本核算对象　　B. 成本计算日期

C. 间接费用的分配方法　　D. 完工产品与在产品之间分配费用的方法

二、多项选择题

1. 品种法适用于（　　）。

A. 大量大批的单步骤生产

B. 大量大批的多步骤生产

C. 管理上不要求分步骤计算成本的多步骤生产

D. 小批、单件、管理上不要求分步骤计算成本的多步骤生产

2. 在产品成本计算过程中存在的成本计算对象有（　　）。

A. 产品品种　　B. 产品类型

C. 产品批别　　D. 产品生产步骤

3. 品种法的特点是（　　）。

A. 按产品的品种计算成本

B. 成本计算按月进行

C. 通常需要在完工产品和月末在产品间分配费用

D. 成本计算期与生产周期一致

4. 采用分批法计算产品成本时，如果批内产品跨月陆续完工的情况不多，完工产品数量占全部批量的比重很小，则先完工的产品可以（　　）从产品成本明细账转出。

A. 按计划单位成本计价

B. 按定额单位成本计价

C. 按近期相同产品的实际单位成本计价

D. 按实际单位成本计价

5. 分批法成本计算的特点有 (　　　)。

A. 以生产批次作为成本计算对象

B. 产品成本计算期不固定

C. 按月计算产品成本

D. 一般不需要进行完工产品和在产品的成本分配

6. 采用分批法计算产品成本时，如果批内产品跨月陆续完工的情况不多，则先计算完工产品成本时，可以采用 (　　　)。

A. 定额单位成本

B. 计划单位成本

C. 最近一期相同产品的实际单位成本

D. 实际单位成本

7. 采用简化分批法，要求 (　　　)。

A. 必须设立基本生产二级账

B. 不分批计算在产品成本

C. 基本生产成本二级账中只登记间接计入费用

D. 必须计算累计间接计入费用分配率

8. 按计划成本综合结转半成品成本的优点是 (　　　)。

A. 可以简化和加速半成品核算和产成品成本计算工作

B. 便于各步骤计划成本的考核分析

C. 便于从整个企业角度进行成本的考核和分析

D. 便于考核产品成本的构成和水平

三、简答题

1. 产品成本计算品种法的主要特点是什么？

2. 逐步结转分步法的优点是什么？

四、计算题

1. 某企业设有一个基本生产车间，大量生产甲、乙两种产品，设有一个辅助生产车间——供电车间，2023 年 6 月的有关资料如下：

(1) 甲产品月初在产品成本为原材料 6 000 元、直接人工 1 200 元、制造费用 1 000 元。乙产品无期初在产品成本。

(2) 本月材料消耗资料如下：甲产品 50 000 元、乙产品 45 000 元、供电车间 3 000 元、基本生产车间一般性消耗 6 000 元、行政管理部门 600 元。

(3) 生产甲、乙产品工人工资共计 12 000 元 (甲产品生产工时为 30 000 小时、乙产品生产工时为 10 000 小时)，基本生产车间管理人员工资 3 000 元，辅助生产车间人员工资 2 000 元，行政管理人员工资 5 000 元，福利费按 14% 提取。

(4) 计提折旧资料如下：基本生产车间 1 600 元，辅助生产车间 1 000 元，行政管理部门 800 元。

(5) 供电车间本月发生费用全部由基本生产车间负担，制造费用按产品生产工时在甲、乙产品间分配。

甲、乙产品投料方式均为生产开始时一次投料。甲产品本月完工400件、月末在产品100件，完工程度40%；乙产品本月完工500件，无期末在产品。

要求：

(1) 编制有关费用归集和分配的会计分录。

(2) 编制甲、乙产品成本计算单(见表4-38和表4-39)，计算完工产品成本和单位成本(保留两位小数)。

表 4-38　产品成本计算单

产品名称：甲产品 　　　　　　　　　2023 年 6 月 　　　　　　　　　单位：元

项　　目	直接材料	直接人工	制造费用	合　　计
月初在产品成本				
本月生产费用				
生产费用合计				
完工产品数量				
在产品约当量				
分配率				
完工产品总成本				
完工产品单位成本				
月末在产品成本				

表 4-39　产品成本计算单

产品名称：乙产品 　　　　　　　　　2023 年 6 月 　　　　　　　　　单位：元

项　　目	直接材料	直接人工	制造费用	合　　计
本月生产费用				
生产费用合计				
完工产品总成本				
完工产品单位成本				

2. 工厂二车间生产甲、乙两种产品，原材料都是在生产开始时一次投料，成本计算采用品种法。直接人工和制造费用按两种产品的实际工时分配。有关资料如下：

(1) 甲产品期初在产品成本：原材料 13 200 元，直接人工 4 600 元，制造费用 1 200 元。乙产品期初无在产品。

(2) 本月有关费用：甲产品耗用材料费用 40 800 元，乙产品耗用材料费用 25 500 元；两种产品共耗用直接人工 16 800 元，制造费用 6 300 元；甲产品实际工时 26 000 小时，乙产品实际工时 16 000 小时。

(3) 甲产品本月完工 21 件，期末在产品 15 件，在产品完工程度 60%。乙产品本月全部完工。

要求：

(1) 在甲、乙产品间分配直接人工和制造费用。

(2) 登记产品成本计算单 (见表 4-40 和表 4-41)。

表 4-40　产品成本计算单

产品：甲产品　　　　　　　　　　　年　月　　　　　　　　　　　单位：元

项　目	原材料	直接人工	制造费用	合　计
月初在产品成本				
本月费用				
生产费用合计				
完工产品成本				
月末在产品成本				

表 4-41　产品成本计算单

产品：乙产品　　　　　　　　　　　年　月　　　　　　　　　　　单位：元

项　目	原材料	直接人工	制造费用	合　计
本月费用				
生产费用合计				
完工产品成本				

知识拓展

扫描二维码获取《管理会计应用指引第 300 号——成本管理》。

考证对接

扫描二维码获取对接题目。

小尚寄语：
　　成本所记录的不过是竞争的吸引力而已。

——弗兰克·奈特

第 5 章
变 动 成 本 法

▼

目标规划

学习目标：理解变动成本法的含义和特点；掌握变动成本法与完全成本法的区别，尤其是损益表的编制流程及格式的区别。

技能目标：能够运用变动成本法计算产品成本，编制贡献式利润表，认真区分两种方法的区别，培养严谨的工作态度。

思维导图

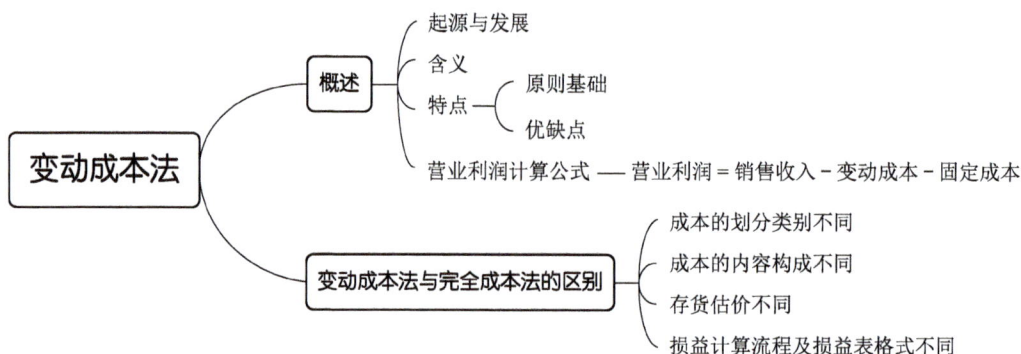

变动成本法
- 概述
  - 起源与发展
  - 含义
  - 特点
    - 原则基础
    - 优缺点
  - 营业利润计算公式 —— 营业利润＝销售收入－变动成本－固定成本
- 变动成本法与完全成本法的区别
  - 成本的划分类别不同
  - 成本的内容构成不同
  - 存货估价不同
  - 损益计算流程及损益表格式不同

思政要点

社会主义核心价值观——"无信不立"，建立"诚信守法，成本节约"的理念，并将其运用到实际工作中。

财务会计采用的是完全成本法，实际财务工作中不要应用成变动成本法，导致虚增利润等违法行为。

案例导入

一家生产规模较大的公司下设多个分厂。该公司对下属分厂经理的业绩评价是依据每年年终会计报表的利润指标完成情况做出的。利润高低将决定分厂经理当年得到的奖金数额，利润高低同时也作为其职位晋升的主要依据。今年，第一分厂的经理即将到期离任。按照该企业的惯例，如果他离任时的业绩较好，则会被安排到公司其他更高的职位；但如果业绩较差，公司将会对其做降职安排。半年的时间已经过去了，该分厂的业绩平平，而且根据以往的经验，每年的下半年市场情况更不乐观。在利益的诱惑下，他选择了提高利润的"捷径"——提高产量。尽管在余下的半年里，产成品库存大量积压，但是毕竟利润上去了。最终他得到了他想要的职位，而留给第一分厂的则是似乎永远也卖不完的积压产品。

　　请思考：为什么提高产量能增加利润呢？

5.1　变动成本法概述

■ 5.1.1　变动成本法的起源与发展

　　变动成本法起源于 20 世纪 30 年代的美国，由美籍英国会计学家哈里斯于 1936 年提出。变动成本法提出时并没有受到广泛关注。20 世纪 50 年代，管理会计体系正式形成，特别是在第二次世界大战以后，才得到重视和大力推广。此方法先后被美国及其他西方国家的企业经营管理者应用于企业内部管理方面，形成了一种成本计算制度，构成了管理会计的一项重要内容。到 20 世纪 60 年代，变动成本法风靡欧美。

■ 5.1.2　变动成本法的含义

　　变动成本法又称直接成本计算法，是指在计算产品生产成本时，只包括在生产过程中所消耗的直接材料、直接人工和变动制造费用，而不包括固定制造费用，把固定制造费用视作期间成本，全额一笔直接列入本期收益表内，作为贡献毛益的扣除项目的成本计算方法。

　　变动成本法出现以后，为了加以区别，人们就把传统财务会计计算产品成本的制造成本法称为完全成本法。

　　完全成本法又称吸收成本法，就是在计算产品生产成本时，把直接材料、直接人工、变动制造费用与固定制造费用全部计入其成本的成本计算方法。

■ 5.1.3　变动成本法的特点

1. 变动成本法的原则基础

　　变动成本法，是指企业以成本性态分析为前提条件，认为在产品生产的过程中发生的，并能够伴随产品产量变动而变动的资源耗费，才可计入产品成本中。根据该原则，可将制造费用分成固定和变动制造费用，分别计入产品成本和期间成本中。

固定制造费用是指在生产制造业，为制造产品所付出的固定成本费用。其表现形式一般是以生产设备均摊，人员和管理人员的基本工资均摊等。变动制造费用是指由于制造费用与产品生产数量之间存在的依存关系 (或成本习性)、随产量变动而成正比例变动的那部分制造费用，随工时变动而成正比例变动的那部分制造费用。可以说，固定制造费用就是无论是否生产都会产生的制造费用，如固定资产折旧；变动制造费用是与生产数量同时变化的制造费用，如电力、材料消耗等。

2. 变动成本法的优缺点

变动成本法的优点如下：

(1) 区分固定成本与变动成本，有利于明确企业产品的盈利能力和划分成本责任。

(2) 保持利润与销售量增减相一致，促进以销定产。

(3) 揭示了销售量、成本和利润之间的依存关系，使当期利润真正反映企业经营状况，有利于企业经营预测和决策。

变动成本法的缺点如下：

(1) 计算的单位成本并不是完全成本，不能反映产品生产过程中发生的全部耗费。

(2) 不能适应长期决策的需要。

5.1.4 变动成本法的营业利润计算公式

变动成本法营业利润的计算公式如下：

$$营业利润 = 销售收入 - 变动成本 - 固定成本$$

其中：

$$销售收入 - 变动成本 = 贡献边际 (px - bx = TCM)$$
$$贡献边际 - 固定成本 = 营业利润 (TCM - a = P)$$

5.2 变动成本法与完全成本法的区别

5.2.1 成本的划分类别不同

变动成本法是以成本性态分类作为前提的。成本以成本性态分类分为固定成本、变动成本以及混合成本。混合成本则需采用特定的方法分解成固定成本和变动成本。

完全成本法是以经济用途分类作为前提的。成本以经济用途分类分为生产成本 (制造成本) 与非生产成本 (非制造成本)。

5.2.2 成本的内容构成不同

变动成本法与完全成本法的成本内容对比如表 5-1 所示。

表 5-1　变动成本法与完全成本法的成本内容对比

变动成本法		完全成本法	
产品成本	期间成本	产品成本	期间成本
直接材料 直接人工 变动制造费用	固定制造费用 销售费用 管理费用 财务费用	直接材料 直接人工 制造费用	销售费用 管理费用 财务费用

在完全成本法下，产量越多，单位产品所分摊的固定成本越多，越能刺激企业努力增加产量。随着市场竞争的加剧，盲目地只顾生产会带来诸多问题，因此，不能仅以完全成本法计算出的产品成本高低来进行决策。

【例 5-1】　某企业生产 G 产品，年实际生产能力为 10 000 件，单位售价 90 元，其正常的单位成本资料如表 5-2 所示。

表 5-2　G 产品的单位成本资料　　　　单位：元 / 件

项　　目	单 位 成 本
直接材料	30
直接人工	21
变动制造费用	12
固定制造费用	15
合计	78

两种方法的计算过程如下：

变动成本法下产品单位成本 = 直接材料 + 直接人工 + 变动制造费用 = 30 + 21 + 12 = 63 元

完全成本法下产品单位成本 = 直接材料 + 直接人工 + 制造费用 = 30 + 21 + 12 + 15 = 78 元

5.2.3　存货估价不同

由于完全成本法的产品成本构成比变动成本法的产品成本构成多一个项目"固定制造费用"，而固定制造费用一般不会为 0，因此完全成本法下对存货的估价一般大于变动成本法下对存货的估价。

【例 5-2】　沿用例 5-1 的资料，假定期末存货为 1 000 件，则

完全成本法下的存货价值 = 78 000 元

变动成本法下的存货价值 = 63 000 元

可见，对同样的存货，完全成本法下对其估价一般要大于变动成本法下的估价。

【例 5-3】　某公司只销售甲产品，2021 年度有关资料如下：期初存货量为 0，全年生产量为 600 件，销售量为 500 件，售价 450 元；单位直接材料 70 元，单位直接人工 60 元，单位变动制造费用 90 元，单位变动销售及管理费用 40 元；全年固定制造费用总额 30 000元，固定销售及管理费用总额 15 000 元。

要求：

(1) 计算完全成本法下的产品单位成本、本期生产成本和销售成本。

(2) 计算变动成本法下的产品单位成本、单位变动成本和固定成本。

计算过程如下：

(1) 完全成本法。

$$产品单位成本 = 单位直接材料 + 单位直接人工 + 单位制造费用$$

$$= 70 + 60 + (90 + \frac{30\ 000}{600})$$

$$= 270\ 元$$

$$本期生产成本 = 固定生产成本 + 变动生产成本$$

$$= 30\ 000 + (70 + 60 + 90) \times 600$$

$$= 162\ 000\ 元$$

$$销售成本 = 期初存货成本 + 本期生产成本 - 期末存货成本$$

$$= 0 + 162\ 000 - 270 \times 100$$

$$= 135\ 000\ 元$$

(2) 变动成本法。

$$产品单位成本 = 单位直接材料 + 单位直接人工 + 单位变动制造费用$$

$$= 70 + 60 + 90$$

$$= 220\ 元$$

$$单位变动成本 = 单位变动生产成本 + 单位变动非生产成本$$

$$= 220 + 40$$

$$= 260\ 元$$

$$固定成本 = 固定生产成本 + 固定非生产成本$$

$$= 30\ 000 + 15\ 000$$

$$= 45\ 000\ 元$$

5.2.4 损益计算流程及损益表格式不同

完全成本法与变动成本法的损益表格式见表 5-3。

表 5-3 完全成本法与变动成本法的损益表格式　　　　　单位：元 / 件

（职能式损益表） 完全成本法	（贡献式损益表） 变动成本法
销售收入 　减：销售成本 　　　期初存货成本 　　　+ 本期生产成本 　　　- 期末存货成本 　　= 销售毛利 　减：非生产成本 　　　销售费用 　　　管理费用 　　　财务费用 　　= 营业利润	销售收入 　减：变动成本 　　　变动生产成本 　　　变动销售成本 　　　变动管理成本 　　= 贡献边际 　减：固定成本 　　　固定制造费用 　　　固定销售费用 　　　固定管理费用 　　= 营业利润

【例 5-4】　某工厂 2022 年只加工 SMH 型号产品，产量 8 000 件，期初存货为 0，本期销售量为 7 200 件，产品售价为 400 元／件。产品的相关成本资料如表 5-4 所示。

表 5-4　SMH 产品相关成本数据　　　　　单位：元／件

项　　目	变动性成本	固定性成本	合　　计
直接材料		280 000	
直接人工		160 000	
制造费用	40 000	240 000	280 000
管理费用	4 000	72 000	76 000
销售费用	40 000	160 000	200 000

要求：分别按两种方法计算并编制损益表。

计算过程如下：

两种方法下的损益表见表 5-5。

表 5-5　SMH 两种成本计算方法下的损益表　　　　　单位：元／件

完全成本法下传统损益表	
销售收入	2 880 000
减：销售成本	
期初存货成本	0
＋本期生产成本	720 000
－期末存货成本	720 000
小计	720 000
销售毛利	2 160 000
减：非生产成本	
管理费用	76 000
销售费用	200 000
小计	276 000
营业利润	1 884 000
变动成本法下贡献式损益表	
销售收入	2 880 000
减：变动成本	
变动生产成本	432 000
变动管理费用	4 000
变动销售费用	40 000
小计	476 000
贡献边际	2 404 000
减：固定成本	
固定制造费用	240 000
固定管理费用	72 000
固定销售费用	160 000
小计	472 000
营业利润	1 932 000

在变动成本法下,销售收入先用来补偿变动成本得到边际贡献,再用边际贡献补偿固定成本得到营业利润。而完全成本法首先用销售收入扣减已销产品的销售成本,计算出销售毛利,然后用销售毛利减去期间成本,从而确定出营业利润。两种成本计算方法计算利润的损益表格式不同,提供的信息指标也不一样。按完全成本法计算利润,提供销售毛利等信息;按变动成本法计算利润,提供边际贡献、变动成本、固定成本等信息。

两种成本计算方法对固定制造费用处理的不同也会影响营业利润的确定。变动成本法下固定制造费用作为期间成本从当期损益中全部扣除。完全成本法下固定制造费用先计入产品成本,当这些产品完全销售出去,其中的固定制造费用就会随着销货成本从当期损益中全部扣除,因此,当产销平衡时,变动成本法与完全成本法计算出的利润相等。但是,如果当期产品没有全部销售出去,就会有一部分固定制造费用被期末存货吸收,此时两种方法计算出的利润就会存在差异。

区分毛利与贡献毛益:

毛利是销售收入减去销售成本所得,销售成本即取得、制造并售出商品的全部成本。贡献毛益着重强调销售额与变动成本的关系,而毛利着重于销售额与销售成本的关系。两者是不同的概念。

$$毛利 = 销售收入 - 销售成本$$
$$贡献毛益 = 销售收入 - 所有变动成本$$

举一个简单的例子:某商店销售洗衣机,每台进货成本为 700 元,销售人员每推销一台将赚取 20 元佣金,每台洗衣机售价为 1 500 元,则每台洗衣机的毛利和贡献毛益分别为

$$单位毛利 = 1\ 500 - 700 = 800 \ 元/台$$
$$单位贡献毛益 = 1\ 500 - 700 - 20 = 780 \ 元/台$$

本章小结

变动成本法是一种管理会计中常用的成本计算方法,其基本思想是将企业的总成本划分为固定成本和变动成本两部分,其中变动成本是指随着产量的变化而变化的成本,其优点在于能够更准确地反映企业的盈利状况。变动成本法的应用范围很广,它可以用于企业的长期决策、短期决策、产品定价、成本控制等方面。在长期决策中,变动成本法可以帮助企业分析不同生产规模下的成本和收益情况,从而选择最优的生产规模。在短期决策中,变动成本法可以帮助企业分析生产不同产品的成本和收益情况,从而选择最优的生产组合。在产品定价中,变动成本法可以帮助企业制订基于成本的定价策略。在成本控制中,变动成本法可以帮助企业识别和降低无效的成本。

闯关考验

一、简答题

1.什么是成本性态?为什么要对成本按照性态分类?按照成本性态进行分类,经营活

动中的成本可以分为哪几类？

2. 采用变动成本法与完全成本法编制的损益表有何不同？

3. 试说明变动成本法对固定制造费用处理的理由。

二、计算题

1. 甲公司生产一种产品，2022 年和 2023 年的有关资料如表 5-6 所示。

表 5-6　甲公司有关资料

项　　目	2022 年	2023 年
销售收入 / 元	1 000	1 500
产量 / 吨	300	200
年初产成品存货数量 / 吨	0	100
年末产成品存货数量 / 吨	100	0
固定生产成本 / 元	600	600
销售和管理费用 (全部固定)/ 元	150	150
单位变动生产成本 / 元	1.8	1.8

要求：

(1) 用完全成本法为该公司编制这两年的比较利润表，并说明为什么销售增加 50%，营业净利润反而减少。

(2) 用变动成本法根据相同的资料编制比较利润表，并将它同 (1) 中的比较利润表进行比较，指出哪一种成本法比较重视生产，哪一种比较重视销售。

2. 某公司 2021 年和 2022 年生产一种产品，其生产量、销售量、期初存货 (见表 5-7) 等有关资料如下所述。

该产品的单价：50 元。

直接材料：每件 5 元。

直接人工：每件 8 元。

制造费用：

单位变动制造费用：7 元。

固定制造费用总额：60 000 元。

销售及管理费用：

单位变动销售及管理费用：5 元。

固定销售及管理费用总额：48 000 元。

存货采用先进先出法。

表 5-7　某公司有关资料

项　　目	2021 年	2022 年
生产量 / 件	10 000	8 000
销售量 / 件	8 000	9 000
期初存货 / 件	0	2 000

要求：

(1) 采用两种成本法确定 2021 年和 2022 年的期末存货成本。

(2) 采用两种成本法编制两年的损益表。

(3) 说明两种成本法计算的营业净利润为何不同，并采用简算法验证。

知识拓展

扫描二维码获取《管理会计应用指引第 303 号——变动成本法》。

考证对接

扫描二维码获取对接题目。

小尚寄语：

自始至终把人放在第一位，尊重员工是成功的关键。

——托马斯·沃森

第6章
本量利分析

目标规划

学习目标：理解本量利分析的含义及基本假设；掌握贡献毛益的相关公式计算、保本点及保利点的计算。

技能目标：能够运用本量利分析工具，辨析保本点、保利点对于企业经营决策的重要性；独立进行保本分析、保利分析，培养管理工作中独立自主的能力。

思维导图

思政要点

从本量利之间的规律性联系可以看出，成本与利润是此消彼长的关系，收入是利润的来源，因此提高经营效益应注重开源节流。另外，安全边际分析提示企业经营应加强风险管理意识，同时保本分析告诉我们应对风险时要树立底线思维，这样在未来经营企业时才能够进行有效管理。

本量利分析是基于成本、业务量、利润三种因素进行的计算模型，企业需合理控制成本提升企业利润，但前提是保证产品的质量，进行合理的预算从而进行成本控制。

案例导入

某广告公司正在策划一个报纸广告项目，打算利用当地晚报 1/3 版面做周末（每周五）民宿广告。1/3 版面费 12 000 元，能容纳 200 条广告，每条预计收费 100 元。项目经理小周打算在报社大楼租赁一间办公室，租金 6 000 元／月；小周的薪酬是 6 000 元／月，主要负责联系业务；办公室常驻 1 人，薪酬 4 000 元／月，主要负责接收电话、编辑广告页面并报送报社等；电话费、宣传费等办公费 2 000 元。

如果是长期在周末做广告的话，1/3 版面费会优惠至 8 000 元。现在小周最担心的是广告业务量的稳定性，报纸广告明显受到了网络平台的严重冲击。为了保证足够的业务量，小周打算聘请业务员，许诺每接一条民宿广告支付 15 元 (100×15%) 报酬，若是民宿老板直接来登广告给予 85 元的优惠价。

请思考：该项目的月利润是多少？为了保障民宿广告项目不至于亏损，每月至少需要多少条广告？与网络平台比，报纸广告的优势主要是价格低廉，那么，民宿广告的价格底线是多少呢？

6.1   本量利分析概述

本量利分析是现代管理会计中的一项重要内容，也是管理会计中一项重要的定量分析方法。借助这种方法，可以将成本、业务量、利润这几个方面的变动相互联系起来进行分析，并围绕保本点，动态掌握有关因素变动对企业盈亏消长的规律性联系。若将其与经营风险相联系，可促使企业努力降低风险；若将其与预测技术相结合，企业可进行保本预测、确保目标利润实现的业务量预测等；若将其与决策融为一体，企业可据此进行生产决策、定价决策和投资不确定性分析等。

总之，本量利分析对帮助企业采取相应措施实现扭亏增盈、加强企业内部治理、提高经济效益具有独特的作用。

6.1.1   本量利分析的概念

所谓本量利分析 (Cost-Volume-Profit analysis)，也称 CVP 分析，是指在成本性态分析和变动成本计算的基础上，对成本、业务量、利润这三者之间内在关系进行的分析。它着重以数量化的模型或图形来揭示销售价格、销售数量、固定成本、变动成本、利润等各个经济变量之间的规律性联系，从而为企业进行预测、决策、规划、控制等提供必要的经济信息和相应的分析手段。

6.1.2 本量利分析的基本假设

对于企业的经营发展过程而言，企业成本的投入、销售业绩、所取得的实际利润等方面都有着本质的联系，而并非单一的线性关系。因为受到企业规模效应的作用，企业的成本和其生产量之间具有非线性的联系。为了将存在模型设定内部的影响剔除掉，并且还要加强本量利分析的模型，就要对这些关系进行限定，进而可以令本量利分析更加具有意义。本量利分析数学模型的应用，需要满足一定的基本假设，具体包括以下内容。

1. 成本性态分析及变动成本法的假设

应用本量利分析需要先进行成本性态分析，假设企业经营活动的全部成本可以被划分成固定成本和变动成本两大类，并建立了相应的成本性态分析模型。变动成本法假设：假设产品成本计算采用变动成本法，产品成本只包括变动生产成本(直接材料、直接人工、变动制造费用)，所有的固定成本均作为期间成本处理。

2. 相应范畴以及线性关系的假设

假设在一定时期和一定的业务量范围内，固定成本总额、单位变动成本保持不变，总成本函数和业务量之间表现为线性方程；单价保持不变，不会随着业务量的变化而变化，销售收入函数与业务量之间也表现为线性方程的形式。

3. 品种结构稳定的假设

在这个假设的环境中，面对一个同时进行生产和销售的类别产品不同的企业而言，在它的总销售收入里，各类的产品销售额所具有的比率都是固定不变的。

4. 产销平衡的假设

对于这个假设条件而言，企业在本期中所生产的产品可以全部销售出去，进而体现出企业生产以及销售实现了均衡的状态。在这个假设中权衡的量，指的是企业产品的销售量，而非企业所生产的量，或者可以说，是指企业的销售收入。可是，在真正的生产经营过程里，企业并非可以令销售总量等同于生产总量，所以会对企业的本期利润造成较大的影响。

6.1.3 本量利分析的基本公式

在本量利分析中，单位贡献毛益(CM)是一个十分重要的概念，反映企业投放的产品在市场上的创利能力。因为竞争优势就是获取超额利润的能力，贡献毛益越大，说明企业产品在市场上的竞争优势越明显。它可以用绝对数单位贡献毛益、贡献毛益总额(TCM)来表示，也可以用相对数贡献毛益率(CMR)来表示。

本量利分析所考虑的相关因素主要包括固定成本 a、单位变动成本 b、销售量 x、单价 p、销售收入 px 和营业利润 P 等。这些变量可以用以下公式进行反映。

前景提要：

$$销售收入 - 变动成本 = 贡献毛益$$
$$贡献毛益 - 固定成本 = 营业利润$$

1. 贡献毛益

贡献毛益是指产品的销售收入与相应变动成本之间的差额，又称边际贡献、边际利润或创利额。其计算公式如下：

$$TCM = px - bx$$

2. 单位贡献毛益

单位贡献毛益是指贡献边际除以销售量的商。其计算公式如下：

$$CM = \frac{TCM}{x}$$

3. 贡献毛益率

贡献毛益率是指边际贡献在销售收入中所占的百分比。通常，贡献毛益率是指产品边际贡献率，可以理解为每一元销售收入时边际贡献所占的比重，它反映产品给企业做出贡献的能力。

$$CMR = \frac{TCM}{px} = \frac{p-b}{p}$$

4. 变动成本率

变动成本率(BR)也称为补偿率，即变动成本在销售收入中所占的百分率。

$$BR = \frac{bx}{px} = \frac{b}{p}$$

5. 比率关系

由上述贡献毛益率与变动成本率的定义及计算公式，可知道两者之间存在以下关系：

$$CMR + BR = 1$$

【例6-1】 尚铭股份有限公司只生产一种产品为A产品，单价为20元，单位变动成本为12元，固定成本总额为40 000元，本月预计销量为10 000件。

要求：

(1) 计算该产品的单位贡献毛益与贡献毛益总额。

(2) 计算该产品的贡献毛益率。

(3) 计算变动成本率。

计算分析如下：

(1)
$$单位贡献毛益(CM) = 20 - 12 = 8 元$$
$$贡献毛益总额(TCM) = 8 \times 10\,000 = 80\,000 元$$

从以上计算中可知，产销10 000件产品的贡献毛益总额为80 000元，并非尚铭股份有限公司的销售利润，因为该公司的贡献毛益总额首先要用来弥补其40 000元的固定成本总额，补偿固定成本后的剩余，才能为企业提供利润。如果贡献毛益总额不足以补偿固定成本，那么企业就会发生亏损。因此，贡献毛益是补偿固定成本能力大小的度量。

(2)
$$贡献毛益率(CMR) = 8 \div 20 \times 100\% = 40\%$$

从以上计算中可知，该企业每销售一件产品，可产生40%的贡献毛益。

(3) $\qquad$ 变动成本率 (BR) $= 12 \div 20 \times 100\% = 60\%$

分析可知，变动成本率与边际贡献率之间存在着互补关系，即

$$边际贡献率 (CMR) + 变动成本率 (BR) = 1$$

变动成本率低的企业，贡献毛益率就高，创利能力也强。反之，变动成本率高的企业，则边际贡献率就低，创利能力也弱。

6.2 保本分析

6.2.1 保本分析概述

1. 保本分析的概念

保本分析是指能使企业达到不盈不亏状态时的业务量的总称。在该业务量水平下，企业的收入正好等于全部成本；超过这个业务量水平，企业就有盈利；反之，低于这个业务量水平，就会发生亏损。所谓保本分析是研究当企业恰好处于保本状态时本量利关系的一种定量分析方法。

公司是以盈利为目的的经济组织，追求利润最大化是公司管理层的必然选择。由于盈利是在保本基础上管理水平的升华，所以盈亏临界分析是本量利分析的基本内容之一。研究盈亏临界点的目的是为企业决策提供依据，明确在什么情况下企业能够盈利，什么情况下企业将发生亏损，并为减少亏损或增加利润寻找努力的方向。

2. 保本点的概念

保本点是指能使企业达到保本状态时的业务量的总称 (记作 BEP)，如图 6-1 所示。即在该业务量水平下，企业的收入正好等于全部成本；超过这个业务量水平，企业就有盈利；反之，低于这个业务量水平，就会发生亏损。也就是说，保本点越低越好。在我国，保本点又被称作盈亏临界点、盈亏平衡点、损益两平点、够本点等。它是指企业经营处于不赢不亏状态所须达到的业务量 (产量或销售量)，是投资或经营中一个很重要的数量界限。近年来，盈亏平衡分析在企业投资和经营决策中得到了广泛的应用。

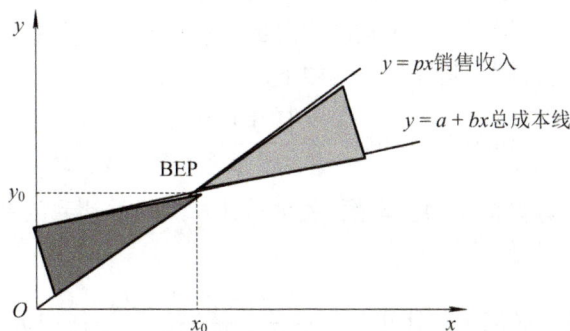

图 6-1 保本分析图

6.2.2 单一品种保本点的计算

单一品种保本点的业务量通常有两种表现形式:一种是用实物量表现,称为"保本点销售量 X_0",即销售多少数量的产品才能保本,简称"保本量";另一种是用货币金额表现,称为"保本点销售额 Y_0",即销售多少金额的产品才能保本,简称"保本额"。

以 P 表示利润,按照变动成本法,可知: $P = px - bx - a$,在保本点不盈不亏的状态下,该利润公式 $P = 0$,则 $px - bx - a = 0$。

根据该等式可整理得到保本点计算公式如下:

$$X_0 = \frac{a}{p-b} = \frac{a}{CM}$$

$$Y_0 = pX_0 = \frac{a}{CMR}$$

【例 6-2】 根据例 6-1 中有关 A 产品的资料,计算该产品的保本量和保本额。
计算过程如下:

$$保本量 X_0 = \frac{40\,000}{20-12} = 5\,000 件$$

$$保本额 Y_0 = 5\,000 \times 20 = 100\,000 元$$

以上计算表明,尚铭股份有限公司销售 5 000 件产品,或销售额达到 100 000 元时,才能保证不亏损。

6.2.3 多品种保本点的计算

前面介绍了单一品种保本点的计算,但实际上大部分企业不是只生产经营一种产品。在企业生产并销售多种产品的情况下,其保本点处的销量不能直接相加,原因在于不同产品在实物量上不具有可加性,所以也就无法直接应用单一品种为基础的保本量和保本额的计算公式。在多品种条件下,企业可以采用的保本点的计算方法通常有加权平均贡献毛益率法、联合单位法等。这里我们主要介绍"加权平均贡献毛益率法"。

加权平均贡献毛益率又称综合贡献毛益率,是在明确各产品的贡献毛益率的基础上,以各产品的销售额在总销售额中所占的比重作为权数,两者相乘,计算得出的反映企业多产品综合创利能力的一个指标。将固定成本总额与加权平均贡献毛益率相比,即可得到全部产品的综合保本点销售额。其计算公式如下:

$$多品种保本额 = \frac{固定成本}{综合贡献毛益率} = \frac{c}{CMR}$$

就上述公式来看,计算多品种保本额,关键是计算综合贡献毛益率。其计算步骤如下:
第一步:计算某产品的销售比重。

$$某产品的销售比重 = \frac{该产品的销售额}{各种产品销售额的总和} \times 100\%$$

第二步：计算某产品的贡献毛益率。

$$某产品的贡献毛益率 = \frac{该产品的贡献毛益额}{该产品的销售收入} \times 100\%$$

第三步：计算综合贡献毛益率。

$$综合贡献毛益率 = \sum(某产品的贡献毛益率 \times 某产品的销售比重)$$

在该计算法下，不仅可以计算综合贡献毛益率，还可以按销售比重将综合保本额进行分解，计算出每一种产品的保本额和保本量。

【例 6-3】 尚铭股份有限公司经营 A、B 两种产品，全年固定成本总额 72 000 元，有关资料如表 6-1 所示。

表 6-1　A、B 产品相关资料数据

项　目	A 产品	B 产品
售价 /（元 / 件）	5	2.5
贡献毛益率	40%	30%
预计产销量 / 件	30 000	40 000

要求：

(1) 计算尚铭股份有限公司的保本点销售额。

(2) 分别计算 A、B 两种产品的保本点。

计算过程如下：

按照上述多品种保本点的计算步骤，有

$$全部产品销售总额 = 5 \times 30\ 000 + 2.5 \times 40\ 000 = 250\ 000\ 元$$

(1)
$$A\ 产品销售额比重 = \frac{150\ 000}{250\ 000} = 60\%$$

$$B\ 产品销售额比重 = \frac{100\ 000}{250\ 000} = 40\%$$

$$综合贡献毛益率 = 40\% \times 60\% + 30\% \times 40\% = 36\%$$

$$企业多品种保本点销售额 = \frac{72\ 000}{36\%} = 200\ 000\ 元$$

(2)
$$A\ 产品保本额 = 200\ 000 \times 60\% = 120\ 000\ 元$$

$$A\ 产品保本量 = \frac{120\ 000}{5} = 24\ 000\ 件$$

$$B\ 产品保本额 = 200\ 000 \times 40\% = 80\ 000\ 元$$

$$B\ 产品保本量 = \frac{80\ 000}{2.5} = 32\ 000\ 件$$

从以上计算可看出，当 A 产品销售 24 000 件、B 产品销售 32 000 件时，企业处于不盈不亏状态。这也说明各产品的销售比重会影响到综合贡献毛益率水平。因而销售额比重即产品的品种构成发生变化时，势必改变全部产品综合贡献毛益率，企业的盈亏临界点也自然要发生相应的变化。在其他条件不变的前提下，提高贡献毛益率高的产品的销售比重，降低贡献毛益率低的产品的销售比重，就会提高贡献毛益率水平，从而达到降低综合保本额的目的。

6.2.4 与保本点有关的其他指标分析

1. 安全边际

企业处于保本点只是意味着贡献毛益可以补偿全部的固定成本，而企业最想的是要获得利润，为达到这一目标，其销量就必须超过保本点，并且超过保本点越多，企业经营发生亏损的可能性就越小，企业经营状况也就越安全，由此得到了与保本点密切相关的指标——安全边际。

安全边际 (MS)，是指产品实际销售量或预计销售量 (销售额) 超过保本点的销售量 (销售额) 的差额。它可以用绝对数安全边际量 (MS 量)、绝对数安全边际额 (MS 额) 来表示，也可以用相对数安全边际率 MSR 来表示。以 x_1 表示现有 (或预计) 销售量，以 y_1 表示现有 (或预计) 销售额。其计算公式如下：

$$安全边际MS \begin{cases} 绝对数：\begin{cases} MS量 = x_1 - x_0 \\ MS额 = p(x_1 - x_0) = y_1 - y_0 \end{cases} \\ 相对数：MSR = \dfrac{x_1 - x_0}{x_1} = \dfrac{y_1 - y_0}{y_1} \end{cases}$$

安全边际能反映企业经营的安全程度，安全边际 (绝对数或相对数) 越大，企业经营越安全；安全边际 (绝对数或相对数) 越小，企业越容易发生亏损。西方企业一般采用安全边际率来衡量企业经营的安全程度，并且有一个检验标准。企业经营安全性检验标准如表 6-2 所示。

表 6-2　企业经营安全性检验标准

安全边际率	40% 及以上	30%(含)～40%	20%(含)～30%	10%(含)～20%	10% 以下
安全评价	很安全	安全	较安全	值得注意	不安全

【例 6-4】　尚铭股份有限公司只生产一种产品为 A 产品，单价为 20 元，单位变动成本为 12 元，固定成本总额为 40 000 元，本月预计销量为 10 000 件。根据有关 A 产品的资料，计算该产品的安全边际量、安全边际额和安全边际率。

计算过程如下：

$$安全边际量 = 10\ 000 - 5\ 000 = 5\ 000\ 件$$
$$安全边际额 = 5\ 000 \times 20 = 100\ 000\ 元$$
$$安全边际率 = \frac{5\ 000}{10\ 000} \times 100\% = 50\%$$

以上计算表明，尚铭股份有限公司经营的安全边际量是 5 000 件，安全边际率是 50%。按检验标准来衡量的话，A 产品的经营业务安全性很高。安全边际率也表明企业销售所能下降的幅度，超过这一限度就会出现亏损。

2. 销售利润率

销售利润率 (PR) 是企业利润与销售额之间的比率。它是以销售收入为基础分析企业获利能力，反映销售收入收益水平的指标，即每元销售收入所获得的利润。

$$PR = \frac{P}{px} = CMR \times MSR$$

推导过程如下：

$$PR = \frac{P}{px} = \frac{CMx - a}{px} = \frac{CMx - CMx_0}{px} = \frac{CM(x - x_0)}{px} = \frac{CM}{p} \times \frac{x - x_0}{x} = CMR \times MSR$$

【例 6-5】　根据例 6-4 中有关 A 产品的资料，计算尚铭股份有限公司的销售利润和销售利润率。

计算过程如下：

$$销售利润 = px - bx - a = 200\,000 - 120\,000 - 40\,000 = 40\,000 元$$

$$销售利润率 = \frac{40\,000}{200\,000} = 50\% \times 40\% = 20\%$$

以上计算表明，尚铭股份有限公司本期获得的销售利润为 40 000 元，销售利润率为 20%。

3. 保本作业率

有的企业在衡量经营安全程度时，不用安全边际指标，而是用逆指标"保本作业率"来表示。保本作业率 (DR) 又称危险率、盈亏临界点作业率，是指保本点业务量占实际业务量或预计业务量的百分比。其计算公式为

$$DR = \frac{保本点业务量}{现有(或预计)业务量} = \frac{x_0}{x_1} = \frac{y_0}{y_1}$$

该指标越小，说明企业实际业务量（预计业务量）远远大于保本点业务量，企业经营安全性越高，危险性越小；反之，则说明企业经营安全性越差，危险性越大。

保本作业率与安全边际率之间具有互补关系，即

$$保本作业率 (DR) + 安全边际率 (MSR) = 1$$

【例 6-6】　根据例 6-4 中的资料，计算尚铭股份有限公司的保本作业率，并验证保本作业率与安全边际率之间的关系。

计算过程如下：

$$保本作业率 = \frac{5\,000}{10\,000} \times 100\% = 50\%$$

$$50\%(DR) + 50\%(MSR) = 1$$

以上计算表明，如果尚铭股份有限公司的实际保本作业率越低于 50%，那么经营风险越小；实际保本作业率越高于 50%，则经营风险越大。

6.2.5　保本分析图

保本点的分析，也可以用图示的方法来进行。保本分析图，是指围绕保本点将影响企业利润的有关因素集中在一张图上形象而具体地表现出来。利用它可以直观地反映成本、业务量、利润之间的相互关系。常见的保本分析图有基本式、贡献式和量利式三种。

1. 基本式

基本式保本分析图（见图 6-2）是一种较为常见的，能够反映本量利基本关系的图形，

在实际中应用最广泛。

该图的绘制方法如下：

(1) 以横轴表示业务量，以纵轴表示销售收入与成本，绘制直角坐标系。

(2) 绘制销售总成本线。在纵轴上确定固定成本数值 a，以此为起点，画一条平行于横轴的直线，即固定成本线 $y = a$；在横轴上取一整数业务量，计算其总成本，在坐标上标出该点，并将该点与固定成本起点连接，即为销售总成本线 $y = a + bx$。

(3) 绘制销售总收入线。在横轴上取一整数业务量，计算其销售收入，在坐标中找出与之相对应的点，并将该点与坐标原点连接，即为销售总收入线 $y = px$。

(4) 销售总收入线与销售总成本线的交点即为保本点 BEP。

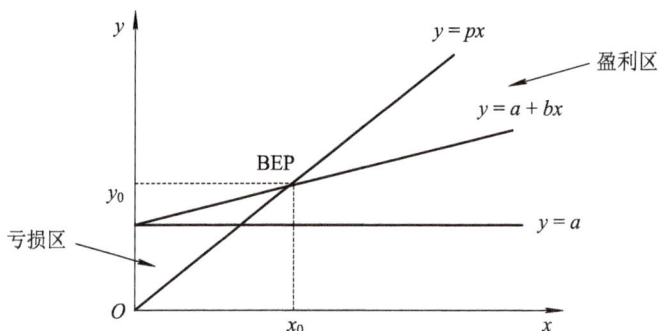

图 6-2　基本式保本分析图

通过观察图 6-2，可以得出以下几条基本规律：

(1) 当保本点不变时，销售量超过保本点越多，企业实现的利润越多；反之，若销售量未达到保本点，与保本点差距越大，则企业亏损越多。

(2) 当销售量不变时，保本点越低，利润区面积越大，亏损区面积越小，企业实现的利润越多或亏损越少；反之，若保本点越高，则利润区面积越少，亏损区面积越大，企业实现的利润就越少或亏损越多。

2. 贡献式

贡献式保本分析图是一种将固定成本置于变动成本线之上，能直观地反映出贡献毛益、固定成本及利润之间关系的图形。当贡献毛益总额正好弥补固定成本时，即可确定保本点。贡献式保本分析图最大的优点是能够形象地反映贡献毛益的形成过程和构成，如图 6-3 所示。

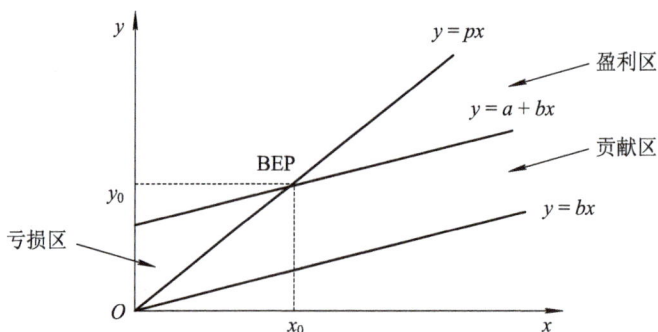

图 6-3　贡献式保本分析图

3. 量利式

量利式保本分析图也称利润图，它能够直观地反映利润与业务量之间的关系，但无法反映成本与业务量之间的关系，是一种简化的保本分析图，如图 6-4 所示。在绘制图形时，首先，以横轴表示业务量，以纵轴代表利润，确定坐标系；然后，在横轴上任取一整数，计算出相应的利润，在坐标上标出该点，并将其与纵轴上负数的固定成本连接，确定利润线，利润线与横轴的交点，即为保本点。

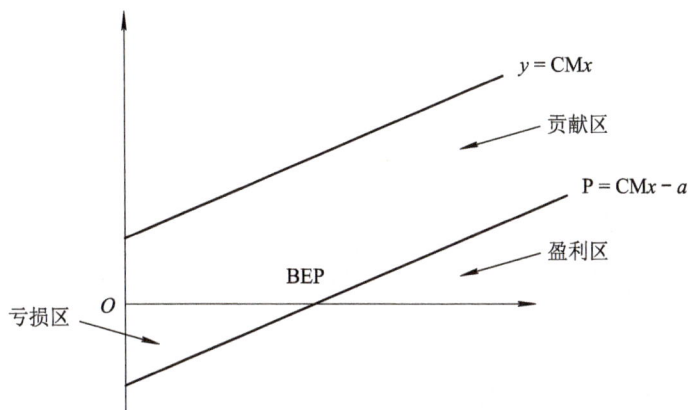

图 6-4 量利式保本分析图

6.2.6 有关因素对保本点的影响

根据前文保本点的计算公式 $X_0 = \dfrac{a}{p-b} = \dfrac{a}{CM}$ ，可知影响保本点的有三个影响因素（单价 p 、单位变动成本 b 、固定成本 a ）。

1. 售价 p 变动而其他不变

在 b 和 a 保持不变的情况下，单位产品销售价格 p 上升，则销售收入增加，相应的销售收入线斜率增大，保本点就会降低；反之，单位产品销售价格下降，会使保本点提高。故保本点随着售价 p 的变动而反向变动。

2. 单位变动成本 b 变动而其他不变

在其他因素保持不变的情况下，单位变动成本上升，会使单位贡献毛益减少，导致保本点提高；相反，单位变动成本下降，会使单位贡献毛益增加，导致保本点降低。故保本点随着单位变动成本 b 的变动而同向变动。

3. 固定成本 a 变动而其他不变

在其他因素保持不变的情况下，固定成本总额增加，则需要贡献毛益补偿的金额越大，保本点提高；相反，固定成本总额减少，则保本点降低。故保本点随着固定成本 a 的变动而同向变动。

4. 多因素同时变动

多因素同时变动时，保本点的变动要视具体情况而定，既可能上升，也可能下降，甚至还可能不变。

【例 6-7】 尚铭股份有限公司生产 B 产品，本年度其单价为 100 元，单位变动成本 60 元，固定成本总额 50 000 元。下年度打算将 B 产品的售价提高 10%，同时增加材料投入，将单位变动成本提高 10%，而固定成本保持不变，则

$$售价和单位变动成本变动前的保本点销售量 = \frac{50\ 000}{100 - 60} = 1\ 250\ 件$$

$$售价和单位变动成本变动后的保本点销售量 = \frac{50\ 000}{100 \times (1 + 10\%) - 60 \times (1 + 10\%)} = 1\ 136\ 件$$

可见，售价与单位变动成本同时增加 10%，保本点销售量由 1 250 件下降到 1 136 件。

6.3　保 利 分 析

保本分析是假定企业利润为零，不盈不亏条件下的本量利分析，它有助于了解企业的最低生存条件和企业经营的安全程度。但是，从现实的角度看，企业经营的目的，不是为了不亏本，而是获得盈利，谋求进一步发展。所谓保利条件下的本量利分析，就是将目标利润引进本量利分析的基本公式，在确保目标利润实现的条件下，充分揭示成本、业务量、利润三者之间的关系。保利分析实际上是保本分析的延伸和扩展。

■ 6.3.1　保利点的计算

保利点是指在单价和成本水平确定的情况下，为确保预先确定的目标利润能够实现，而应达到的销售量和销售额的统称。因而，保利点也称实现目标利润的业务量，具体包括两种表现形式：保利量和保利额。

设一定期间企业的税前目标利润为 P_T，则有 $P_T = (p - b)x - a$，可以得到如下计算公式：

$$保利量\ x_T = \frac{a + P_T}{p - b} = \frac{a + P_T}{CM}$$

$$保利额\ y_T = px_T$$

【例 6-8】尚铭股份有限公司只生产一种产品为 A 产品，单价为 20 元，单位变动成本为 12 元，固定成本总额为 40 000 元，本月预计销量为 10 000 件。假设本月目标利润为 48 000 元，价格和成本水平不变，则保利点计算如下：

$$保利量 = \frac{40\ 000 + 48\ 000}{20 - 12} = 11\ 000\ 件$$

$$保利额 = 11\ 000 \times 20 = 220\ 000\ 元$$

以上计算表明，尚铭股份有限公司在现有售价和成本水平的条件下，本月要实现 48 000 元的目标利润，必须销售 11 000 件 A 产品，或实现 220 000 元的销售额。

6.3.2 相关因素变动对实现目标利润的影响

由于保利分析是保本分析的拓展与延伸，所以导致保本点变化的各个因素都可能会对保利点产生影响。根据利润的计算公式：

利润 =（单价 − 单位变动成本）× 销售量 − 固定成本总额

我们可以发现单价、销售量、单位变动成本和固定成本总额都是影响利润的因素；在多品种生产的企业，产品品种结构会影响到利润；而在进行目标税后利润的分析时，所得税税率的变动也会对目标利润产生影响。

1. 单价变动对利润的影响

根据利润的计算公式，当其他因素保持不变，单位产品售价上升时，单位贡献毛益会增加，进而导致利润增加；相反，当单价下降时，单位贡献毛益减少，则企业利润减少。

2. 单位变动成本变动对利润的影响

当其他因素保持不变时，单位变动成本上升，会使单位贡献毛益减少，利润降低；相反，单位变动成本下降，会使单位贡献毛益增加，利润增加。

3. 固定成本总额变动对利润的影响

当其他因素保持不变时，固定成本总额增加，则利润减少；相反，固定成本总额减少，则利润增加。

4. 销售量变动对利润的影响

当其他因素保持不变时，销售量增加，贡献毛益总额增加，则利润增加；相反，销售量减少，则利润减少。

5. 产品品种变动对利润的影响

当企业经营多种产品时，有关产品之间的产销结构发生改变，即使各种产品的销售单价、单位变动成本和固定成本总额不变时，企业的利润也会随之变化。当贡献毛益率低的产品销售比重增加时，会使加权平均贡献毛益率下降，从而导致保利点提高，利润减少；相反，当贡献毛益率高的产品销售比重增加时，保利点降低，利润增加。

本章小结

本量利分析是管理会计中一个非常重要的概念，主要涉及成本、数量和利润之间的关系，它有助于企业预测未来的盈利状况，以及如何调整生产和销售策略以实现目标利润。通过计算保本点，企业可以了解在特定市场和价格条件下需要达到的最低销售额和销售量才能保持不盈不亏的状态。本量利分析有助于企业了解哪些因素对利润影响最大，从而可以优先处理这些因素，提高盈利能力。通过本量利分析，企业可以进行产品定价、生产决策以及是否需要增加或减少产品线等决策。虽然本量利分析提供了非常有用的工具，但它也有其局限性，需要综合考虑其他因素，做出更全面的决策。

闯关考验

一、单项选择题

1. 下列各项中，称为本量利分析的基础，也是本量利分析出发点的是（　　）。

A. 成本性态分析假设　　　　　　B. 相关范围及线性关系假设

C. 产销平衡假设　　　　　　　　D. 品种结构不变假设

2. 在本量利分析中，必须假定产品成本的计算基础是（　　）。

A. 完全成本法　　　　　　　　　B. 变动成本法

C. 吸收成本法　　　　　　　　　D. 制造成本法

3. 进行本量利分析，必须把企业全部成本区分为固定成本和（　　）。

A. 税金成本　　　　　　　　　　B. 材料成本

C. 人工成本　　　　　　　　　　D. 变动成本

4. 按照本量利分析的假设，收入函数和成本函数的自变量均为同一个（　　）。

A. 销售单价　　　　　　　　　　B. 单位变动成本

C. 固定成本　　　　　　　　　　D. 产销量

5. 计算贡献毛益率，可以用单位贡献毛益去除以（　　）。

A. 单位售价　　　　　　　　　　B. 总成本

C. 销售收入　　　　　　　　　　D. 变动成本

二、多项选择题

1. 下列各项中，本量利分析的基本内容有（　　）。

A. 保本点分析　　　　　　　　　B. 安全性分析

C. 利润分析　　　　　　　　　　D. 成本分析

E. 营业杠杆系数分析

2. 本量利分析的基本假设包括（　　）。

A. 相关范围假设　　　　　　　　B. 线性假设

C. 产销平衡假设　　　　　　　　D. 品种结构不变假设

E. 目标利润假设

3. 下列项目中，属于本量利分析研究内容的有（　　）。

A. 销售量与利润的关系　　　　　B. 销售量、成本与利润的关系

C. 成本与利润的关系　　　　　　D. 产品质量与成本的关系

E. 产品数量与成本的关系

三、简答题

1. 本量利分析的基本假设有哪些？

2. 什么是安全边际？

四、计算题

1. 某企业保本点的月销售额为 50 000 元，在其他指标不变而固定成本增加 5 000 元时，为了实现保本需要增加销售额 8 000 元。

要求：

(1) 计算原固定成本总额。

(2) 计算贡献毛益率。

(3) 计算变动成本率。

2. 甲产品单位售价为 30 元，单位变动成本为 21 元，固定成本为 450 元。

要求：

(1) 计算保本点销售量。

(2) 若要实现目标利润 180 元，计算销售量。

(3) 若销售净利润为销售额的 20%，计算销售量。

(4) 若每单位产品变动成本增加 2 元，固定成本减少 170 元，计算此时的保本点销售量。

(5) 若销售量为 200 件，计算单价应调整到多少才能实现利润 350 元，假定单位变动成本和固定成本不变。

知识拓展

扫描二维码获取《管理会计应用指引第 401 号——本量利分析》。

考证对接

扫描二维码获取对接题目。

小尚寄语：

　　没有利润，农业生产者和工业制造商就不能生存，就有如劳动者没有工资。

——大卫·李嘉图

第 7 章
预 测 分 析

目标规划

    学习目标： 了解预测分析的定义、分类、基本程序和方法；理解影响销售变动的主要因素和销售预测分析的方法；掌握影响利润变动的主要因素、销售利润率的预测及目标利润的规划。

    技能目标： 掌握影响成本变动的主要因素、产品成本预测的高低点法、一元线性回归法、多元线性回归法及目标成本的规划。

思维导图

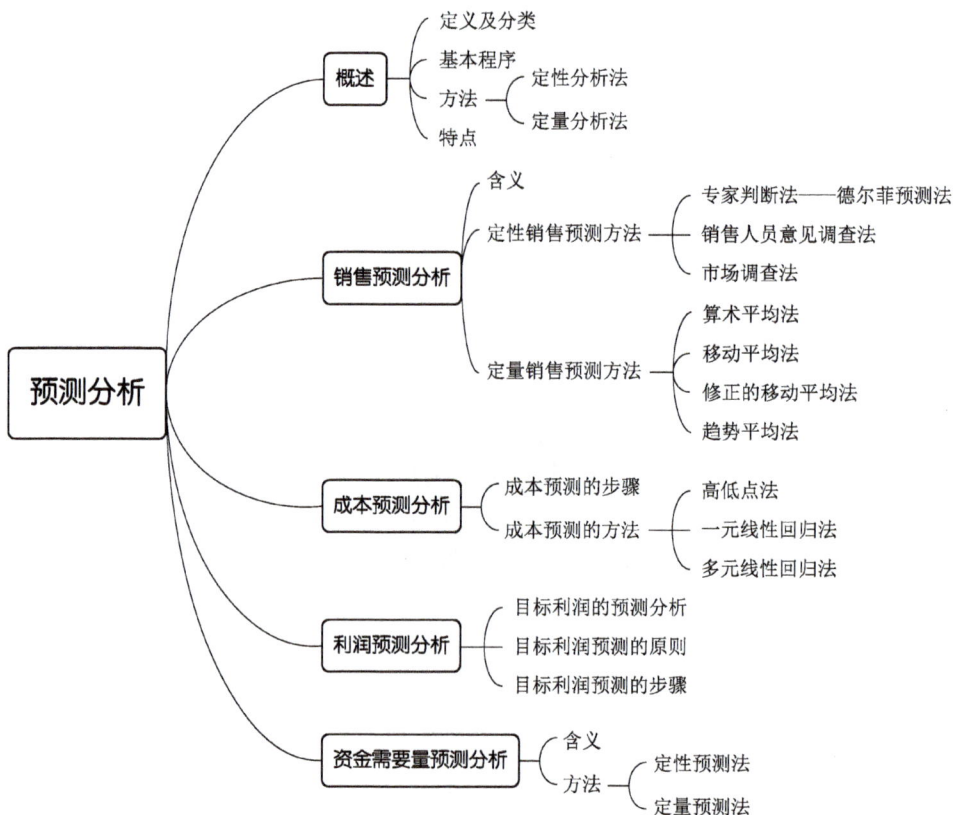

思政要点

通过赤壁之战诸葛亮借东风的故事，大家试想一下，诸葛亮为何能借上东风呢？是因为诸葛亮根据已知事件测定未知天气，借上了东风。

案例导入

宝洁供应链管理的金字塔概念

在过去几年中，宝洁迎来了在中国市场上从未出现过的产品创新井喷。据不完全统计，宝洁过去三年在中国市场上至少推出了 30 种新品。在每一款新产品的背后，都要归功于宝洁供应链的全面发力。目前，宝洁在中国有 8 家工厂，接近 40 家合作制造商，超 200 家供应商合作伙伴。在供应链方面，宝洁还在持续不断地升级。

在供应链管理中，要达到怎样的目标呢？可将目标概括为 4R，即 Right Product——正确的产品、Right Place——正确的地点、Right Time——正确的时间、Right Price——正确的价格。

为了达成这 4R，在 2000 年，美国宾州大学的一位教授马修提出了金字塔概念，明确了通往 4R 的路径。金字塔底部有四个边，每边代表一个需要做好的维度：第一个是指要有正确的数据；第二个是强调库存管理；第三个是预测，代表对市场的掌握度有多少，很多企业供应链做得不好的根本原因是预测得不好；第四个是供应链的速度，包括接单速度、生产速度、采购速度、物流速度，还有对客户服务的速度。

请思考： 宝洁供应链管理的 4R 目标在企业的经营预测中起到了什么作用？

7.1   预测分析概述

7.1.1 预测分析的定义及分类

1. 预测分析的定义

预测分析，是根据反映客观事物的资料信息，运用科学方法来预计和推测客观事物发展的必然趋势和可能性。由此可见，预测分析是对不确定的或不知道的事件做出推测，其主要特点是根据过去或现在预计未来。

经营预测分析，是相对于企业的预测分析，主要是对其未来经营状况、发展前景及可能产生的经济效益做出科学的估计和推测，是企业经营管理的一个重要组成部分。企业经营预测不同于一般的经济增长预测，也不同于国民经济的宏观预测，它是以保证企业的生存与发展为中心，以提高经济效益为目的，从组织人事到科技、经济、市场各类专业兼而有之的综合性预测。

2. 预测分析的分类

企业的预测分析可以从各个不同的角度进行分类。

1) 按预测的时间分类

按预测的时间分类，企业的预测分析可分为短期预测、中期预测和长期预测。

短期预测一般为一年以内的预测，如年度预测或季度预测，是指对计划年度或季度经济发展前景的预测。短期预测是制订月度计划、季度计划、年度计划，明确规定一年以内（含一年）经济活动具体任务的依据。中期预测是指对一年以上、五年及五年以下经济活动的预测，常用的是三年预测，主要是为了检查长期计划的执行情况及检查长期决策的经济效果，以便及时发现问题，纠正偏差。长期预测是指对五年以上时间的经济发展前景的预测，为企业考虑远期规划时制订重大的经营管理决策提供依据。

2) 按预测的内容分类

按预测的内容分类，企业的预测分析可分为资金预测、利润预测、销售预测和成本预测。

资金预测是关于企业短期和长期资金的供应与需求情况的预测，也包括社会资金供求趋势及资金供求成本变动情况的预测。利润预测是关于企业未来利润额和利润增减变动趋势及变动原因的预测。销售预测是关于企业未来销售产品的数量、价格和销售结构等因素的预测。成本预测是关于企业未来面对激烈的市场竞争，其单位成本和总成本变动趋势的预测。

7.1.2 预测分析的基本程序

预测分析是一项复杂细致的工作，必须有计划、有步骤地进行。其步骤一般分为以下几个方面：

1. 确定预测目标

确定预测目标是搞好预测的首要前提，它是制订预测工作计划、确定资料来源、选择预测方法、组织预测人力的重要依据。预测目标一般是根据企业的经营目标确定的。例如，为了进一步提出降低成本的各种方案，企业必须根据一定时期经营的总目标，对目前成本可能达到的水平进行测算。

2. 收集整理资料

收集整理资料是预测工作的起点，是进行预测的依据。收集的资料是否准确、可信、全面，对预测的准确性起着决定性的作用。因此，对所收集资料的来源是否可靠、真实、全面，要认真进行审查，同时要把这些资料进行分组、归类，以确保这些资料的系统性、可比性、连续性。

3. 选择预测方法

每种预测方法都有特定的用途，我们必须根据预测目标、内容、要求和所掌握的资料，选择相应的预测方法。如果选择的预测方法不适当，就难以达到预测的目的。

4. 综合分析预测

综合分析预测就是要分析内部、外部的各种影响因素，考虑重大因素的影响。例如，在成本预测中，必须考虑财务制度的重大改变等重要因素的影响。

5. 计算预测误差

因为预测是把过去事物发展的模式引申到未来，带有一定的假定性，所以预测的结果难免会存在误差。但误差过大，将失去预测的意义，因此，还要根据有实际经验的专家所估计的数据，对预测的结果进行修正，以保证预测目标的实现。

6. 得出预测结论

根据上述的综合分析及计算预测的误差，用文字的形式将预测的结果传输给企业的有关管理部门，为其决策提供依据。

7. 评价预测效果

由于企业面对的市场因素复杂多变，存在很多不确定的因素，因此预测的结果很难同企业的实际结果相吻合，或多或少地存在一些差异。企业要分析出差异的原因，并根据具体原因具体对待，认真总结经验，为下一次的预测结果更接近现实做好准备。在企业的整个预测过程中，任何一个环节都非常重要，每一个环节都要依赖上一个环节提供的信息。因此，在预测中，一定要保证信息资料的畅通性，做到及时反馈相应的资料和信息。

■ 7.1.3　预测分析的方法

预测分析的方法有很多种，但基本上可以归纳为以下两类：定性分析法和定量分析法。

1. 定性分析法

定性分析法，是依靠人们的主观分析判断来确定未来的估计值。定性分析法的一般做法是召集主管人员、经办人员、有经验的技术和管理人员，依据过去积累的资料进行分析、判断，分别提出预测意见，然后加以整理综合，得出综合性的预测意见。这种方法适合于在资料缺乏，或主要因素难以定量分析的情况下应用。属于这类的方法有经验分析法、直接调查法、集合意见法和集体思考法等。

2. 定量分析法

定量分析法，是根据过去比较完备的统计资料，应用一定的数学模型或数理统计方法对各种数量资料进行科学的加工处理，借以充分揭示有关变量之间的规律性的联系，作为对未来事物发展趋势预测的依据。

定量分析法又可分为两类。

其一，趋势分析法。它是以某项指标过去的变化趋势作为预测的依据，这意味着把未来作为过去历史的延伸。这类方法主要有简单平均法、移动平均法、指数平滑法等。

其二，因果分析法。它是在某项指标与其他有关指标之间的规律性联系中进行分析研究，根据它们之间的规律性联系作为预测的依据。这类方法主要有回归分析法、相关分析法等。

在实际工作中，定量分析法与定性分析法需要结合起来应用，相互取长补短，才能达到较好的效果。

■ 7.1.4 预测分析的特点

预测的过程实际上是信息处理的过程。首先要收集大量的信息资料；其次是整理分析资料，去粗取精，分清主次；最后对各种因素的影响程度或变化趋势进行测算，并修正预测值，才能取得比较可靠的结果。

企业预测分析的特点可归纳为以下三点。

1. 预测具有一定的科学性

因为预测是根据实地调查和历史统计资料，通过一定的程序和计算方法，推算未来的经营信息，所以基本上能反映经营活动的发展趋势。从这一角度上来说，预测具有一定的科学性。

2. 预测具有一定的近似性

如前所述，预测是事先对未来经营状况的推测和预计。因为企业经营活动受各种因素的影响，未来的经营活动又不是过去的简单重复，所以预测值与实际值之间难免存在一定的误差，不可能完全一致。正是从这一角度上说，预测具有一定的近似性。

3. 预测具有一定的局限性

这是因为我们对未来经营活动的认识和预见，总带有一定的主观性和局限性，而且预测所掌握的资料有时不全、不太准确或者在计算过程中省略了一些因素，所以使得预测的结果不可能完整地、全面地表述未来的经营状况，因而具有一定的局限性。

企业在决策时必须充分考虑到预测的这些特点，结合实际情况，及时加以修正或调整。

7.2   销售预测分析

■ 7.2.1 销售预测的含义

销售预测是指企业在一定的市场环境和销售计划下，对该企业的某产品在一定的区域和期间内的销售量或销售额期望值的预计和测算。销售预测是企业进行安排生产计划、投资计划等工作的基础，是企业管理人员要优先解决的事情。而产品市场对企业而言，是最难把握和控制的。市场环境中的经济、政治、文化、科技等因素是很难预知的。因此，对于销售预测，企业既要重视定量分析，又要重视定性分析，缺一不可；既要尊重预测本身的科学性，又要发挥预测的艺术性。

■ 7.2.2 定性销售预测方法

1. 专家判断法——德尔菲预测法

德尔菲预测法，是在背靠背的状态下，向一组专家咨询意见，将专家们对预测对象的历史资料的解释和对未来的分析判断汇总整理，尽可能取得统一意见，进而形成对预测对象前景的判断。

该方法的特点如下：

(1) 匿名性。参与调查的专家只与调查小组采用通信方式联系，而彼此互不见面，克服了面对面召开专家座谈会的缺点。

(2) 多次反馈性。调查小组把收集的各专家的咨询意见，再次以匿名方式反馈给各专家，使每个专家了解其他专家的见解和理由，以便使各专家独立地提出创新见解。

(3) 集中性。调查小组通过与每个专家多次通信往来，最后采用统计方法，将专家们折中的意见选出来，作为预测的成果。

2. 销售人员意见调查法

销售人员意见调查法是企业根据自己产品的销售人员对他们各自负责的销售区域的产销情况、市场动态情况的了解，对本企业未来产品销售量做出主观估计的方法。

销售人员对市场情况比较熟悉，且具有专业知识和推销经验，因此，用这种方法得出的预测数据比较接近实际。但要排除销售人员个人因素的影响，对初步预测结果加以修正，才能得到较理想的结果。

3. 市场调查法

市场调查法，是指通过对具有代表性的消费者群的消费意向进行调查，了解市场需求的动态变化，从而进行市场销售预测的一种预测方法。

7.2.3 定量销售预测方法

1. 算术平均法

算术平均法是根据过去若干期的销售量，计算简单的算术平均数，作为未来的销售预测数。算术平均法的计算公式如下：

$$计划期销售预测数 = \frac{各期销售量之和}{期数}$$

$$预测销售量 Q_{n+1} = \frac{已知时间序列各期销售量之和}{时间序列期数}$$

其中，n 为历史资料的期数；Q_{n+1} 为第 $n+1$ 期的预测销售量。

【例 7-1】 尚铭股份有限公司生产一种产品，2023 年各月销售量资料如表 7-1 所示。预测 2024 年 1 月的销售量。

表 7-1 2023 年各月销售量资料

月份	1	2	3	4	5	6	7	8	9	10	11	12
销售量	10	12	13	11	14	16	17	15	12	16	18	19

计算过程如下：

$$预测销售量 = \frac{10+12+13+11+14+16+17+15+12+16+18+19}{12} = 14.42$$

这种方法的优点是计算简单，但是最大的缺陷是把各个月份间的差异平均化，没有考

虑到近期 (如本例中的 10 月、11 月、12 月) 的发展趋势，因而所测出的预计数量与实际数量有较大的误差，所以这种方法只适用于销售额基本稳定的产品。

2. 移动平均法

移动平均法是指在掌握 n 期销售量的基础上，按照事先确定的期数 (记作 m) 逐期分段计算 m 期的算术平均数，并以最后一个 m 期的平均数作为未来 $n+1$ 期预测销售量的一种方法。

移动是指预测值随着时间的不断推移，计算的平均值也在不断向后顺延。此方法假定预测值主要受最近 m 期销售业务量的影响。移动平均法的计算公式如下：

$$预测销售量 Q_{n+1} = 最后 m 期的算术平均销售量 = \frac{最后 m 期销售量之和}{m}$$

【例 7-2】 仍按例 7-1 中的销售资料，从 n 期时间数列中选取 m 期 ($m<n/2$) 的数据求算术平均数，不断向后移动，连续计算，直到最后 m 期的平均数作为未来销售预测值。

解 设 $m=5$，则

$$预测销售量 = \frac{15+12+16+18+19}{5} = 16$$

移动平均法虽然能够克服算术平均法忽视远近期销售量对预测量影响程度不同的缺点，有助于消除远期偶然因素的不规则影响，但仍存在只考虑 n 期数据中的最后 m 期资料，缺乏代表性的弱点。此方法适用于销售量略有波动的产品预测。

有人认为这样计算的平均值只反映预测期前一期的销售水平，还应在此基础上按趋势值进行修正。

3. 修正的移动平均法

修正的移动平均法的计算公式如下：

$$预测销售量 = 最后 m 期平均值 + 趋势值 b$$
$$趋势值 b = 最后 m 期平均值 - 上一 m 期移动平均值$$

采用该法，例 7-1 的计算结果如下：

$$最后 m 期平均值 = \frac{15+12+16+18+19}{5} = 16$$

$$上一 m 期移动平均值 = \frac{17+15+12+16+18}{5} = 15.6$$

$$修正后的移动平均值 = 16 + (16 - 15.6) = 16.4$$

4. 趋势平均法

趋势平均法是一种基于过去若干时期的平均值来预测未来值的方法。

如果用于销售预测，则假定未来时期的销售是与它相接近时期销售的直接继续，而同较远时期的销售关系较小，同时为了尽可能缩小偶然因素带来的影响，可以最近若干时期的平均值作为计算预测期的预测值的基础。相关公式如下：

预测销售量 Q_{n+1} = 基期销售量移动平均值 + 基期趋势值移动平均值 × 基期与预测期的时间间隔

任意一期的趋势值 = 该期销售量移动平均值 - 上期销售量移动平均值

$$基期趋势值移动平均值 = \frac{最后一个移动期趋势值之和}{趋势值移动时期数}$$

$$基期与预测期的时间间隔 = \frac{销售量移动时期数m + 趋势值移动时期数s}{2}$$

$$基期的序数值 = 时间序列期数n - \frac{销售量移动时期数m + 趋势值移动时期数s - 2}{2}$$

解 设 $s = 3$，$m = 5$，则 2023 年各月销售量预测见表 7-2。

表 7-2　2023 年各月销售量预测

月份	1	2	3	4	5	6	7	8	9	10	11	12
销售量	10	12	13	11	14	16	17	15	12	16	18	19
5 期销售移动平均值			12	13.2	14.2	14.6	14.8	15.2	15.6	16		
各期变动趋势值				1.2	1	0.4	0.2	0.4	0.4	0.4		

3 期趋势值移动平均数 0.4

基期的序数值 $= 12 - \dfrac{5+3-2}{2} = 9$，即第 9 期为基期，基期与预测期的时间间隔 $= \dfrac{m+s}{2} = 4$

$$其趋势值移动平均数 = \frac{0.4 + 0.4 + 0.4}{3} = 0.4$$

$$第 9 期销售量移动平均数 = 15.6$$

则

$$2024 年 1 月销售量的预测数 = 15.6 + 0.4 \times 4 = 17.2$$

7.3　成本预测分析

　　成本预测，是根据成本构成要素及影响成本变动的各因素之间的依存关系，结合企业未来可能发生的外部环境和内部条件的变化，采用特定的方法，对未来的成本水平及其变化趋势进行科学预计的过程。成本预测无论从本量利分析还是从全面预测的角度来进行，都是管理会计的重要环节。通过成本预测，可以确定目标成本，为编制成本计划，进行成本控制、成本分析和成本考核提供依据。科学的成本预测是利润预测和企业决策的基础。

7.3.1　成本预测的步骤

　　一般来说，成本预测包括以下三个步骤：

1. 提出目标成本草案

所谓目标成本是指在确保实现目标利润的前提下，企业在成本方面应达到的目标。它规定着企业未来降低成本的努力方向，一般有效益性、可控性、目的性与先进性的特点。目标成本的提出与测定应经过反复测算才能完成。一般可以采用以下两种方法进行预测：

(1) 按目标利润进行预测。这种方法以事先确定目标利润为前提，其公式如下：

$$目标成本 = 预计单价 \times 预测销售量 - 目标利润$$

【例 7-3】 已知尚铭股份有限公司生产乙产品，预测全年销售收入为 100 万元，目标利润为 15 万元，则有目标成本 = 100 - 15 = 85 万元。

这种方法可将目标成本与目标利润衔接起来，但它无法直接确定目标固定成本和目标单位变动成本。

(2) 以先进的成本水平作为目标成本。确定目标成本可以从本企业的历史最高水平或国内外同类企业先进水平中选择，也可以按照上年实际水平扣减成本降低额作为目标成本。这种方法可以直接确定单位目标成本，但无法与目标利润结合起来。

我国常采用后一种方式预测目标成本，西方国家多采用前一种方式。二者结合起来运用，可以取长补短，更有实际意义。

2. 预测成本发展趋势

目标成本提出后，企业还需要利用有关总成本模型预测总成本发展趋势，以检验在现有条件下实现目标成本的可能性与现实性。

3. 修订目标成本

通过上一步骤，既可了解在目前条件下实现目标成本的可能性，又能促使企业积极采取措施降低成本，并测算出这些措施对未来成本水平的影响，为形成最终下达的目标成本方案奠定基础。若经过测算比较，原定目标成本草案与现实相距太大，难以达到，则应适当修正目标，使之尽量符合客观实际。

7.3.2 成本预测的方法

成本预测的方法可以概括为两类：一类是根据历史成本数据，运用趋势分析法预测成本变动的趋势；另一类是因素关联，根据成本与产量等相关因素之间的因果关系预测未来的成本水平。这些预测技术和方法在前面章节已经介绍，本节通过例题讲解来加以说明。

1. 高低点法

采用高低点法，可将一定时期的历史资料中的最高、最低产量下成本的差额与最高、最低产量的差额进行对比，求出单位变动成本 b；然后求得固定成本总额 a，最后即可根据计划期的预计产量来预测计划期的产品总成本。其具体计算公式如下：

$$b = \frac{最高产量的成本 - 最低产量的成本}{最高产量 - 最低产量} = \frac{\Delta y}{\Delta x}$$

$$a = y_高 - bx_高 = y_低 - bx_低$$

【例 7-4】 尚铭股份有限公司只生产一种产品，过去 10 个月中，最高产量为 8 000 台，相对应的总成本为 660 000 元，最低产量为 6 000 台，相对应的总成本为 560 000 元。若第 11 个月产量计划为 5 000 台，则其对应的总成本预测如下：

根据第 2 章的相关知识，可得出如下计算结果：

$$b = \frac{660\ 000 - 560\ 000}{8\ 000 - 6\ 000} = 50 元$$

则 a 代入任一高点或者低点坐标即可，假设代入高点

$$a = y_高 - bx_高 = 660\ 000 - (50 \times 8\ 000) = 260\ 000 元$$

则第 11 个月产品总成本 $y = a + bx = 260\ 000 + 50 \times 5\ 000 = 510\ 000$ 元

2. 一元线性回归法

一元线性回归法是一种比较精确的方法。它是根据若干期的历史成本资料，利用最小二乘法，分析成本在一定条件下增减变动的趋势和基本规律，确定成本预测方程式，据以进行成本预测的方法。

设 y 代表总成本；a 代表固定成本总额；b 代表单位变动成本；x 代表产品产量；n 代表历史资料的期数。它们之间基本上呈线性关系，可表现为 $y = a + bx$。其中 a 与 b 的值可按下列公式计算：

$$a = \frac{\sum y - b \sum x}{n}$$

$$b = \frac{n \sum xy - \sum x \sum y}{n \sum x^2 - \left(\sum x\right)^2}$$

求得 a、b 的值后，代入 $y = a + bx$ 方程式，即可预测未来时期的成本。

【例 7-5】 假设尚铭股份有限公司生产甲产品，其最近 5 年的产量和历史成本资料如表 7-3 所示。

表 7-3 尚铭股份有限公司历史成本资料

年 度	产量 / 万件	单位产品成本 / 元
1	10	200
2	40	150
3	30	220
4	20	120
5	50	100

如果该公司计划年度产量为 150 万件，预测甲产品总成本的方法如下。

首先，将该公司产量及成本资料进行加工，如表 7-4 所示。

表 7-4 尚铭股份有限公司历史成本资料

年度	产量 (x)/ 万件	单位产品成本 / 元	总成本 (y)/ 万元	xy	x^2
1	10	200	2 000	20 000	100
2	40	150	6 000	240 000	1 600
3	30	220	6 600	198 000	900
4	20	120	2 400	48 000	400
5	50	100	5 000	250 000	2 500
合计	$\sum = 150$	—	22 000	756 000	5 500

其次，将表 7-4 最后一行合计数字代入下述两个公式中进行计算。

$$b = \frac{n\sum xy - \sum x \sum y}{n\sum x^2 - \left(\sum x\right)^2} = \frac{(5 \times 756\ 000) - 150 \times 22\ 000}{5 \times 5\ 500 - 150^2}$$

$$= \frac{3\ 780\ 000 - 3\ 300\ 000}{27\ 500 - 22\ 500} = \frac{480\ 000}{5\ 000} = 96 元$$

$$a = \frac{\sum y - b\sum x}{n} = \frac{22\ 000 - 96 \times 150}{5} = \frac{7\ 600}{5} = 1\ 520 万元$$

最后，测算甲产品计划期的预计总成本。

$$y = a + bx = 1\ 520 + 96 \times 150 = 1\ 520 + 14\ 400 = 15\ 920 万元$$

$$计划期预计产品单位成本 (b_1) = \frac{y_1}{x_1} = \frac{15\ 920}{150} = 106.13 元$$

3. 多元线性回归法

一元线性回归法假定影响成本的因素只有一个，即构建只有一个自变量的回归方程，但在实际的生产经营过程中，影响成本变动的因素是多种多样的，在这种情况下，必须考虑多个自变量，即构建多元线性回归方程来计算预测成本。其计算公式如下：

$$y = a + b_1 x_1 + b_2 x_2 + \cdots + b_n x_n$$

式中，y 为销售量（额）预测数；x_n 为各个自变量；b_n 为每个 x_i 变动一个单位时 y 的变动值；n 为观察值的个数。

7.4 利润预测分析

7.4.1 目标利润的预测分析

所谓目标利润，是指企业在未来一段时间内，经过努力应该达到的最优化利润控制目标。它是企业未来经营必须考虑的重要战略目标之一。

传统的利润预测是根据事先预计的销售量、成本、价格水平测算出的有望实现的利润额，其计算公式与事后的实际利润计算并没有本质区别。尽管这种测算利润的方法可以通过若干不同的公式来表达，但共性在于必须以销售量、成本、价格等因素为自变量。测算出来的利润作为未来的奋斗目标，则其实质反映的不过是"以产销量"或"产品经济"的指导思想和经营方针，不利于加强会计管理。因此，测算利润不是利润预测的重点和终点，而应以目标利润的预测为中心，利润测算要为目标利润服务。

7.4.2 目标利润预测的原则

1. 可行性

目标利润预测的可行性具体是指目标利润应该反映未来企业可能实现的最佳利润水

平, 既要先进又要合理。

2. 客观性

为保证目标利润具有最大的可能性, 在预测目标利润时必须以客观存在的市场环境、技术发展状况为背景, 以现实情况为依据, 不能脱离现实, 单凭拍脑袋想当然地乱定目标。

3. 严肃性

目标利润必须经过反复测算、验证调整后方能最终确定, 确定后的目标利润应保持相对稳定, 不得随意更改。

4. 指导性

目标利润不应当是现有业务量、成本、价格的消极后果; 相反, 目标利润对上述因素的未来发展起着某种规定或约束作用, 具有指导性。这一点体现在目标利润一经确定, 就应及时组织落实为实现目标利润在产量、成本、价格等方面必须达到的各项指标和有关措施, 并作为编制全面预算的基础。

7.4.3 目标利润预测的步骤

按上述原则, 目标利润的预测步骤大致如下:

1. 确定利润率标准

选择确定利润率的标准, 必须注意从以下三个方面去考虑:

(1) 从可供选择的利润率的计算口径上看, 主要包括销售利润率、产值利润率和资金利润率等;

(2) 从可供选择的利润率指标的时间特征上看, 主要包括近期平均利润率、历史最高水平的利润率和上级指令性利润率;

(3) 从可供选择的利润率指标的空间特征上看, 可以选用国际上通用标准或国内统一标准, 也可以选用同行业平均水平或本地区的一般水平, 抑或本企业的平均水平, 作为利润率指标的标准。

利润率标准不宜定得过高或过低, 否则会挫伤企业各方面的积极性和主动性。

2. 计算目标利润率基数

将选定的利润率标准乘以企业预期应达到的有关业务量指标, 便可测算出目标利润基数。

其基本公式如下:

$$目标利润基数 = 有关利润率标准 \times 相关预计指标$$

(1) 如果按销售利润率计算, 则目标利润基数如下:

$$目标利润基数 = 预定的销售利润率 \times 预计产品销售额$$

(2) 如果按产值利润率计算, 则目标利润基数如下:

$$目标利润基数 = 预定的产值利润率 \times 预计总产值$$

(3) 如果按资金利润率计算, 则目标利润基数如下:

$$目标利润基数 = 预定的资金利润率 \times 预计资金平均占有额$$

3. 确定目标利润修正值

目标利润修正值是对目标利润基数的调整额。一般可先将目标利润基数与测算利润（即按传统方式预测出来的利润额）进行比较分析，并按本量利分析的原理分项测算为实现目标利润基数而应采取的各项措施（包括单项措施和综合措施），即分别计算各因素的期望值，并分析其可能性。

若期望值与利润实现的可能值相差较大，则需适当修改目标利润，确定目标利润修正值。这个过程可反复测算多次，直至各项期望值均具有实现的可能性为止。

4. 下达目标利润、分解落实纳入预算体系

最终下达的目标利润应该为目标利润基数与修正值的代数和。它应反映或能适应预算期内企业可能实现的生产经营能力、技术质量保证、物资供应、人力设备及资金流转水平，以及市场环境等约束条件。按调整措施修订后的、根据诸因素测算的期望利润应与目标利润口径一致。其计算公式如下：

$$最终下达的目标利润 = 目标利润基数 + 目标利润修正值$$

目标利润一经确定就应立即纳入预算执行体系，层层分解落实，以此作为采取相应措施的依据。

【例 7-6】 目标利润预测分析案例。

尚铭股份有限公司只经营一种产品，单价为 100 万元 / 件，单位变动成本为 60 万元 / 件，固定成本为 30 000 万元。2022 年实现销售量 10 000 件，获得利润 100 000 万元。

企业按同行先进的资金利润率 (30%) 预测 2023 年企业的目标利润基数，预计 2029 年企业资金占用额为 800 000 万元，则

2023 年目标利润基数 = 30% × 800 000 = 240 000 万元

按本量利分析原理，可计算出 2023 年为实现 240 000 万元利润应采取的单项措施（即在考虑某一因素变动时，假定其他因素不变）如下：

(1) 增加销量 3 500 件，增长率达到 35%。

$$保利量 = \frac{300\,000 + 240\,000}{100 - 60} = 13\,500 \text{ 件}$$

$$销售变动量 = 13\,500 - 10\,000 = 3\,500 \text{ 件}$$

$$销售变动率 = \frac{3\,500}{10\,000} \times 100\% = 35\%$$

(2) 降低单位变动成本 14 万元，降低率达到 23%。

$$保利单位变动成本 = 100 - \frac{300\,000 + 240\,000}{10\,000} = 46 \text{ 万元 / 件}$$

$$单位变动成本变动量 = 46 - 60 = -14 \text{ 万元 / 件}$$

$$单位变动成本变动率 = \frac{-14}{60} \times 100\% = -23\%$$

(3) 压缩固定成本开支 140 000 万元，降低率为 47%。

$$保利固定成本 = (100 - 60) \times 10\,000 - 240\,000 = 160\,000 \text{ 万元}$$

$$固定成本变动额 = 160\,000 - 300\,000 = -140\,000\ 万元$$

$$固定成本变动率 = \frac{140\,000}{300\,000} \times 100\% = 47\%$$

(4) 提高单价 14 万元,增长率为 14%。

$$保利单价 = 60 + \frac{300\,000 + 240\,000}{10\,000} = 114\ 万元/件$$

$$单价变动额 = 114 - 100 = 14\ 万元/件$$

$$单价变动率 = \frac{14}{100} \times 100\% = 14\%$$

可见,企业只要采取以上任何一项单项措施均可保证目标利润实现。若假定由于种种原因上述任何一项措施都无法实现,那么,还必须考虑采取综合措施。

7.5 资金需要量预测分析

7.5.1 资金需要量预测的含义

资金需要量预测主要是对未来一定时期内进行生产经营活动所需资金,以及扩展业务追加资金的投入进行预计和推测。简而言之,资金需要量预测是对企业筹集资金的预测。

1. 企业筹资的含义及目的

企业筹资是指企业作为筹资主体根据其生产经营、对外投资和调整资本结构等需要,通过筹资渠道和金融市场,采取适当的方式,获取所需资金。

其基本目的是满足自身的生存和发展的需要,具体来说,有以下几种:扩张性筹资目的、调整性筹资目的和混合性筹资目的。

1) 扩张性筹资目的

扩张性筹资是企业因扩大生产经营规模或追加对外投资的需要而产生的筹资需求。扩张性筹资会使企业资产总规模增加,资本结构会明显变化。

2) 调整性筹资目的

调整性筹资是企业因调整现有资本结构的需要而产生的筹资需求。一个企业在不同时期,由于情况的变化,现有的资本结构可能不再合理,需要调整。

3) 混合性筹资目的

企业同时既为扩张规模又为调整资本结构而产生的筹资需求,可称为混合性筹资目的。

2. 企业筹资方式

企业筹资方式是指企业筹集资金时所采取的具体形式和工具。采取何种方式筹资是企业的主观行为，企业应选择恰当的筹资方式，合理有效地利用筹资组合，降低筹资成本，提高筹资效益。

我国企业的筹资方式一般有以下几种：① 吸收直接投资筹资；② 发行股票筹资；③ 发行债券筹资；④ 银行借款筹资；⑤ 商业信用筹资；⑥ 租赁筹资。

3. 企业筹资渠道

筹资渠道是指企业筹集资金的方向与通道，体现资金的源泉和流量。企业筹资渠道可以从权益资本和负债资本筹资渠道分别研究。

权益资本筹资渠道包括国家财政资金渠道、其他法人资本渠道、民间资本渠道、企业内部留存渠道、外商资本渠道等。

负债资本筹资渠道包括银行贷款渠道、商业信用渠道、发行债券渠道、融资租赁渠道等。

7.5.2 资金需要量预测的方法

1. 定性预测法

定性预测法是指利用直观的资料，依靠个人的经验和主观分析、判断能力，预测未来资金需要量的方法。其预测过程是：首先，由熟悉财务情况和经营情况的专家，根据过去所积累的经验进行分析判断，提出预测的初步意见；然后，通过召开座谈会或发出各种表格等形式，对上述预测的初步意见进行修正补充。这样经过几次以后，得出预测的最终结果。

2. 定量预测法

定量预测法是以历史资料为依据，采用数学模型对未来资金需要量进行预测的方法。这种方法预测的结果比较科学，有较高的可行性，但是计算比较复杂，要求具有比较完备的历史资料。定量预测法包括销售百分比法和资金增长趋势预测法。

1) 销售百分比法

(1) 含义。

销售百分比法是根据销售增长与资金增长之间的关系，推算出一定预计销售额下的未来资金需求量的方法。

(2) 基本原理。

销售百分比法的基本原理可用如下公式表示：

$$资产 = 负债 + 所有者权益$$

(3) 假定某些资产或者负债(敏感性项目)与销售收入同比率变化。

敏感性项目是从资产负债有关项目与销售收入变动来看的，资产负债表项目的变动与销售增减有直接关系的项目。敏感资产项目有现金、应收账款和存货等流动资产以及可以引起销售收入增加的固定资产净值；敏感负债项目有应收账款、应付费用等流动负债项目以及长期资产和长期负债项目。

(4) 计算步骤。

第一步：确定敏感性项目，并计算与其销售额的比率。

$$敏感性项目比例 = \frac{基期敏感性项目}{基期销售收入}$$

第二步：计算预计销售额下的敏感性项目金额。

预计敏感性项目金额 = 预测的销售额 × 敏感项目比例

第三步：预计本年新增的资本性支出和预计年度的非付现支出。

预计年度非流动资产 = 新增固定资产 − 本期折旧额

第四步：计算预计年度留存收益。

预计年度留存收益 = 期初留存收益 + 预计销售额 × 计划销售净利率 × (1 − 利润支付率)

第五步：确定外部融资额。

外部融资额 = 预计总资产 − 预计总负债 − 预计股东权益

2) 资金增长趋势预测法

资金增长趋势预测法是运用回归分析法原理，对若干历史期间销售收入相对应的资金需要量的资料进行分析，确定反映销售收入与资金需要量之间的回归直线，利用回归方程 $y = a + bx$，推算未来期间资金的需要量。

【例 7-7】尚铭股份有限公司近 5 年的资金总量和销售收入的资料如表 7-5 所示。若该公司 2022 年的销售收入预测值为 600 万元，预测 2022 年的资金需要总量。

表 7-5　资金总量和销售收入

年　度	销售收入 / 万元	资金总量 / 万元
2017	300	210
2018	360	250
2019	400	270
2020	440	290
2021	500	310

首先，根据回归分析原理，对表 7-5 的数据进行加工整理，结果如表 7-6 所示。然后，根据表中的数值，代入最小二乘法公式中计算得出 a 为 56，b 为 0.5，预测 2022 年的资金需用总量为 356 万元。

表 7-6　数 据 计 算 表

年度 n	销售收入 x/ 万元	资金总量 y/ 万元	xy	x^2
2017	300	210	63 000	90 000
2018	360	250	90 000	129 600
2019	400	270	108 000	160 000
2020	440	290	127 600	193 600
2021	500	310	155 000	250 000
$n = 5$	$\sum x = 2\ 000$	$\sum y = 1\ 330$	$\sum xy = 543\ 600$	$\sum x^2 = 823\ 200$

本章小结

预测是决策的前提，要做出正确的决策必须科学地进行预测。预测分析是企业经营管理的重要组成部分。通过对历史数据的分析，以及当前市场和行业趋势的了解，预测分析为企业提供了关于未来发展的洞察和决策依据。企业预测主要是针对销售、成本、利润和资金需要量等进行的，通过预测分析将企业的目标销售量、目标成本、目标利润和预计资金需要量等确定下来，达到实现全面目标管理的目的。预测分析的方法一般分为定性预测法和定量预测法两大类。在实践应用中，预测分析对企业具有重要意义。通过对销售、成本和利润等关键指标的预测，企业可以提前做好资源规划和战略调整。

闯关考验

一、单项选择题

1. 企业根据现有的经济条件和掌握的历史资料以及客观事物的内在联系，对生产经营活动的未来发展趋势和状况进行的预计和测算的过程，就是管理会计的（　　）。

A. 经营决策　　　　　　　　　B. 经营预测

C. 生产决策　　　　　　　　　D. 生产预测

2. 下列各项中，属于因果预测分析法的是（　　）。

A. 趋势平均法　　　　　　　　B. 移动平均法

C. 本量利分析法　　　　　　　D. 平滑指数法

3. 下列各项中，不属于定量分析法的是（　　）。

A. 判断分析法　　　　　　　　B. 算术平均法

C. 回归分析法　　　　　　　　D. 平滑指数法

4. 通过函询方式，在互不通气的前提下向若干经济专家分别征求意见的方法是（　　）。

A. 专家函询法　　　　　　　　B. 专家小组法

C. 专家个人意见集合法　　　　D. 特尔菲预测法

5. 下列各种销售预测方法中，属于没有考虑远近期销售业务量对未来销售状况会产生不同影响的方法是（　　）。

A. 移动平均法　　　　　　　　B. 算术平均法

C. 加权平均法　　　　　　　　D. 平滑指数法

二、多项选择题

1. 下列各项中，属于预测分析内容的有（　　）。

A. 销售预测　　　　　　　　　B. 利润预测

C. 成本预测　　　　　　　　　D. 资金预测

E. 定性预测

2. 下列各项中，属于预测分析特征的有 (　　　　)。

A. 客观性　　　　　　　　　B. 不确定性

C. 相对性　　　　　　　　　D. 可检验性

E. 灵活性

3. 下列各项中，属于影响销售量的外部因素的有 (　　　　)。

A. 市场环境　　　　　　　　B. 竞争对手

C. 产品价格　　　　　　　　D. 经济发展趋势

E. 生产条件

三、简答题

1. 什么是企业的经营预测分析？

2. 企业经营预测分析的程序有哪些？

知识拓展

扫描二维码获取《管理会计应用指引第 204 号——作业预算》。

考证对接

扫描二维码获取对接题目。

小尚寄语：

　　价格之所以重要，不是因为人们认为金钱至上，而是因为价格是一个庞大社会中信息快速有效的传递工具，在这样的社会中，碎散的知识必须得到协调。

——托马斯·索维尔

第 8 章
短期经营决策

▼

目标规划

　　学习目标: 了解短期经营决策的基本概念;了解产品定价决策以及产品定价方法;衡量产品存货决策。

　　技能目标: 熟练运用差量分析法、直接比较法等对产品生产进行决策。

思维导图

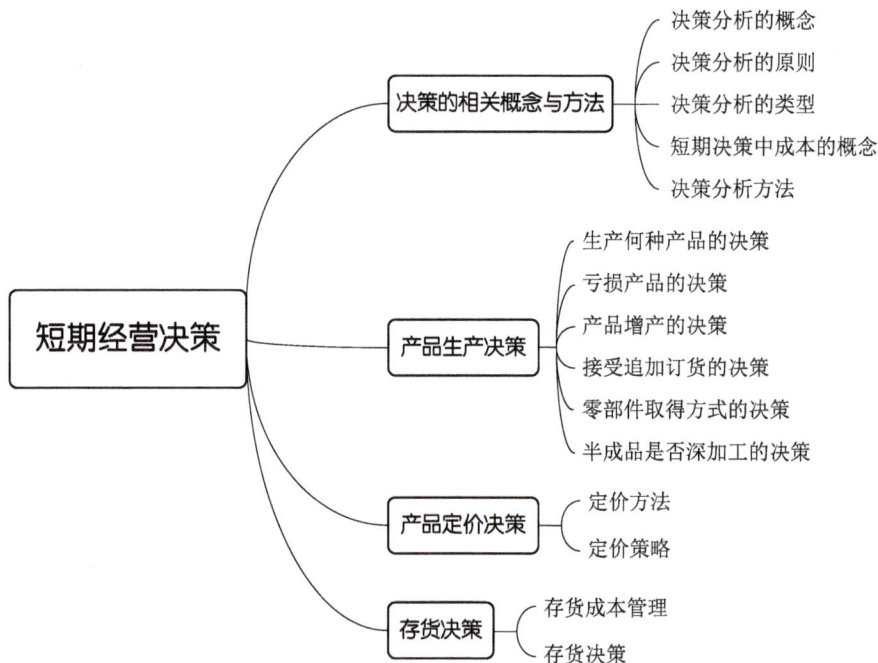

思政要点

　　中国新时期的市场经济特色要求企业内部管理者掌握与企业经营决策有关的相关内

容，尤其是实体企业计划生产产品时要做到谨慎认真。面对亏损产品企业是否还要继续生产，都有赖于管理者丰富的理论知识和实战经验。管理者要遵守法律法规，为企业的蓬勃发展贡献力量。

案例导入

"第二件半价"促销背后的秘密

"第二件半价"常见于餐饮行业肯德基、麦当劳等快餐品牌。可能会有人问，不就是七五折吗？有什么不明白的！可为什么这样的促销方式，顾客就会开开心心地接受呢？

1.抓住了顾客占便宜的心理

销售行业流传着这样一句话：客户要的不是便宜，而是感到占了便宜。客户有了占便宜的感觉，就容易接受你的产品。客户占便宜的心理给了商家可乘之机。比如，一杯饮料的制作成本是几毛钱，而零售价是 8 元到 20 元，加上房租、人工、水电等附加成本，售出第一杯的时候就已经把这些费用分担了，后面的第二杯只需要几毛钱的制作成本，这样巧妙地设计了一个差价策略，却可以在单个消费者身上多赚取利润。同样一个顾客，在单次消费的情况下为第二件买单的可能性很小，但如果能让消费者牺牲较小的金钱代价就能获取产品，则大多数人会习惯性地贪便宜。从营销学的角度来看，这就是差别定价策略，这种策略普遍存在于大多数商家推广策略中。

2."第二件半价"与"两件七五折"

稍作思考就会发现，"第二件半价"与"两件七五折"其实是同一个意思，只是说法不同罢了。那为什么更多商家都会写"第二件半价"，而不是"两件七五折"呢？

请思考：一件商品十元，"第二件半价"与"两件七五折"，哪个更容易算出总金额呢？

8.1　决策的相关概念与方法

8.1.1　决策分析的概念

决策是为了达到一定的目标在各种方案中进行选择的过程。

管理会计中的决策是指企业在生产经营活动中对一些特殊的专门问题，需要决定是否采取某项行动，或者在两个或两个以上备选方案中做出选择，以取得最佳的经济效益。通常人们对决策的理解是狭义的理解，即把决策理解为最优方案的最后选择。从广义上讲，决策不仅仅是选择方案的行动，还是一个提出问题、分析问题和解决问题的复杂过程，这个过程包括收集资料、提出备选方案和选定最优方案等基本环节。

企业决策的正确与否，直接关系到企业的兴衰成败。现代管理科学之所以对企业提出"管理的重心在经营，经营的重心在决策"的指导方针，就在于决策在企业经营管理中起着至关重要的作用，是企业顺利有效地进行一切经济活动的前提和基础。

经营决策的正确与否往往直接体现在企业效益上，甚至会影响到企业未来的长期发展。因此，企业经营管理者面临的不是是否应该进行决策的问题，而是如何做出正确的决策、如何进行科学决策的问题。

企业决策分析贯穿生产经营活动的始终，包括经营战略与方针决策，经济目标与长短期计划决策，产品品种开发决策，技术发展与投资决策，资源开发与利用决策，价格决策，生产组织决策，市场营销决策，资金筹措决策，利润分配与使用决策，组织、人事、劳动管理决策等。另外，各职能部门管理方法决策、模式选择及制度设计决策等也属于决策分析的范畴。本书所介绍的决策分析主要集中于与企业会计管理活动有关的内容。

8.1.2　决策分析的原则

1. 合法性、政策性原则

在我国，企业在经营决策中不能仅仅考虑本身的微观利益，还应自觉地遵守国家的有关法律法规和制度政策，绝不可以损人利己，以邻为壑，坑害国家。所以，当企业微观利益暂时与社会宏观利益发生矛盾，相关法律又暂时不够健全时，必须无条件地按国家政策规定办事，服从于国家整体利益。

2. 责任性原则

决策分析的正确与否直接关系到企业未来生存与发展的命运，也与决策者切身利益相联系。因此，决策者应按其所处的地位及决策内容的性质对其所做的决策承担相应责任（包括经济的、法律的和行政的责任）。不愿或不敢承担责任的人不配做决策者。这说明决策与决策者本身必然发生责任性联系。我国目前正在建立的现代企业制度中一项十分重要的内容就是企业家制度。企业家制度既要赋予企业家必要的经营权、决策权，又要求企业家对企业负责、对决策结果负责，使其切身物质利益与经营管理质量在一定程度上挂钩。当然，决策出现失误在所难免，应当区别对待不负责任的瞎指挥与偶然失误的领导责任。

3. 民主性原则

有人把决策分析看成"领导人个人说了算"，这等于把一切希望寄托于一两个人的主观能力之上，显然是消极的、错误的。因为现代社会生产及商品经济所具备的精微性、宏大性、高速性与瞬变性等特点，使得任何一个天才的决策者都不可能独立完成收集、分析、整理、归纳浩繁的动态信息的工作，进而也难以据此进行判断并做出最科学的抉择，完成决策分析的艰巨任务。这就要求必须由个人决策向集体决策过渡，集思广益，依靠智囊团和专家决策群体，调动各方面积极性进行民主决策，适当下放决策权，提高决策分析的效率。

4. 合理性原则

按传统观念，决策分析就是要选出未来活动的最优方案，但事实上绝对最优的方案很难找到，因为必须同时具备下列条件才有可能确定最优方案：

(1) 决策者对决策对象的所有可能的执行结果无所不知、无一遗漏。
(2) 决策者必须具有无限的预测能力。
(3) 决策目标单一或完全有序。
(4) 时间是决策事件的常数。

(5) 约束条件不变或有规律地同步变动。

由于上述条件很难达到，因此，决策分析只能找到基本令人满意 (既有助于改善经营状况，又比较合乎主客观条件，具有相应保护措施) 的相对优化、合理的方案。

8.1.3　决策分析的类型

1. 按决策的重要程度分类

按决策的重要程度，决策分析可分成战略决策和战术决策。

(1) 战略决策。它是指关系到企业未来发展方向、大政方针的全局性重大决策，如经营目标的制订、新产品的开发、产能的扩大等问题。

(2) 战术决策。它是指为达到预期的战略决策目标，对日常经营活动所采用的方法与手段的局部性决策，如零部件的自制与外购、生产结构的安排以及短期资金的筹措等问题。

2. 按决策条件的肯定程度分类

按决策条件的肯定程度，决策分析可分成确定型决策、风险型决策和不确定型决策。

(1) 确定型决策。此类决策涉及的各种备选方案的条件都是已知的，且一个方案只有一个结果。

(2) 风险型决策。此类决策涉及的各种备选方案的条件虽然是已知的，但是每个方案执行后都会出现两种或两种以上不同的结果。

(3) 不确定型决策。此类决策发生的概率无法确定，发生的情况种类也无法准确地估计。不确定型决策要求决策者具有较高的知识水平和理论经验。

3. 按决策规划时间的长短分类

按决策规划时间的长短，决策分析可分成短期决策和长期决策。

(1) 短期决策。它是指时间在一个会计年度的决策，主要包括生产决策和定价决策。

(2) 长期决策。它是指时间超过一年才能实现的决策。长期决策对若干个会计年度都能产生影响，需要投入大量资金且见效慢，因此长期决策又可称为长期投资决策或资本性支出决策。

4. 按决策解决的问题内容分类

按决策解决的问题内容，决策分析可分成定价决策、生产决策、建设项目决策、存货决策等。

8.1.4　短期决策中成本的概念

1. 相关成本

1) 增量成本

增量成本又称为狭义的差量成本，是指单一决策方案由于产能利用程度的不同而表现在成本方面的差额。在一定条件下，某一决策方案的增量成本就是该方案的相关变动成本，即等于该方案的单位变动成本与相关业务量的乘积。

在短期经营决策的生产决策中，增量成本是较为常见的相关成本。例如，在亏损产品的决策、是否转产或增产某种产品的决策和是否接受特殊价格追加订货的决策中，最基本的相关成本就是增量成本。

2) 边际成本

边际成本是指在以成本为业务量函数的基础上，成本对业务量的倒数，即成本的差量和业务量的差量之比。从理论上讲，边际成本是指产量（业务量）向无限小变化时成本的变动数额。从纯经济学角度来讲，边际成本指的是产品成本对产品产量无限小变化的变动部分，这个概念表明每一单位的产品成本与总产品量有关。但事实上，产量不可能向无限小变化，至少应为一个单位的产量。所以，边际成本是指产量每增加或减少一个单位所引起的成本变动。显然，在管理会计中，如果把不同产量作为不同方案来理解的话，边际成本实际上是差量成本的特殊形式。例如，甲企业生产 A 零件 100 个，生产成本总额为 6 000 元；现生产 101 个 A 零件的生产成本总额为 6 060 元。在这里，因产量增加一个单位（1 个）而导致总成本增加的 60 元即为 A 零件的边际成本。

3) 机会成本

机会成本是经济学中一个重要的概念。机会成本是指从备选方案中选择某项方案而放弃其他方案可能丧失的潜在利益。被放弃的方案可能获得的潜在利益即为已选中方案的机会成本。现实生活中每项经济资源都可能存在许多不同的用途，用于某一方面，就不能用于另一方面，即资源在某一方面的使用所得，是放弃其他方面使用的机会得来的。因此，以放弃方案的可能收益作为选中方案的"损失"来分析、评价方案的经济性，可以全面评价决策方案的所得和所失的关系，并能真正对所选定的"机会"的预期经济效益进行全面、客观的评价。

4) 付现成本

付现成本是指由于某项决策所引起的需要在将来动用现金支付的成本，是一种未来成本。付现成本是在某项决策需要付现但又全面衡量该项决策是否真正有利时应予认真考虑的，尤其是在企业资金紧张的时候更应慎重对待。当企业资金紧张，近期无应收账款可以收回，且向市场上筹措资金又比较困难或借款利率较高时，对于那些马上需要执行的方案，决策者在决策分析过程中往往宁愿采纳总成本高而付现成本较低的方案，但不愿意采纳总成本低而付现成本较高的方案。因为在资金紧张的情况下，尽管付现成本较低的方案其总成本会相对较高，但可以利用较少的资金取得资源，如果抓住机会，就可以取得乐观收益，弥补总成本较高而形成的损失。例如，ABC 公司急需购置一台生产设备，现有两种方案可供选择：一种是甲供应商按总价 450 000 元供应，但货款要求一次付清；另一种是乙供应商按总价 550 000 元供应，要求先付现款 100 000 元，其余价款在一年内分 12 次付清。该公司目前资金短缺，筹集资金困难。据此，决策者必然会选取第二种方案，即从乙供应商处购买，尽管其总价高于甲供应商的报价，但其付现成本较低，企业目前的支付能力能够承受，多支出的成本也可以从早实施的生产中因获得收益而得到补偿。

5) 专属成本

专属成本是指可以明确归属于企业生产的某种产品，或为企业设置某个部门而发生的固定成本或混合成本，又称特定成本。没有产品或部门，就不会发生这些成本，所以，专属成本是与特定的产品或部门相联系的特定成本。专属成本往往是为了弥补生产能力不足的缺陷、增加有关设备而发生的。例如，某公司为专门生产甲产品而购买的机器设备，其年折旧费为 20 000 元。该机器设备的年折旧费 20 000 元即为专属成本。

6) 可避免成本

可避免成本是指通过某项决策行动可改变其数额的成本。也就是说，如果某一特定方案被采用了，与其相联系的某项支出就必然发生，否则该项支出就不会发生，则该项支出为可避免成本。例如，某企业为了接受某项特殊订货，需增购一台专用设备，则购置专用设备的成本即为可避免成本；如果该企业不接受该项订货，则不会发生该项成本。

2. 无关成本

无关成本也称非相关成本，是与相关成本相对立的概念。它是指过去已经发生，或虽未发生但对未来经营没有直接影响的成本，即在决策分析时可予舍弃、无须加以考虑的成本。属于无关成本的有沉没成本、共同成本、不可避免成本等。

1) 沉没成本

沉没成本又称沉入成本或旁置成本，是指由过去决策结果引起并已经实际支付过款项的成本。企业大多数固定成本（尤其是其中的固定资产折旧费、无形资产摊销费）均属于沉没成本，但并不是说所有的固定成本都属于沉没成本，如与决策方案有关的新增固定资产的折旧费就属于相关成本。另外，某些变动成本也属于沉没成本，如在半成品是否深加工的决策中，半成品本身的成本中的固定成本和变动成本均为沉没成本。

2) 共同成本

共同成本是与专属成本相对立的成本，是指应当由多个方案共同负担的注定要发生的固定成本或混合成本。由于它的发生与特定方案的选择无关，因此，在决策中可以不予考虑，也属于比较典型的无关成本。

3) 不可避免成本

不可避免成本是与可避免成本相对立的成本，是指在短期经营决策中若削减其开支就会对企业未来的生产经营产生重大不利影响的那部分成本。约束性成本属于不可避免成本。

■ 8.1.5　决策分析方法

1. 差量分析法

差量分析法是指将各备选方案的有关金额（包括收入、成本、利润等）进行比较，从而选择最优行动方案的方法。这类方法一般用于两个备选方案的选优决策，最典型的是差别损益法，其基本模式如表 8-1 所示。

表 8-1　差 别 损 益 表

项　目	A 方案	B 方案	差 异 额
相关收入	R_A	R_B	ΔR
相关成本	C_A	C_B	ΔC
差别损益	—	—	ΔP

表 8-1 中，$\Delta R = R_A - R_B$，$\Delta C = C_A - C_B$。决策规则：$\Delta P > 0$，选 A 方案；$\Delta P < 0$，选 B 方案。

如果 $\Delta P = 0$，则从经济上来看，两个方案没有差别，这时可以根据具体情况选择其中一种。

2. 直接比较法

直接比较法是将各备选方案的有关指标进行对比，从中选择最有利的一个方案，包括总额法（通过比较各备选方案的利润总额、贡献边际总额、成本总额等指标做出决策）和单位额法（通过比较各备选方案的单位利润、单位贡献边际、单位成本等进行决策）。这类方法使用时不受备选方案数量多少的限制。在零部件自制或外购决策、普通品种决策、资源有限条件下的品种决策等决策问题中均可使用直接比较法。

3. 无差别点分析法

无差别点分析法是通过计算不同备选方案的某个指标值相等时的特定业务量（即无差别点业务量）来进行决策的方法。某个指标值的无差别点又称平衡点，所以该法又称平衡点法，如利润无差别点法、成本无差别点法等。

4. 数学模型法

数学模型法是通过建立一定的数学模型，借助于求解这些数学模型来判断哪个方案最优的方法。例如，在存货决策中要确定经济订货量、最优生产批量等，均需建立数学模型来计算。

5. 图解法

图解法是指通过作图进行决策的方法，如在品种组合决策中，可以通过图解法来求解两种品种组合的线性规划问题。当然，若组合的品种超过两种，则不能通过图解法求解。

8.2　产品生产决策

8.2.1　生产何种产品的决策

生产何种产品的决策一般是指企业现有的生产设备，既可用于生产甲产品，也可用于生产乙产品，但不宜同时生产两种产品时，必须做出的决策。这就要求企业必须根据现有的资源条件，在这两种产品之间做出正确的选择，可通过两种产品的差别收入与差别成本的对比，看哪种产品能为企业提供较多的盈利。

【例 8-1】　尚铭股份有限公司使用同一设备可以生产甲产品，也可以生产乙产品，若该设备的最大生产能力为 10 000 机器小时，则在相关范围内两种产品的有关资料如表 8-2 所示。

选择生产甲产品还是乙产品，尚铭股份有限公司就要通过差量分析法（见表 8-3）来比较两个方案哪个能带来更多利益。

$$甲产品产量 = \frac{10\,000}{40} = 250 件$$

$$乙产品产量 = \frac{10\,000}{50} = 200 件$$

表8-2　有关资料

单位：元

项　目	甲产品	乙产品
单位产品机器小时	40	50
单位售价	32	56
单位成本	—	—
直接材料	12	18
直接人工	8	14
变动制造费用	6	16
固定制造费用	5.6	7

表8-3　差量分析法

单位：元

方　案	项　目		差量
	甲产品	乙产品	
预计收入	250 × 32 = 8 000	200 × 56 = 11 200	−3 200
预计成本	250 × 26 = 6 500	200 × 48 = 9 600	−3 100
预计损益	1 500	1 600	−100

由于差量损益为负数，因此应该选择生产乙产品。

8.2.2　亏损产品的决策

企业在经营过程中，由于种种原因会发生某种产品亏损，从而引起亏损产品是否应该停产问题的决策。一般来说，对于亏损产品，不能简单地予以停产，而应当综合考虑企业的生产能力和经营状况，视其能否提供一定的边际贡献而定。在相对剩余生产经营能力无法转移的情况下，若边际贡献为正数，则说明它们的生产还可为增加企业总的盈利做出一定的贡献，可继续生产；否则，应考虑停产。在相对剩余生产经营能力可以转移的情况下，需要比较亏损产品的边际贡献与机会成本，若亏损产品的边际贡献大于机会成本，则继续生产；否则，应考虑停产。

【例8-2】　尚铭股份有限公司生产甲、乙、丙三种产品，其中丙产品是亏损产品。相关资料如表8-4所示。

表8-4　相关资料

单位：元

项　目	甲产品	乙产品	丙产品	合计
销售收入	5 000	4 000	3 500	12 500
减：变动成本	2 300	1 800	2 800	6 900
边际贡献	2 700	2 200	700	5 600
减：固定成本	1 600	1 400	1 000	4 000
利润	1 100	800	−300	1 600

数据显示，该企业的利润总额为 1 600 元，其中甲产品盈利 1 100 元，乙产品盈利 800 元，丙产品亏损 300 元。如果只看利润，企业应该停止丙产品的生产。但是应该注意，不论是否停止生产丙产品，固定成本总额 4 000 元都要发生。也就是说，如果停止丙产品的生产和销售，销售收入和变动成本相应减少，但是固定成本不会发生变化，丙产品分摊的 1 000 元固定成本将转由甲产品和乙产品分别负担。其结果反而会减少企业利润，如表 8-5 所示。

表 8-5 利 润 表

单位：元

项 目	甲产品	乙产品	合 计
销售收入	5 000	4 000	9 000
减：变动成本	2 300	1 800	4 100
边际贡献	2 700	2 200	4 900
减：固定成本	2 200	1 800	4 000
利润	500	400	900

根据计算结果可知，如果停止生产丙产品，企业利润将下降至 900 元。由此可以得出结论：在其他条件不变的情况下，维持丙产品生产对企业有利。

■ 8.2.3 产品增产的决策

当企业现有的生产能力除了完成既定的生产任务外，还有一定的剩余时，为了充分地利用这一部分剩余的生产能力，就必须在原预定投产的几种产品中适当地扩大某产品的生产量，为此，就要正确选择增产哪种产品，这就是产品增产的决策。可根据有关产品每单位生产能力（如一个机器小时）提供的边际贡献进行分析、评价，根据需要与可能性，将剩余的生产能力尽量用来增产每单位生产能力提供的边际贡献最大的那种产品。

企业在决定增产何种产品时，可以采用边际贡献法进行分析。如果企业有剩余的生产能力，有几种新产品可以选择，而且每种新产品都不需要增加固定成本，则应选择提供边际贡献总额最多的产品。

【例 8-3】 尚铭股份有限公司原来生产 A、B 两种产品，实际开工率只占原设计生产能力的 70%。该公司现准备将剩余的生产能力全部用于生产 C 产品或 D 产品，相关资料如表 8-6 所示。

表 8-6 相 关 资 料

项 目	A 产品	B 产品	C 产品	D 产品
预计产销量 / 件	450	300	270	380
销售单价 / 元	15	12	10	13
单位变动成本 / 元	7	6	6	10
固定成本总额 / 元	10 000	—	—	—

根据表 8-6 的数据，编制边际贡献计算表，如表 8-7 所示。

表 8-7　边际贡献计算表

项　目	C 产品	D 产品
预计产销量 / 件	270	380
销售单价 / 元	10	13
单位变动成本 / 元	6	10
单位边际贡献 / 元	4	3
边际贡献总额 / 元	1 080	1 140

由计算结果可以看出，D 产品的边际贡献总额比 C 产品多 60 元 (1 140 - 1 080)，因此应该选择生产 D 产品。应该说明的是，上述分析是以企业的增产产品生产多少就能销售多少为前提的。如果市场预测的销售量不等于企业剩余生产能力的生产量，则应根据销售预测的数据进行修正。

8.2.4　接受追加订货的决策

企业是否接受追加订货，应视具体情况而定，概括来讲，分为简单条件和复杂条件。

(1) 简单条件。第一，追加订货量小于或等于企业的绝对剩余生产能力，绝对剩余生产能力为企业最大生产能力与正常订货量之间的差额；第二，企业的绝对剩余生产能力无法转移；第三，要求追加订货的企业没有提出任何特殊的要求，不需要追加投入专属成本。在简单条件下，只要追加订货方案的相关收入与相关成本之差 (即相关损益) 大于零，便可接受追加订货。

【例 8-4】　尚铭股份有限公司只生产一种产品，每年的最大生产能力为 12 000 件甲产品。该公司本年已与其他企业签订了 10 000 件甲产品的供货合同，平均价格为 120 元 / 件，单位完全成本为 100 元，单位变动成本为 80 元。1 月初，B 企业要求以 90 元 / 件的价格向尚铭股份有限公司追加订货 1 000 件甲产品，年底前交货。

请分析：尚铭股份有限公司是否应追加订货？尚铭股份有限公司要么接受追加订货，要么拒绝追加订货，在企业现有不能转移的闲置生产能力的情况下，尚铭股份有限公司应如何抉择？

采用差量分析法分析，如表 8-8 所示。

表 8-8　差量分析表　　　　　　　　　　　单位：元

方　案	接受追加订单	拒绝追加订货	差　量
差量收入	90 × 1 000 = 90 000	0	90 000
差量成本	80 × 1 000 = 80 000	0	80 000
差量损益	—	—	10 000

由于差量损益为正数，因此应该接受追加订单。

(2) 复杂条件。若企业的绝对剩余生产能力可以转移，必然涉及可以转移的剩余生产能力的机会成本，则可采用差量分析法进行决策；若追加订货冲击正常任务，此时存在减少正常任务的机会成本。若因为被冲击的正常任务无法正常履行合同，需支付违约金，则应视为追加订货的专属成本；若订货企业有特殊要求，则存在追加订货的专属成本。

【例 8-5】 仍用例 8-4 中的数据，若在 1 月上旬，C 企业要求以 92 元 / 件的价格向尚铭股份有限公司追加订货 2 500 件甲产品，年内足量交货。合同规定如不能如期交货，将支付违约金 5 000 元。试分析尚铭股份有限公司是否该接受 C 企业追加订货的合同。

对于尚铭股份有限公司来说，面临着两种选择：接受追加订货或者拒绝追加订货。在尚铭股份有限公司现有生产力无法满足追加订货量的需求时，采用差量分析法分析，如表 8-9 所示。

表 8-9 差量分析表 单位：元

方 案	项 目		
	接受追加订单	拒绝追加订单	差 量
差量收入	92 × 2 500 = 230 000	0	230 000
差量成本合计	225 000	0	225 000
其中：增量成本	80 × 2 000 = 160 000	0	—
机会成本	120 × 500 = 60 000	0	—
专属成本	5 000	0	—
差量损益			5 000

通过表 8-9 可知，差量损益为 5 000，表示接受追加订单比拒绝追加订单有利，因此应该接受追加订单。

8.2.5 零部件取得方式的决策

企业在生产经营过程中有时会面临所需零部件自制还是外购的问题，或所需服务由企业内部某些部门来完成还是外包给其他企业来完成的问题。在进行这类问题决策时，可把自制的差别成本与外购的差别成本进行对比，选择成本较低的作为最优方案。若企业已经有能力自制零部件，则与自制能力有关的固定生产成本属于沉没成本，决策中不考虑，可采用相关成本法决策。自制的差别成本是指自制与不自制之差。在无须增加专用固定设备的情况下，自制成本还包括变动成本（直接材料、直接人工、变动制造费用）。若企业尚不具备自制能力，则需要外购。外购的差别成本仅指外购与不外购之差。外购成本一般包括买价、运费、保险费、验收费等。

【例 8-6】 尚铭股份有限公司每年需要与产成品配套的 J 零件 70 000 个。如果由企业生产车间自制，每个成本为 80 元，其中单位变动成本 65 元，单位固定成本 15 元。市场上销售的 J 零件单价为 70 元。假设自制与外购的零件质量相同，且无论自制还是外购，企业的固定成本总额不变。由于该企业的固定成本总额不受自制与外购的影响，属于不相关成本，因此在进行决策时不予考虑。该企业只需将自制零件的单位变动成本 65 元与外购成本 70 元进行对比即可。显然自制成本较低，所以应选择自制。

8.2.6 半成品是否深加工的决策

企业的原材料经过一定工序的加工后成为半成品，可以直接对外销售，也可以进一步加工后再出售。半成品是否深加工的决策是指企业对于那种既可以直接出售，又可以经过深加工变成产成品之后再出售的半成品所做的决策。通常进一步加工需要追加一定的成本，但销售价格也比较高，决策时需要分析进一步加工后增加的收入（差量收入）是否超过追加的成本（差量成本）。如果前者大于后者，则应进一步加工后出售；反之，则应作为半成品出售。

【例 8-7】 尚铭股份有限公司的半成品是板材，产成品是办公桌椅，可以出售板材，也可以将其加工成办公桌椅后出售。做一套办公桌椅的板材，其单位变动成本为 350 元，分摊的单位固定成本为 30 元，售价为 450 元。如果把板材加工成桌椅，售价可以提高到 530 元，但单位变动成本增加到 420 元。假设该企业当前的生产能力有剩余，完全可以满足将板材加工成办公桌椅的需要，因此继续生产办公桌椅不会引起固定成本增加。该企业每年可生产、销售 1 000 套板材或办公桌椅。

计算相关的差量收入和差量成本如下：

$$差量收入 = (530 - 450) \times 1\,000 = 80\,000\ 元$$
$$差量成本 = (420 - 350) \times 1\,000 = 70\,000\ 元$$

由于差量收入比差量成本多 10 000 元（80 000 - 70 000），因此将板材加工成办公桌椅是有利的。

应该说明的是，本例在计算差量成本时没有考虑单位固定成本，这是因为这部分固定成本在进一步加工前后均存在，属于与决策无关的沉没成本。如果进一步加工后需要添置设备，从而造成固定成本增加，则在计算差量成本时需要将其考虑在内。

8.3 产品定价决策

8.3.1 定价方法

1. 以成本为导向的定价方法

1) 完全成本定价法

完全成本定价法是指按照产品的完全成本，加上一定百分比的销售利润，作为制订产品销售价格的依据，故又称成本加成定价法。该法是众多企业常用的定价法。其计算步骤如下：

(1) 估计单位产品的变动成本。

(2) 估计单位产品的固定成本。

(3) 确定目标利润率。

(4) 计算价格。其计算公式如下：

产品单位销售价格 =（单位固定成本 + 单位变动成本）×（1 + 目标利润率）

【例 8-8】 尚铭股份有限公司生产甲产品的变动成本为 15 元 / 件，标准产量为 50 000

件，总固定成本为 250 000 元。如果企业的目标成本利润率为 33.3%，则甲产品的售价该定为多少？

其单位售价计算如下：

$$单位变动成本 = 15 元 / 件$$

$$单位固定成本 = \frac{250\ 000}{50\ 000} = 5 元 / 件$$

$$单位总成本 = 15 + 5 = 20 元 / 件$$

$$单位售价 = 20 \times (1 + 33.3\%) = 27 元$$

因此甲产品的单位售价应定为 27 元。

2) 变动成本定价法

变动成本定价法是指按照产品的变动成本加上一定数额的边际贡献作为制订产品销售价格的依据。这种定价方法一般在卖主竞争激烈时采用，因为这时如果采取完全成本定价法必然会因为价格太高而影响销售，导致产品积压。采用变动成本定价法，一般价格要低于完全成本定价法，所以容易迅速扩大市场。这种定价方法在产品必须降价出售时特别重要，因为只要售价不低于变动成本，就说明生产可以维持；如果售价低于变动成本，就说明生产越多亏本越多。其计算步骤如下：

(1) 确定产品的单位变动成本。

(2) 确定目标加成率。

(3) 计算价格。

如何确定附加于成本基础上的加成百分比，是变动成本定价法的核心问题。无论采用完全成本定价法还是采用变动成本定价法，所确定的加成数除了能提供所需的利润外，均还需包含一部分成本项目。变动成本定价法的相关公式如下：

$$加成率 = \frac{(投资额 \times 期望的投资报酬率) + 固定成本}{产量 \times 单位制造成本}$$

单位制造成本等于单位变动成本，则

$$产品单位销售价格 = 单位变动成本 \times (1 + 加成率)$$

【例 8-9】 假设尚铭股份有限公司投资 100 000 元，每年产销 A 产品 2 000 件，其单位变动成本 20 元，固定制造费用 55 000 元，固定销售与管理费用每年 50 000 元。若该公司期望获得的报酬率为 10%，则采用变动成本定价法，其加成率计算如下：

$$加成率 = \frac{(100\ 000 \times 10\%) + (55\ 000 + 50\ 000)}{2\ 000 \times 20} = 287.5\%$$

按此加成百分比计算，A 产品的目标售价为 20 × (1 + 287.5%) = 77.5 元。

2. 以市场需求为导向的定价方法

本书仅以市场需求中的产品最优售价决策来分析定价方法。什么是产品最优售价决策呢？它是指在同一产品的不同价格中挑选销路最好、盈利水平最高的产品价格，即根据不同的产品销售价格与产品销售量的关系，计算其边际收入、边际成本和边际利润，从而选择获利最大的产品价格。产品最优售价决策的目的就是以边际贡献理论来进行价格决策，从而获得最大利润。边际利润是指边际收入减去边际成本后的余额；边际收入就是每增加或减少一个单位产品销售量所引起的收入变动数额；边际成本就是每增加或减少一个单位产品销售量所引起的成本变动数额。边际利润就是边际收入与边际成本的差值。当边际收入等于边际成本 (即边际利润等于零) 时，获利最大。

【例 8-10 】　尚铭股份有限公司生产和销售 A 产品 (产销平衡)，原定销售单价为 20 元，每月可售 300 件，单位变动成本为 10 元，固定成本为 800 元。如果销售价格逐步下调，其销售量及成本的预计数据如表 8-10 所示。请为尚铭股份有限公司的产品做出最优售价的决策分析。根据上述数据，计算出尚铭股份有限公司的边际利润，如表 8-11 所示。

表 8-10　销售量及成本的预计数据

销售单价 / 元	预计销售量 / 件	单位变动成本 / 元	固定成本总额 / 元
20	300	10	800
19.5	350	10	800
19	400	10	800
18.5	450	10.5	800
18	500	10.5	1 200
17.5	550	11	1 200

表 8-11　边际利润计算

销售单价 / 元	预计销量 / 件	销售总收入 / 元	边际收入	销售总成本 y			边际成本	边际利润	销售利润 / 元
				a	bx	y			
20	300	6 000	0	800	3 000	3 800	0	0	2 200
19.5	350	6 825	825	800	3 500	4 300	500	325	2 525
19	400	7 600	775	800	4 000	4 800	500	275	2 800
18.5	450	8 325	725	800	4 725	5 525	725	0	2 800
18	500	9 000	675	1 200	5 250	6 450	925	−250	2 550
17.5	550	9 625	625	1 200	6 065	7 265	815	−190	2 360

根据计算结果，当该产品的销售单价为 18.5 元时，边际收入等于边际成本，即 18.5 元为产品的最优定价，此时的销售量为 450 件，可为企业创造 2 800 元的利润。

3. 以特殊目的为导向的定价方法

1) 保利定价法

保利定价法是指在已知的目标利润或目标贡献边际、预计销量和相关成本指标的基础上计算以保利为目的的保利价格的一种定价方法。

2) 保本定价法

保本定价法是指在已知的成本指标和预计销量的基础上计算以保本为目的的保本价格的一种定价方法。其公式如下：

$$保本价格 = 单位变动成本 + \frac{专属固定成本}{预计销量}$$

3) 极限定价法

极限定价法是指企业把事先确定的一定单位成本标准作为定价决策的最低价格极限的一种定价方法。

在企业产能有剩余且无法转移时,追加订货的最低极限价格就是单位变动成本;对于那些实在难以找到销路的超储积压物资和产品,甚至可以规定它们在一定时期内平均负担的仓储保管成本和损耗费以及有关的资金占用成本的合计数为确定极限价格的依据。

只要出售价格不低于这种极限价格,对企业而言就是有利可图的或蒙受的损失最小。

■ 8.3.2 定价策略

1. 新产品定价策略

新产品定价策略有两种方法:撇脂法和渗透法。前者指那些初次投放市场尚未形成竞争的新产品以高价销售,以保证初期高额获利,之后随着市场销量提高、竞争加剧而逐步降价的方法,又称先高后低策略。例如,苹果手机推出新款手机时定高价,获取高利润,老款手机就降价,放宽消费人群。后者是以较低价格为新产品开拓市场,争取顾客,赢得竞争优势后再逐步提价的方法,又称先低后高策略。例如,小米手机刚进入市场时采取的就是先低后高策略。前者着眼于短期收益,后者着眼于长期利益,各有利弊。

对于那些同类竞争产品差异性较大、能满足较大市场需要、需求弹性小、不易仿制的新产品,最好按撇脂法定价;而对于那些与同类产品差别不大、需求弹性大、易于仿制、市场前景光明的新产品,则应考虑按渗透法定价。

2. 系列产品定价策略

系列产品既可以指包装规格不同的产品,又可以指配套使用的产品(如化妆品系列)。对前者可采取差别定价。有些商品小包装销路好,如袋装的洗发膏;有些商品大包装销路好,如牙膏。对这些销路好的产品可适当提价。对于成套使用的商品,可规定两组价格:成套价格和单件价格,前者一般应低于后者之和,这样可以鼓励客户购买成套产品,从而增加企业产品的销售。

3. 心理定价策略

心理定价策略包括以下几种形式:① 去整取余法,又称尾数定价法或取九舍十法,多用于中低档商品的定价,这种价格又称诱人的价格;② 整数定价法,对高档商品,若按整数价出售,则可提高商品的身价,刺激购买欲望;③ 对比定价法,对于亟待出售需降价处理的商品,可将削价前后的价格同时列出,促使顾客通过对比积极购买。

4. 分期收款定价策略

分期收款定价策略适用于价格偏高的耐用消费品的定价,如小汽车、住房等。在计价时,各期收款的价格中应包括延付利息在内。采用本策略,可促进及时销售,避免商品的大量积压。

5. 弹性定价策略

弹性定价策略是指根据价格弹性确定价格调整方向的原则或技巧。价格弹性又称价格影响需求量的弹性系数，也称需求的价格弹性系数。其经济学含义用公式表示如下：

$$价格弹性 = \frac{需求量变化的百分比}{价格变化的百分比}$$

它能反映需求量受价格变动率影响的变动程度，表示价格每增加（或减少）1%时，需求量降低（或增加）的百分比。

在经济学上，价格弹性的绝对值可以反映需求与价格变动水平的关系，不外乎以下三种情况：

(1) 价格弹性的绝对值大于1，简称为弹性大。这表明价格以较小幅度变动时，可使需求量产生较大幅度的变动。

(2) 价格弹性的绝对值小于1，简称为弹性小。这表明即使价格变动幅度很大，需求量的变化幅度也不会太大。

(3) 价格弹性的绝对值等于1。这表明需求量受价格变动影响的幅度完全与价格本身的变动幅度一致。

价格弹性的大小，说明了商品价格与需求之间反方向变动的水平。就某一种产品的不同时期及不同销量而言，弹性可能有大有小；即使同一场合下的不同商品，仍会出现弹性有大有小的情况。弹性大，则价格下降会促使需求大大提高。因此，对弹性大的商品，应采取调低价格的方法，薄利多销；对弹性小的商品，当价格变动时，需求量的相应增减幅度很小，不仅不应调低价格，相反，在条件允许的范围内应适当调高价格。

8.4 存货决策

存货是指企业在日常生产经营过程中为生产或销售而储备的物资。

如何在存货的收益与成本之间进行利弊权衡，在充分发挥存货功能的同时降低成本、增加收益、实现它们的最佳组合，成为存货管理的最基本目标。

8.4.1 存货成本管理

与储备存货有关的成本，包括以下三种：

1. 取得成本

取得成本是指为取得某种存货而支出的成本。其又分为订货成本和购置成本。

1) 订货成本

订货成本是指取得订单的成本，如办公费、差旅费、邮资、电报电话费等支出。订货成本中有一部分与订货次数无关，如常设采购机构的基本开支等，称为订货的固定成本，用 F_1 表示；另一部分与订货次数有关，如差旅费、邮资等，称为订货的变动成本。

订货成本总额包括固定性订货成本和变动性订货成本，可用最小二乘法、高低点法及散布图法等对其进行分解。每次订货的变动成本用 K 表示；订货次数等于存货年需要量 (D) 与每次进货量 (Q) 之商。订货成本的计算公式如下：

$$订货成本 = F_1 + \frac{D}{Q}K$$

【例 8-11】 尚铭股份有限公司采购部门全年订货 12 次，订货成本为 6 000 元；全年订货 24 次，订货成本为 9 600 元。试将订货成本分解为固定性订货成本和变动性订货成本。

解 每次订货成本 $= \dfrac{高的成本 - 低的成本}{高点订货次数 - 低点订货次数} = \dfrac{9\,600 - 6\,000}{24 - 12} = 300$ 元

订货成本中的固定性订货成本 = 高（或低）点订货成本 - 高（或低）点订货次数 × 每次订货成本 = 9 600 - 24 × 300 = 2 400 元

高点订货成本中的变动性订货成本 = 高点订货成本 - 订货成本中的固定性订货成本 = 9 600 - 2 400 = 7 200 元

低点订货成本中的变动性订货成本 = 低点订货成本 - 订货成本中的固定性订货成本 = 6 000 - 2 400 = 3 600 元

2) 购置成本

购置成本是指存货本身的价值，经常用数量与单价的乘积来确定。年需要量用 D 表示，单价用 U 表示，于是购置成本为 DU。

订货成本加上购置成本，就等于存货的取得成本 (TC_a)。其计算公式如下：

取得成本 = 订货成本 + 购置成本 = 订货固定成本 + 订货变动成本 + 购置成本

$$TC_a = F_1 + \frac{D}{Q}K + DU$$

2. 储存成本

储存成本是指为保持存货而发生的成本，包括存货占用资金所应计的利息（若企业用现金购买存货，便失去了现金存放银行或投资于证券本应取得的利息，视为"放弃利息"；若企业借款购买存货，便要支付利息费用，视为"付出利息"）、仓库费用、保险费用、存货破损和变质损失等，通常用 TC_c 来表示。

储存成本也分为固定成本和变动成本。固定成本与存货数量的多少无关，如仓库折旧，仓库职工的固定月工资等，常用 F_2 表示。变动成本与存货的数量有关，如存货资金的应计利息、存货的破损和变质损失、存货的保险费用等。单位存货变动性储存成本用 K_c 来表示，用公式表达的储存成本如下：

储存成本 = 固定成本 + 变动成本

$$TC_c = F_2 + K_c\frac{Q}{2}$$

3. 缺货成本

缺货成本是指由于存货供应中断而造成的损失，包括材料供应中断造成的停工损失、产成品库存缺货造成的拖欠发货损失和丧失销售机会的损失（还应包括需要主观估计的商誉损失）；如果生产企业以紧急采购代用材料解决库存材料中断之急，那么缺货成本表现为

紧急额外购入成本 (紧急额外购入的开支会大于正常采购的开支)。缺货成本用 TC_s 表示。

如果以 TC 来表示储备存货的总成本，它的计算公式如下：

$$TC = TC_a + TC_c + TC_s = F_1 + \frac{D}{Q}K + DU + F_2 + K_c\frac{Q}{2} + TC_s$$

要使企业存货最优化，需使上式中的 TC 值最小。

8.4.2　存货决策

存货决策涉及四项内容：决定进货项目、选择供应单位、决定进货时间和决定进货批量。决定进货项目和选择供应单位是销售部门、采购部门和生产部门的职责。财务部门要做的是决定进货时间和决定进货批量 (分别用 T 和 Q 表示)。按照存货管理的目的，需要通过合理的进货时间和进货批量，使存货的总成本最低，这个批量叫作经济订货量。有了经济订货量，可以很容易地找出最适宜的进货时间。

与存货总成本有关的变量 (即影响总成本的因素) 很多，为了解决比较复杂的问题，有必要简化或舍弃一些变量，先解决简单的问题，然后扩展到复杂的问题。这需要设立一些假设，在此基础上建立经济订货量的基本模型。

经济订货量基本模型需要设立的假设条件如下：

企业能够及时补充存货，即需要订货时便可立即取得存货。

能集中到货，而不是陆续入库。

不允许缺货，即无缺货成本，TC_s 为零，这是因为良好的存货管理本来就不应该出现缺货成本。

需求量稳定，并且能预测，即 D 为已知常量。

存货单价不变，不考虑现金折扣，即 U 为已知常量。

企业现金充足，不会因现金短缺而影响进货。

所需存货市场供应充足，不会因买不到需要的存货而影响其他方面。

设立上述假设后，存货总成本的公式可以简化为

$$TC = F_1 + \frac{D}{Q}K + DU + F_2 + K_c\frac{Q}{2}$$

当 F_1、K、U、F_2、K_c 为常数量时，TC 的大小取决于 Q。为了求出 TC 的极小值，对上式进行求导运算，可得出下列公式：

$$Q^* = \sqrt{\frac{2KD}{K_c}}$$

这一公式称为经济订货量基本模型，求出的 Q^* 为最佳的每次订货批量，可使 TC 达到最小值。这个基本模型还可以演变为其他形式。

每年最佳订货次数公式：

$$N^* = \frac{D}{Q^*} = \sqrt{\frac{KDK_c}{2K}}$$

与批量有关的存货总成本公式：

$$TC(Q^*) = \sqrt{2KDK_c}$$

最佳订货周期公式：

$$t^* = \frac{1}{N^*} = \frac{1}{\sqrt{\dfrac{KDK_c}{2K}}}$$

经济订货量占用资金公式：

$$I^* = \frac{Q}{2}U$$

上述公式中 Q^* 为最佳的每次订货批量，N^* 为每年最佳订货次数，$TC(Q^*)$ 为与批量有关的存货总成本，t^* 为最佳订货周期，I^* 为经济订货量占用资金。

【例 8-12】 尚铭股份有限公司每年耗用某种材料 3 600 千克，该材料单位成本为 10 元，单位存储成本为 2 元，一次订货成本为 25 元。相关计算如下：

$$Q^* = \sqrt{\frac{2KD}{K_c}} = \sqrt{\frac{2 \times 3\,600 \times 25}{2}} = 300 千克$$

$$N^* = \frac{D}{Q^*} = \sqrt{\frac{KDK_c}{2K}} = \frac{3\,600}{300} = 12次$$

$$TC(Q^*) = \sqrt{2KDK_c} = \sqrt{2 \times 25 \times 3\,600 \times 2} = 600元$$

$$t^* = \frac{1}{N^*} = \frac{1}{12}年 = 1个月$$

$$I^* = \frac{Q}{2}U = \frac{300}{2} \times 10 = 1\,500元$$

本章小结

本章的主要内容为短期经营决策，重点为产品生产决策。产品生产决策包括生产何种产品的决策、亏损产品的决策、产品增产的决策、接受追加订货的决策、零部件取得方式的决策及半成品是否深加工的决策。决策分析方法包括差量分析法、直接比较法、无差别点分析法、数学模型法和图解法。除此之外，本章还介绍了产品定价决策以及存货决策。

闯关考验

一、单项选择题

1. 在零部件自制或外购决策中，如果零部件的需要量尚不确定，则应采用（   ）。

A. 相关损益分析法　　　　　　　　　　B. 差别损益分析法

C. 后悔值决策分析法　　　　　　　　　D. 成本无差别点分析法

2.在定价决策中，对于那些同类竞争产品差异性较大、能满足较大市场需求、弹性较小、不易仿制的新产品，最好采用 ( )。

    A.渗透法   B.弹性定价策略

    C.撇脂法   D.心理定价策略

3.在零部件自制或外购决策中，如果零部件的需要量确定，应当采用的决策方法是 ( )。

    A.差量分析法   B.成本平衡点法

    C.边际贡献法   D.大中取小法

4.进行产品最优组合决策时，一般采用 ( )。

    A.边际贡献法   B.差量分析法

    C.本量利分析法   D.线性规划法

5.企业在进行最优定价决策时，应优先采用的方法是 ( )。

    A.成本加成定价法   B.保利定价法

    C.边际分析法   D.无差别点法

二、多项选择题

1.下列决策中属于短期决策的有 ( )。

    A.生产决策   B.定价决策

    C.库存决策   D.设备更新决策

    E.生产设备最优利用决策

2.在现有正常生产能力范围内，关于产品是否增产的决策中，固定成本属于 ( )。

    A.相关成本   B.非相关成本

    C.可避免成本   D.不可避免成本

    E.应付成本

3.按照决策条件的肯定程度，可将决策划分为 ( )。

    A.战略型   B.战术型

    C.确定型   D.风险型

    E.非确定型

4.下列属于相关成本的有 ( )。

    A.机会成本   B.沉没成本

    C.专属成本   D.边际成本

    E.不可避免成本

5.下列各项中，属于以成本为导向的定价方法的有 ( )。

    A.总成本定价法   B.收益比率定价法

    C.成本加成定价法   D.边际分析法

    E.利润无差别点法

三、简答题

1.什么是短期经营决策分析？

2.企业为什么要进行短期经营决策分析？决策分析的原则是什么？

3. 生产经营决策分析常用的方法有哪些？

4. 如何进行存货项目的具体决策？

知识拓展

扫描二维码获取《管理会计应用指引第 400 号——营运管理》。

考证对接

扫描二维码获取对接题目。

小尚寄语：

　　一个人如果不到最高峰，他就没有片刻的安宁，他也就不会感到生命的恬静和光荣。

——萧伯纳

第9章
长期投资决策

▼

目标规划

学习目标： 了解长期投资决策的基本含义和分类标准，并能进一步阐释影响长期投资决策的因素。

技能目标： 掌握评价长期投资决策的主要方法。

思维导图

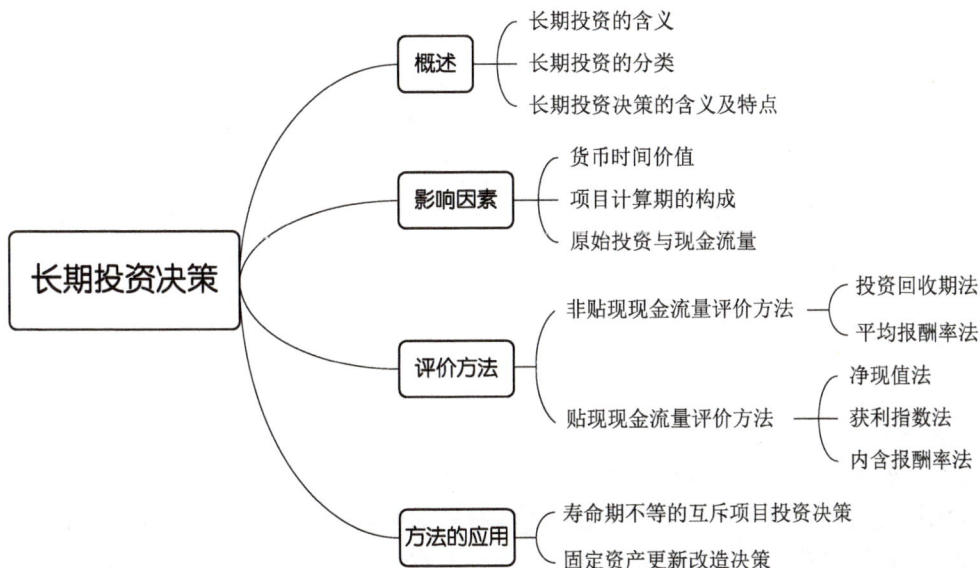

思政要点

管理会计职业道德规范贯穿于管理会计工作的所有领域和整个过程，加强管理会计师职业道德建设是为了更好地为新时代中国特色社会主义市场经济建设服务。长期投资决策分析涉及企业长期发展规划，需要企业的管理者具有高瞻远瞩的精神和脚踏实地的素质，基于企业本身发展的优势，经过深思熟虑和周密的计算，找到最适合企业的长期决策方案。

案例导入

新增生产线的可能性

　　某公司是一家制造与销售发电机的企业，近几年国内外市场销售一直较好。为了进一步提高企业的竞争能力，该公司决定新增一条改良发电机生产线。生产线投资150万元，为保证项目顺利实施需垫付流动资金5万元，项目有效期为8年，预计净残值为0。项目投产后，年销售收入70万元，前三年的销售收入将以3%的速度增长，以后各年保持稳定不变；每年付现成本30万元，前三年的付现成本将以4%的速度增长，以后各年保持稳定。该公司享有科技进步的所有政策，可采用年数总和法计提折旧，企业所得税前三年免税，以后各年该税税率为25%，企业要求回报率为20%。

　　请思考：运用投资评价指标计算相关数据，判断此项目是否具有财务可行性。

9.1　长期投资决策概述

■ 9.1.1　长期投资的含义

　　长期投资是指企业投入大量财力，希望在未来一定期间内（一年以上）获得更多收益的活动。长期投资既包括长期对外投资也包括长期对内投资，管理会计中的长期投资主要指长期对内投资，如购买固定资产、开发利用资源、研制新产品、更新改造厂房设备等，但是本书中的长期投资主要指长期对内投资，与长期投资有关的资金支出在会计上又可称为资本性支出。

■ 9.1.2　长期投资的分类

1. 按影响程度分类

　　长期投资按影响程度可以分成战术性投资和战略性投资。

　　战术性投资是指对企业的全局发展并不构成重大影响，仅限于局部范围变化或者个别条件改善的投资决策，不改变企业的发展方向且影响范围较小的投资。

　　战略性投资是指对企业的全局构成重大影响，将会改变企业的发展方向，甚至影响企业未来发展前途的投资，如改变生产规模、引进新的技术等。

2. 按对象分类

　　长期投资按对象可分成项目投资、证券投资和其他投资。

　　项目投资是一种以特定项目为对象，直接与固定资产的构建项目或更新改造项目有关的长期投资行为；证券投资是企业通过让渡资金的使用权而取得某种有价证券以收取利息、使用费或股利等形式取得收益而使得资金增值或获得特定资源等；其他投资是指项目投资和证券投资以外的长期投资，如联营投资等。

3. 按动机分类

长期投资按动机可分成诱导式投资和主动式投资。

诱导式投资是指由于投资环境的改变、科技的进步、政治经济形式的变革而由生产本身激发出来的投资；主动式投资是指完全由企业家本人主观决定的投资，它受到投资者个人的偏好、对风险的态度及投资者灵活性的影响。

9.1.3　长期投资决策的含义及特点

1. 长期投资决策的含义

长期投资决策是指与长期投资项目有关的决策的总称。长期投资决策将涉及各种资本支出，又因为长期投资决策一经确定，就需要纳入资本支出预算，故也有人将长期投资决策称为资本支出决策。

2. 长期投资决策的特点

(1) 长期投资决策的金额巨大。长期投资决策不仅需要巨额资金的投入来形成投资项目的主体，而且需要有相当的资金保证建设期，建成后投入运营期间与投资项目相联系的支出。长期投资实际上是企业为了规划未来的生产经营而对巨额资金如何运用进行的抉择。

(2) 长期投资决策考虑的时间长。企业为了追求长远利益、实现未来的持续发展，就需要对长期资金的支出进行抉择。一般来说长期投资项目都会在较长时间内连续发挥作用，并将直接影响企业目前和未来的现金流出和流入。

(3) 长期投资决策面临的风险较大。收益和风险永远是一对孪生兄弟。企业为了获得期望的投资报酬而进行的风险性资金投入抉择实际上就是长期投资决策。资本投资项目的选择从总体上来看，所处的环境是错综复杂的，并会受很多不确定因素或不稳定状态影响，所以企业不可避免地会出现两种及以上的资本投资决策结果，而这种情况会使得决策方案实际的资金运用效益与其预期的资金运用效益出现偏差，进而使企业遭受一定的经济损失，承担相应的风险。

9.2　长期投资决策的影响因素

9.2.1　货币时间价值

货币时间价值是长期投资决策中必须考虑的客观经济范畴，它所揭示的是在一定时空下当作资本来使用的货币具有增值性的规律。货币时间价值的含义可以概括为由于放弃现在使用一定数量货币的机会而得到的按照所放弃时间长短计算的投资报酬，具体就是指货币经历一定时间的投资和再投资后所增加的价值，是扣除风险报酬和通货膨胀之后的真实报酬，其实质是资金周转使用后的增值额。对一定数量的货币而言，周转使用的时间越长，增值额就越大，货币的时间价值就越高。

1. 投资期间

投资期间是从投资开始到结束的时间长度，一般以年为计量单位。当其他条件相同时，投资期间越短，赚取的资本增值额越少。例如，在银行中存入了一笔款项，在银行存款利率稳定的条件下，存款期2年时获得的利息将会少于存款期为3年的。

2. 利息率

利息率是指投资赚取的年收益额与投资额的比值。

一般来说，计息方式分为单利计息和复利计息。单利计息是指只基于本金计算利息，利息不纳入本金作为计息基数；复利是指把赚取的利息计入本金中，共同作为新的计息基数计算利息。

【例 9-1】 尚铭股份有限公司打算在年初在银行存入一笔 10 000 元的本金，年利率为 5%，存期为 4 年。请分别用单利计息方式和复利计息方式计算企业 4 年后可从银行中一次性提取的全部利息。

计算过程如表 9-1 所示。

表 9-1 单利计息与复利计息的比较

存期／年	单 利 计 息		复 利 计 息	
	计算过程	利息／元	计算过程	利息／元
1	10 000 × 5%	500	10 000 × 5%	500
2	10 000 × 5%	500	(10 000 + 500) × 5%	525
3	10 000 × 5%	500	(10 000 + 500 + 525) × 5%	551
4	10 000 × 5%	500	(10 000 + 500 + 525 + 551) × 5%	579
	利息合计	2 000	利息合计	2 155

可以看出，单利计息的利息金额固定不变；复利计息的利息金额每年都会随着计息基数的增加而增加。

在长期决策中，为了反映货币不断运动、持续增值的规律，必须按复利计息的方式计算货币的时间价值。

3. 现值和终值

现值和终值分别代表了某项投资在其计算期内的起点和终点上的价值。现值 (Present Value，简记为 P)，是指对未来 (第 n 年年末) 一定数量的资金 (相当于本利和) 按照一定的折现率折现到基准年 (第 0 年) 的价值，即本金。终值 (Future Value，简记为 F)，是指现在 (第 0 年) 一定数量的资金 (相当于本金) 在未来某一时点上的价值，即本利和。

(1) 复利终值计算公式如下：

$$复利终值 (F) = 本金 \times (1 + 利率)^{时期}$$

若复利终值记作 F，本金或复利现值记作 P，利率记作 i，期数记作 n，则

$$F = P(1 + i)^n$$

上式中的 $(1 + i)^n$ 又称为一次性收 (付) 款项终值系数、复利终值系数、一元终值或终值因子，简称终值系数，记作 $(F/P, i, n)$，代表在已知 P，i 和 n 的情况下求 F 所用的系数。故复利终值的计算公式也可用下式表示：

$$复利终值 (F) = 复利现值 \times 终值系数 = P \times (F/P, i, n)$$

(2) 复利现值的计算公式如下：

$$复利现值 (P) = 复利终值 \times (1 + 利率)^{-时期} = F \times (1 + i)^{-n}$$

上式中的 $(1 + i)^{-n}$ 称为一次性收付款项现值系数、复利现值系数、一元现值或现值因子，简称现值系数，记作 $(P/F, i, n)$，代表在已知 F，i 和 n 的情况下求 P 所用的系数。显然，终值系数与现值系数互为倒数。故复利现值的计算公式也可用下式表示：

$$复利现值 (P) = 复利终值 \times 现值系数 = F \times (P/F, i, n)$$

【例 9-2】　小尚在第一年初一次性向银行存入 2 000 元定期存款，2 年存款到期时，如果年利率为 6%，到期可从银行获得多少本息和？

计算过程如下：

$$小尚到期获得 (复利终值) = 2\,000 \times (1 + 6\%)^2 = 2\,247.2 \ 元$$

【例 9-3】　小尚预计第三年末能够一次性从银行取得 20 000 元，年利率为 5%。按复利计算，目前这笔钱的价值为多少？

计算过程如下：

$$小尚目前这笔钱的价值 = 20\,000 \times (1 + 5\%)^{-3} = 17\,276.75 \ 元$$

(3) 年金现值 (PV) 计算公式如下：

$$年金现值 = 年金 \times \frac{1 - (1 + 利率)^{-时期}}{利率}$$

将年金现值记作 PV，年金记作 A，利率记作 i，期数记作 n，公式可转化为

$$PV = A \times (P/A, i, n)(年金现值系数)$$

【例 9-4】　小尚预计第一年末开始，每年都能够获得 10 000 元收益，共 3 年。如果银行利率为 10%，请问这项收益目前价值是多少？

计算过程如下：

$$小尚收益的目前价值 (PV) = 每年末获得的收益 (A) \times (P/A，10\%，3)$$
$$= 10\,000 \times 2.486\,9 = 24\,869 \ 元$$

(4) 年金终值 (FV) 的计算公式如下：

$$年金终值 = 年金 \times \frac{(1 + 利率)^{时期} - 1}{利率}$$

将年金终值记作 FV，年金记作 A，利率记作 i，期数记作 n，公式可转化为

$$FV = A \times (F/A, i, n)(年金终值系数)$$

【例 9-5】　小尚从第一年末开始存款，每年末存入 5 000 元，共存入 5 年。如果银行

利率为 8%，5 年末小尚能够从银行取得多少钱？

计算过程如下：

小尚 5 年末从银行取得的钱 (FV) = 每年末存入的钱 (A) × (F/A，8%，5)

$$= 5\,000 × 5.866\,6 = 29\,333\ 元$$

9.2.2 项目计算期的构成

项目计算期是指投资项目从投资建设开始到最终清理结束整个过程的全部时间，即该项目的有效持续期间，通常以年为单位。

完整的项目计算期包括建设期和运营期。其中，建设期是指项目资金正式投入开始到项目建成投产为止所需要的时间，记作 $s(s \geqslant 0)$，建设期的第 1 年年初 (记作第 0 年) 称为建设起点，建设期的最后一年年末 (记作第 s 年) 称为投产日。在实践中，通常应参照项目建设的合理工期或项目的建设进度计划合理确定建设期。若建设期不足半年，可假定建设期为零。项目计算期的最后一年年末 (记作第 n 年) 称为终结点，假定项目最终报废或清理均发生在终结点 (但更新改造除外)。从投产日到终结点之间的时间间隔称为运营期 (记作 p)，又包括试产期和达产期两个阶段。试产期是指项目投入生产，但产能尚未完全达到设计能力的过渡阶段 (从 $s+1 \sim d$)；达产期是指生产运营达到设计能力后的时间 (从 $d+1 \sim n$)。运营期一般应根据项目主要设备的经济使用寿命期确定，而并非该项目物理意义上的续存期。就一般项目而言，若项目的实际寿命期超过 20 年，在进行投资决策时，可按 20 年计算；特殊投资项目的计算期中的寿命期最长不超过 50 年。

项目计算期、建设期和运营期之间有以下关系成立：

项目计算期 (n) = 建设期 + 运营期 = $s + p$

项目计算期构成示意图如图 9-1 所示。

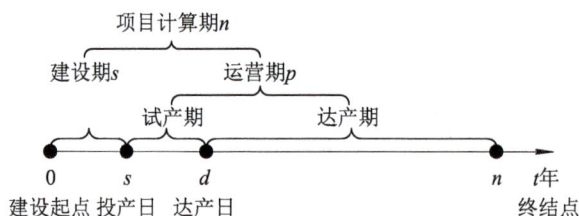

图 9-1　项目计算期构成示意图

【例 9-6】　项目计算期的计算。

已知：尚铭股份有限公司拟进行一项固定资产投资，预计使用寿命为 5 年。

要求：就以下各种不相关情况分别确定该项目的项目计算期。

(1) 在建设起点投资，当年完工并投产。

(2) 建设期为 1 年。

计算过程如下：

(1) 项目计算期 = 0 + 5 = 5(年)。

(2) 项目计算期 = 1 + 5 = 6(年)。

9.2.3　原始投资与现金流量

1. 原始投资

原始投资又称初始投资，是反映项目所需现实资金水平的价值指标。从项目投资的角度看，原始投资是企业为使项目完全达到设计产能、开展正常经营而垫支的全部现实资金，包括建设投资和流动资金投资两项内容。

1) 建设投资

建设投资是指在建设期内按一定生产经营规模和建设内容进行的资产性全额投资，按照投资所形成的资产不同，分为固定资产投资、无形资产投资和其他资产投资三项具体内容。

(1) 固定资产投资也称形成固定资产的费用，是指项目用于购置或安装固定资产应当发生的投资。它是在项目投产时将直接形成固定资产的建设投资，也是任何类型项目投资中不可缺少的投资内容。计算折旧的固定资产原值与固定资产投资之间可能存在差异，原因在于固定资产原值可能包括应构成固定资产成本的建设期内资本化了的借款利息。两者的关系是：

固定资产原值 = 固定资产投资 + 建设期资本化借款利息

(2) 无形资产投资也称形成无形资产的费用，是指项目用于取得无形资产应当发生的投资。它是直接形成无形资产的建设投资。

(3) 其他资产投资也称形成其他资产的费用，是指建设投资中除固定资产投资和无形资产投资以外的投资，包括生产准备费投资和开办费投资两项内容。

2) 流动资金投资

流动资金投资是指在完整工业投资项目中发生的用于生产经营期周转使用的营运资金投资，又称为垫支流动资金。这种投资主要用于维持生产而占用的全部周转资金，是流动资产与流动负债的差额。

2. 现金流量

在项目投资决策中，现金流量 (Cash Flow) 是指特定投资项目在其计算期内因资本循环而可能或应该发生的各项现金流入量 (Cash Flow-In，CI) 与现金流出量 (Cash Flow-Out，CO) 的统称。它是计算项目投资决策评价指标的主要根据和关键的价值信息之一。

在管理会计的长期投资决策中，现金流量信息可以发挥以下作用：

第一，现金流量信息所揭示的未来期间现实货币资金收支运动，可以序时动态地反映项目投资的流向与回收之间的投入产出关系，使决策者处于投资主体的立场上，便于更完整、准确、全面地评价具体投资项目的经济效益。

第二，利用现金流量指标代替利润指标反映项目效益的信息，可以摆脱在贯彻财务会计的权责发生制时必然面临的困境，即由于不同的投资项目可能采取不同的固定资产折旧方法、存货估价方法和费用摊配方法，从而导致不同方案的利润信息相关性差、透明度不高和可比性差。

第三，利用现金流量信息，还因排除了非现金收付内部周转的资本运动形式而简化了有关投资决策评价指标的计算过程。

但是在实际的生产中，确定现金流量存在许多困难之处。例如，不同项目之间在项目类型、构成内容等方面存在差异；同一项目可能有不同角度的现金流量；由于投资计算期的阶段不同，产生的现金流量也不同；或者由于投资项目的投入物和产出物的价格、数量等受到诸多因素的影响不同，预估的现金流量也有所不同。

9.3 长期投资决策评价方法

9.3.1 非贴现现金流量评价方法

非贴现现金流量评价方法是指不考虑货币时间价值的评价方法，也叫静态评价方法。它具体包括投资回收期法和平均报酬率法。

1. 投资回收期法

投资回收期法是以投资回收期限的长短为取舍依据，于若干备选方案中选择最优投资方案的决策分析方法。所谓投资回收期，是指以投资项目寿命期内各期的营业净现金流量来回收该项目原始投资总额所需要的时间，一般以年为单位。投资回收期包括以下两种形式，即包括建设期的投资回收期(记作 PP)和不包括建设期的投资回收期(记作 PP*)。显然，在建设期为 f 时，$PP* + f = PP$，只要求出其中一种形式，就可很方便地推算出另一种形式。

一般而言，投资者总希望尽快地收回投资，因而投资回收期越短越好。运用该法进行投资决策时，应将投资方案的投资回收期与企业期望的投资回收期进行比较，若投资方案回收期小于或等于期望回收期，则接受投资方案；反之，则拒绝投资方案。

如果同时存在几个投资方案可供选择，应该比较各个方案的回收期，选择最短者。对投资回收期的计算，要根据寿命期内各年的营业净现金流量相等还是不相等两种情况，分别采用不同的方法进行。

2. 平均报酬率法

平均报酬率是指投资项目寿命期内平均的年投资报酬率，也称平均投资报酬率。年均报酬可用年均净利指标，也可用年均现金流量指标。其计算公式如下：

$$投资报酬率 = \frac{年均净利(年均现金流量)}{初始投资额} \times 100\%$$

在采用平均报酬率指标时，应事先确定一个企业要求达到的平均报酬率，或称必要报酬率。在进行决策时，只有高于必要的平均报酬率的方案才能入选。而在有多个方案的互斥选择中，则应选择平均报酬率最高的方案。

【例 9-7】 尚铭股份有限公司关于交换机的有关净收益和投资数据如表 9-2 所示。请利用平均报酬率法计算其投资报酬率。

表 9-2　净收益和投资数据

单位：元

项　目	第 0 年	第 1 年	第 2 年	第 3 年	第 4 年	第 5 年
设备投资	110 000					
税后利润		55 872	59 962	71 312	74 800	33 828

计算过程如下：

$$投资报酬率 = \frac{(55\,872 + 59\,962 + 71\,312 + 74\,800 + 33\,828) \div 5}{110\,000} \times 100\% = 53.777\%$$

平均报酬率法的优点是简明、易算、易懂。投资报酬率法考虑了投资方案在其寿命周期内的全部收益状况和现金流量，从这一点上讲优于投资回收期法。其缺点是没有考虑货币的时间价值，第一年的现金流量与最后一年的现金流量被看作具有相同的价值。单纯地运用平均报酬率进行投资项目的决策，有时会做出错误的决策，在实际决策中可以配合其他方法加以运用。

9.3.2　贴现现金流量评价方法

贴现现金流量评价方法是指考虑了货币时间价值的评价方法，也叫动态评价方法。它具体包括净现值法、获利指数法和内含报酬率法。

1. 净现值法

净现值 (Net Present Value，NPV) 是反映投资项目在建设和生产服务年限内获利能力的动态指标。一个项目的净现值是指该项目未来现金净流量的现值与投资额现值之间的差额。其计算公式如下：

净现值 (NPV) = 未来现金净流量现值之和 − 投资额现值之和

$$NPV = \sum_{t=0}^{n} \frac{NCF_t}{(1+K)^t}$$

式中：NPV——净现值；

　　　NCF_t——第 t 年的现金净流量；

　　　K——贴现率 (企业的资本成本或要求的报酬率)；

　　　n——项目的预计使用年限。

净现值的计算可按下列步骤进行：

(1) 计算每年的营业现金净流量和投资额。

(2) 用既定的贴现率将各年的现金净流量和投资额折算为现值。计算过程可以分为三步：第一步，将每年的营业现金净流量折算成现值。如果每年的 NCF 相等，则按年金法折算成现值。如果每年的 NCF 不相等，则先对每年的 NCF 进行折现，然后加以合计。第二步，将终结现金流量折算成现值。第三步，将投资额折算成现值。

(3) 将未来各年现金净流量的总现值减去投资额的总现值，计算出净现值。

【例 9-8】尚铭股份有限公司关于交换机生产项目的现金流量见表 9-3，假设贴现率为10%，求项目净现值。

表 9-3　交换机生产项目的现金流量表　　　单位：元

项　目	第0年	第1年	第2年	第3年	第4年	第5年	合计
现金净流量	−200 000	81 772	89 221	94 464	94 046	111 467	—
贴现系数(10%)	1	0.909 1	0.826 4	0.751 3	0.683	0.620 9	—
现金净流量现值	−200 000	74 338.92	73 732.23	70 970.8	64 233.42	69 209.86	152 485.23

计算过程如下：

交换机项目净现值 = −200 000 + 74 338.92 + 73 732.23 + 70 970.8 + 64 233.42 + 69 209.86
= 152 485.23 元

影响项目净现值大小的因素有两个：项目的现金流量和贴现率。前者与净现值的大小呈同向变化，后者与净现值的大小呈反向变化。根据企业价值最大化的原则，利用净现值法进行项目决策的原则是：如果项目的净现值大于零，表明该项目投资获得的收益大于资本成本或投资者要求的收益率，则项目是可行的；反之项目应舍弃。若存在若干个净现值大于零的互斥方案，则应选择净现值最大的方案，或对净现值的大小进行排队，对净现值大的方案应优先考虑。

净现值法考虑了项目整个寿命期的各年现金流量的现时价值，反映了投资项目可获收益，在理论上较为完善。净现值法在应用中的主要难点是如何确定贴现率。在项目评价中，正确地选择贴现率至关重要，它直接影响到项目评价的结论。如果选择的贴现率过低，会导致一些经济效益较差的项目得以通过，从而浪费了有限的社会资源；如果选择的贴现率过高，会导致一些效益较好的项目不能通过，从而使有限的社会资源不能充分发挥作用。在实务中，一般有以下几种方法确定项目的贴现率：

(1) 以投资项目的资本成本作为贴现率。企业进行投资的目的是在未来获得一定的收益，这一收益应至少能抵偿为筹措资金而花费的各项成本。

(2) 以资本的机会成本作为贴现率。所谓资本的机会成本是指资金如果不用于兴建这个项目，而用于其他项目可能获得的投资收益率。这个收益率是确定该项目是否可以接受的最低收益率。

(3) 根据不同阶段采用不同的贴现率。在计算项目建设期现金流量的现值时，以贷款的实际利率作为贴现率；在计算项目生产期现金流量的现值时，以全社会资金平均收益率作为贴现率。

(4) 以行业平均收益率作为项目贴现率。

2. 获利指数法

获利指数(Profitability Index，PI)也称现值指数，是指未来现金净流量的现值与投资额现值的比率。其计算公式如下：

$$获利指数(PI) = \frac{未来现金净流量现值之和}{投资额现值之和}$$

获利指数实质上是净现值的一种变形。根据二者计算公式的区别和净现值对项目的取舍原则，我们不难得出获利指数法进行项目决策的规则：接受获利指数大于1的项目，放弃获利指数小于 1 的项目。若有多个投资方案备选，则应选择获利指数最大者。

【例 9-9】　在例 9-8 中，根据未来现金净流量等相关数据，计算获利指数如下：

$$\text{移动存储器项目获利指数} = \frac{74\,338.92 + 73\,732.23 + 70\,970.8 + 64\,233.42 + 69\,209.86}{200\,000}$$

$$= 1.762\,4$$

所以，项目获利指数 >1，该项目可选。

获利指数属于相对数指标，反映投资的效率，即获利能力。当备选方案的投资额不等且彼此之间相互独立时，可用获利指数法确定方案的优劣次序；若为互斥方案，当采用净现值法和获利指数法出现结果不一致时，应以净现值的结果为准。因为净现值是一个绝对指标，反映投资的效益，更符合财务管理的基本目标。

3. 内含报酬率法

内含报酬率 (Internal Rate of Return，IRR) 又称内部收益率，是指项目投资实际达到的收益率，即能使投资项目的净现值等于零时的折现率。

根据内含报酬率的定义，IRR 满足下列等式：

$$\sum_{t=0}^{n}[\text{NCF}_t \cdot (P/F，\text{IRR}，t)] = 0$$

其计算公式如下：

$$\text{未来现金净流量现值之和} - \text{投资额现值之和} = 0$$

内含报酬率的计算步骤如下：

假设各年的现金净流量相等，初始投资在建设期一次投入，可以用年金求现值的方法计算。

第一步，计算年金现值系数。

$$\text{每年的 NCF} \times (P/A，\text{IRR}，n) - \text{初始投资额} = 0$$

$$(P/A，\text{IRR}，n) = \frac{\text{初始投资额}}{\text{每年的NCF}}$$

第二步，查阅年金现值系数表，在相同的期数内，找出与上述年金现值系数相同的贴现率，或相邻近的较大和较小的两个贴现率。

第三步，根据上述两个相邻近的贴现率和年金现值系数，采用插值法计算该方案的内含报酬率。

9.4　长期投资决策方法的应用

9.4.1　寿命期不等的互斥项目投资决策

实际上企业进行投资决策时经常会在多个寿命期不等的互斥项目中做出选择。由于寿命期的不等，因而就不能对它们的净现值、内含报酬率和获利指数进行直接比较。为了使投资项目的各项指标具有可比性，必须设法使两个项目在相同的寿命周期内进行比较。下面举例加以说明。

【例9-10】 尚铭股份有限公司要在两个投资项目中选取一个，A项目需要初始投资150 000元，每年产生75 000元的现金净流量，项目的使用寿命为3年，3年后必须更新且无残值；B项目需要初始投资210 000元，使用寿命为6年，每年产生63 000元的现金净流量，6年后必须更新且无残值。公司的资本成本为16%，那么，尚铭股份有限公司该选用哪个项目？

两个项目的净现值计算如下：

$$A 项目的净现值(NPV) = 75\,000 \times (P/A,\ 16\%,\ 3) - 150\,000$$
$$= 75\,000 \times 2.246 - 150\,000$$
$$= 18\,450\ 元$$
$$B 项目的净现值(NPV) = 63\,000 \times (P/A,\ 16\%,\ 6) - 210\,000$$
$$= 63\,000 \times 3.685 - 210\,000$$
$$= 22\,155\ 元$$

项目的净现值表明B项目优于A项目，应选用B项目。但这种分析是不完全的，因为没有考虑两个项目的寿命是不相等的。为了使指标的对比更加合理，必须考虑对相同年度内的两个项目的净现值进行比较，或者是对两个项目的年均净现值进行比较，这便出现了进行合理比较的两种基本方法——最小公倍寿命法和等值年金法。

1. 最小公倍寿命法

使投资项目的寿命周期相等的方法是最小公倍寿命法。也就是说，求出两个项目使用年限的最小公倍数。对于例9-10的A项目和B项目，它们的最小公倍数是6年。由于B项目的净现值原来就是按6年计算的，所以不用调整。对于A项目，必须计算一个新的、假设项目要在第0年和第3年进行相同投资的净现值，具体计算如表9-4所示。

表9-4 投资项目的现金流量表 单位：元

项 目	第0年	第1年	第2年	第3年	第4年	第5年	第6年
第0年投资的现金流量	-150 000	75 000	75 000	75 000			
第3年投资的现金流量				-150 000	75 000	75 000	75 000

计算A项目6年现金流量的净现值：

$$A 项目六年期的净现值 = 18\,450 + 18\,450 \times (P/F,\ 16\%,\ 3)$$
$$= 18\,450 + 18\,450 \times 0.641$$
$$= 30\,276\ 元$$

这时可以把两个项目的净现值进行比较，因为A项目的净现值是30 276元，而B项目的净现值是22 155元，因此，该公司应选择A项目。

对于以上两个项目来说，最小公倍寿命是6年。但在有些情况下，计算两个项目的最小公倍数是很麻烦的。例如，一个项目的寿命为5年，另一个项目的寿命为9年，那么，最小公倍寿命为45年。在这种情况下，应用最小公倍寿命法评价这两个项目，工作量非常大。

2. 等值年金法

等值年金法是将互斥项目的净现值按资本成本等额分摊到每年，求出项目每年的平均净现值，又叫年均净现值法。由于化成了年金，项目在时间上是可比的，而且从净现值转化为年金只是做了货币时间价值的一种等值交换，两种方法是等价的。因此，用等值年金法和净现值法得出的结论应该是一致的。其计算公式如下：

$$等值年金 = \frac{NPV}{(P/A, i, n)}$$

在例 9-10 中，两个项目的等值年金可以分别计算：

$$A 项目的等值年金 = \frac{18\,450}{2.246} = 8\,214.6 \text{ 元}$$

$$B 项目的等值年金 = \frac{22\,155}{3.685} = 6\,012.21 \text{ 元}$$

通过计算，A 项目的等值年金比 B 项目大，所以公司应选用 A 项目。这一计算结果与最小公倍寿命法计算的结果是一致的。

从以上分析可以看出，对寿命期不等的互斥方案进行决策时，无论是采用最小公倍寿命法还是等值年金法，都是建立在项目现金流年限相等的基础上进行的，这体现了评价方法在时间上的可比性。等值年金法计算简单，故在寿命期不等的互斥方案比较中较为常用。

9.4.2 固定资产更新改造决策

1. 投资寿命期相等的更新决策——差额分析法

在新旧设备未来使用年限相同的情况下，分析时普遍使用的方法是差额分析法，用以计算两个方案（出售旧设备购置新设备和继续使用旧设备）的现金流量之差以及净现值差额。

如果净现值差额大于零，则购置新设备，否则继续使用旧设备。

【例 9-11】 尚铭股份有限公司 5 年前以 100 000 元的价格买了一台机器，预计使用寿命为 10 年，10 年后的残值为 10 000 元，直线法计提折旧。现在市场上有一种新机器，其性能及技术指标均优于原有设备。新机器价格为 140 000 元（包括安装费），使用寿命为 5 年。5 年内可以每年降低经营费用 50 000 元，5 年后无残值，直线法计提折旧。新机器投入后需增加净营运资本 11 000 元。

旧机器现在可以按 64 000 元出售，若公司所得税率为 25%，折现率为 15%。该公司现在是否应该更新设备？

对这一问题的分析有两种可能的结果：一是继续使用旧机器；二是买新机器并卖旧机器。这两个结果尚铭公司只能择其一，因此构成互斥方案。公司的资产更新实际上是这两个互斥方案的比较选择问题，以下分析它们的差额（增量）现金流量。

(1) 买新机器并卖旧机器所需投资支出：

购买新机器的费用 　　　　140 000 元

出售旧机器的市场价	64 000 元
出售旧机器增加	2 250 元 (64 000 − 55 000) × 25%
净营运资本增加额	11 000 元
初始现金流量差额	89 250 元

(2) 项目寿命期内营业现金净流量差额见表 9-5。

表 9-5　项目寿命期内营业现金净流量差额　　　　　单位: 元

项　目	第 1 年	第 2 年	第 3 年	第 4 年	第 5 年
税前经营成本节约	50 000	50 000	50 000	50 000	50 000
税后经营成本节约	37 500	37 500	37 500	37 500	37 500
新机器折旧额	30 000	30 000	30 000	30 000	30 000
旧机器折旧额	9 000	9 000	9 000	9 000	9 000
折旧差额	21 000	21 000	21 000	21 000	21 000
折旧税款节约	5 250	5 250	5 250	5 250	5 250
净营业现金流量差额	42 750	42 750	42 750	42 750	42 750

(3) 终结非营业现金净流量差额:

新机器预计净残值	0 元
旧机器预计净残值	10 000 元
净营运资本回收额	11 000 元
终结现金流量差额	100 元

公司使用新旧设备两互斥项目逐年现金净流量差额如表 9-6 所示。

表 9-6　新旧设备两互斥项目逐年现金净流量差额表　　　　　单位: 元

项　目	第 0 年	第 1 年	第 2 年	第 3 年	第 4 年	第 5 年
净现金流量差额	−89 250	42 750	42 750	42 750	42 750	44 750

当折现率为 15% 时, 利用表 9-6 中现金净流量数据, 可计算其更新的差额净现值如下:

$$NPV = -89\,250 + 42\,750 \times (P/A,\ 15\%,\ 4) + 44\,750 \times (P/F,\ 15\%,\ 5)$$
$$= -89\,250 + 42\,750 \times 2.855 + 44\,750 \times 0.497\,2$$
$$= 55\,050.95\ 元$$

由于净现值是正值, 说明资产更新比不更新的获利能力大, 应选择购买新设备, 出售旧设备的方案。

2. 投资寿命期不相等的更新决策——平均年成本法

固定资产的平均年成本, 是指该资产引起的现金流量的年平均值。如果不考虑货币时间价值, 它是未来使用年限内的现金流出总额与使用年限的比值。如果考虑货币的时间价值, 它是未来使用年限内现金流出总现值与年金现值系数的比值, 即平均每年的现金流出。

【例 9-12】 尚铭股份有限公司目前使用的设备是 4 年前购置的, 原始购价 20 000 元, 使用年限 10 年, 预计还可以使用 6 年, 每年付现成本 4 700 元, 期末残值 800 元。目前市场上有一种较为先进的设备, 价值 26 000 元, 预计使用 10 年, 每年付现成本 3 100 元,期末无残值。此时如果以新设备更换旧设备，旧设备可作价 8 000 元。公司要求的最低投资收益率为 14%，那么公司是继续使用旧设备，还是以新设备替代旧设备？（假设不考虑所得税因素）

计算过程如下：

如果不考虑货币的时间价值：

$$旧设备平均年成本 = \frac{8\,000 + 4\,700 \times 6 - 800}{6} = 5\,900\ 元$$

$$新设备平均年成本 = \frac{26\,000 + 3\,100 \times 10}{6} = 9\,500\ 元$$

如果考虑货币时间价值：

$$旧设备平均年成本 = \frac{8\,000 + 4\,700 \times (P/A,\ 14\%,\ 6) - 800 \times (P/F,\ 14\%,\ 6)}{(P/A,\ 14\%,\ 6)}$$

$$= \frac{8\,000 + 4\,700 \times 3.888\,7 - 800 \times 0.455\,6}{3.888\,7}$$

$$= 6\,663.51\ 元$$

$$新设备平均年成本 = \frac{26\,000 + 3\,200 \times (P/A,\ 14\%,\ 10)}{(P/A,\ 14\%,\ 10)}$$

$$= \frac{26\,000 + 3\,200 \times 5.216\,1}{5.216\,1}$$

$$= 8\,184.57\ 元$$

经计算可知，使用旧设备的年均成本现值比使用新设备年均成本现值低，故该公司应继续使用旧设备。

本章小结

长期投资决策又可称为资本投资决策，涉及企业一年以上的经营管理经济活动，企业将投入大量人力物力和财力，来获取报酬和持续收益。根据投资在企业生产过程中的作用，长期投资分为新建企业投资、简单再生产投资和扩大再生产投资。根据其对企业的影响程度可分为战略性投资和战术性投资等。长期投资项目设计的影响因素较多，评价长期投资决策的方法众多，主要包括投资回收期法和平均报酬率法，净现值法、获利指数法和内含报酬率法。

闯关考验

一、单项选择题

1. 某投资方案年营业收入为 10 000 元，年付现成本为 6 000 元，年折旧额为 2 000 元，所得税税率为 50%。该方案的 NCF 等于（　　）。

A. 2 000   B. 1 000

C. 3 000   D. 500

2. 某项投资方案在经济上认为是有利的，其净现值至少应该（   ）。

A. 等于 1   B. 大于零

C. 等于零   D. 小于零

3. 下列指标的计算中，没有直接利用净现金流量的是（   ）。

A. 内含报酬率   B. 投资利润率

C. 净现值率   D. 获利指数

4. 根据计算结果是否大于 1 来判断固定资产投资方案是否可行的指标是（   ）。

A. 平均报酬率   B. 净现值

C. 获利指数   D. 投资回收期

5. 获利指数与净现值比，其优点是（   ）。

A. 便于投资额相同的方案的比较

B. 便于投资额不同的方案的比较

C. 考虑了投资风险性

D. 考虑了资产时间价值

二、多项选择题

1. 下列几个因素中影响内含报酬率的有（   ）。

A. 投资项目的现金流量   B. 银行贷款利率

C. 企业要求的最低投资报酬率   D. 投资项目的有效年限

E. 银行存款利率

2. 下列项目中属于现金流入项目的有（   ）。

A. 营业收入   B. 建设投资

C. 回收流动资金   D. 经营成本节约额

E. 残值收入

3. 某公司拟在 2024 年初建一个生产车间用于某种新产品的开发，则与该投资项目相关的现金流量有（   ）。

A. 2022 年公司支付 5 万元的咨询费，请专家论证

B. 垫付的 25 万元的流动资金

C. 投产后每年创造销售收入 100 万元

D. 需购置新生产线，价值为 300 万元

E. 该生产线寿命期完结时的残值收入

4. 当一项长期投资方案的净现值大于零时，则可以说明（   ）。

A. 该方案贴现后现金流入大于贴现后现金流出

B. 该方案内含报酬率大于预定的贴现率

C. 该方案可以接受，应该投资

D. 该方案应拒绝，不能投资

E. 该方案现值指数大于零

5. 考虑折旧抵税而计算净现金流量的公式有（　　　）。

A. 净现金流量＝税后利润－折旧

B. 净现金流量＝收入－付现成本－所得税

C. 净现金流量＝税后收入－税后成本＋折旧

D. 净现金流量＝税后收入－税后成本＋折旧×所得税税率

E. 净现金流量＝收入×(1－所得税税率)－付现成本×(1－所得税税率)＋折旧×税率

知识拓展

扫描二维码获取《管理会计应用指引第 504 号——约束资源优化》。

考证对接

扫描二维码获取对接题目。

小尚寄语：

　　书籍是最好的朋友。当生活中遇到任何困难时，你都可以向它求助，它永远不会背弃你。

——都德

第 10 章
标 准 成 本 法

目标规划

学习目标: 了解标准成本法的含义和优缺点;理解标准成本的构成;掌握直接材料、直接人工、制造费用等标准成本制订及其差异的计算与分析;能够运用标准成本法进行成本控制。

技能目标: 能运用标准成本差异分析方法对不同成本项目进行差异分析,并进行相关的账务处理;能运用标准成本法进行成本分析和成本控制。

思维导图

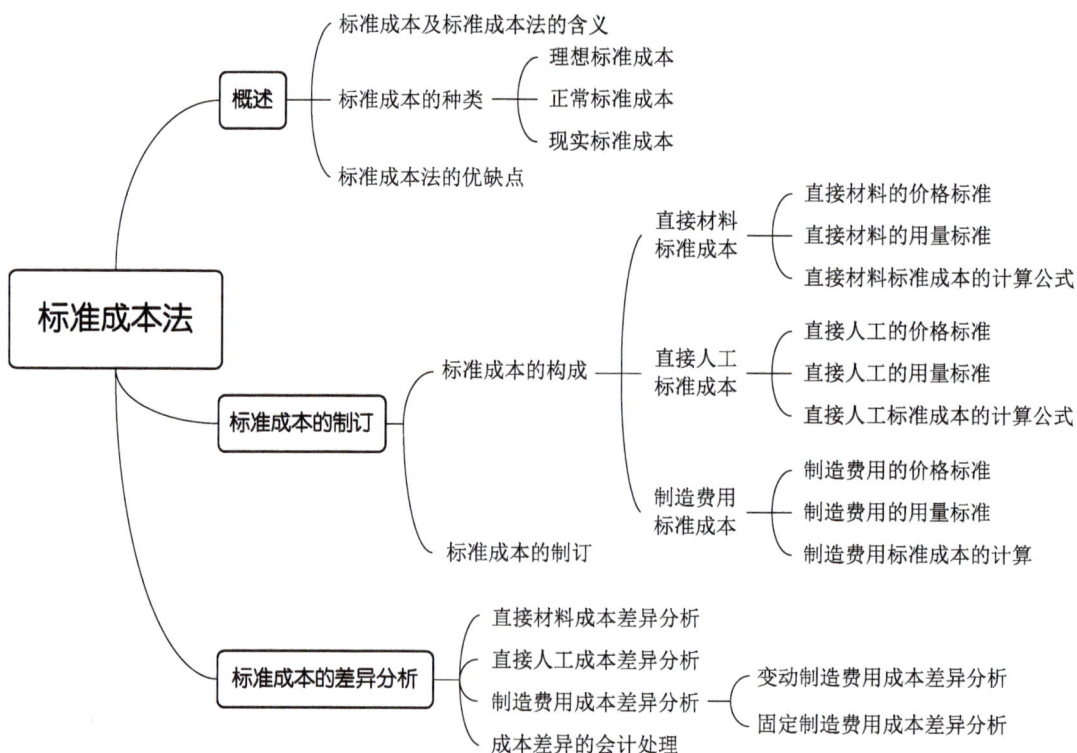

思政要点

标准成本控制是一个系统工程，在系统中要不断地寻求降低成本的方法和途径，就需要具备创新和改革的意识，不断提高自身的能力和水平。除此之外，成本控制系统中每个人都需要按照成本标准完成工作，都有自己的任务和责任，这是培养责任感和使命感的有效途径。

案例导入

北京博康艾馨科技集团有限公司成立于 2006 年，企业建立初期所经营的是以大健康为主要方向的老年产业，在十多年的发展中逐渐成为涉及各个领域的综合服务商业体，主要有养生、养老、旅游、互联网领域，涵盖大众生活各个方面。企业过去都是重视销售、生产、研发工作，对财务及管理工作方面重视程度不高。部门之间协调困难、责、权、利不统一、责任推诿、绩效考核无法有效落地、员工积极性差、成本意识低，公司的成本波动比较大。公司引入标准成本法后，首先建立成本控制中心，根据原材料成本准确估计产品的市场价格，增加产品市场的竞争优势，占据较大的市场份额，在降低生产成本的同时发挥员工专业技能的作用，提高整个车间的绩效，进而积极研究市场，寻求扩大销售规模的渠道，为公司带来更多的利润。

请思考： 北京博康艾馨科技集团有限公司如何通过建立标准成本从而提高员工的主观能动性，进而提高企业的经营业绩？

10.1　标准成本法概述

10.1.1　标准成本及标准成本法的含义

标准成本是指在正常的生产技术水平和有效的经营管理条件下，企业经过努力应达到的产品水平。标准成本是在预算过程中对产品或作业的未来成本的理性预期。

标准成本法是企业以预先制订的标准成本为基础，通过比较标准成本与实际成本，计算和分析成本差异、揭示成本差异动因，进而实施成本控制、评价经营业绩的一种成本管理方法。

10.1.2　标准成本的种类

在确定标准成本时，可以根据自身的技术条件和经营水平进行以下分类：

1. 理想标准成本

理想标准成本是指企业在最佳生产经营条件下，利用现有的规模和设备可达到的最低成本，根据理论上的生产要素耗用量、最理想的生产要素价格和可实现的最高生产经营能力利用程度制订。理想标准成本作为成本追求目标有一定的意义，但是由于距离实际成本差距较大，在实际生产过程中很难实现，因此在实际工作中很少被采用。

2. 正常标准成本

正常标准成本也称为基本标准成本，是指企业在正常生产经营条件下应达到的成本水平，根据正常要素消耗量、正常价格和正常生产经营利用程度制订。正常标准成本以过去若干年的平均成本为基础制订，其水平偏低，实际工作中一般不采用。

3. 现实标准成本

现实标准成本是指企业在现有生产经营条件下应达到的成本水平，根据现在所采用的要素消耗量、价格水平和生产经营利用程度制订。现实标准成本需要根据现实情况不断修改，与实际成本最接近，在现实生活中被广泛使用。

10.1.3 标准成本法的优缺点

标准成本法作为成本系统主要包括三方面的内容：一是事前明确成本标准，制订标准成本；二是事中比较实际成本与标准成本，计算成本差异，分析差异形成的原因并对其采取相应措施；三是事后对成本差异进行账务处理，并将标准成本与成本差异进行调整最终确定产品的实际成本。

标准成本法的主要优点在于：一是能及时反馈各成本项目的数量差异和价格差异，有利于考核相关部门及人员的业绩；二是标准成本的制订及其差异和动因的信息可以使企业预算的编制更为科学和可行，有助于企业的经营决策。

标准成本法的主要缺点在于：一是使用标准成本法的企业要处于比较稳定的外部市场经营环境，并且市场对产品的需求相对平稳，在使用条件上存在一定的局限性；二是对企业管理水平要求较高，系统维护成本较高；三是标准成本需要根据市场价格波动频繁更新，如不及时更新会导致成本差异可能缺乏时效性，降低成本控制效果。

10.2 标准成本的制订

标准成本的制订需要企业成立专门机构，由采购、生产、研发、销售、财务、人事等有关部门，采用"自上而下"或"自下而上"的模式，经由企业管理层审核批准后，制订出产品的标准成本。

10.2.1 标准成本的构成

标准成本一般由直接材料、直接人工和制造费用三个成本项目组成。由于每个成本项目的特点不同，在制订标准成本时应根据成本特点分别制订。制订标准成本时，一般首先确定直接材料和直接人工的标准成本；其次确定制造费用的标准成本；最后确定单位产品的标准成本。各个成本项目的标准成本通常都是由价格标准和用量标准两个因素决定的，两个因素相乘就是相应成本项目的标准成本。标准成本构成如表 10-1 所示。

表 10-1　标准成本构成

成本项目	用量标准	价格标准
直接材料	单位产品材料消耗量	原材料价格
直接人工	单位产品直接人工工时	工资率
制造费用	单位产品人工工时 / 机器工时	标准分配率

1. 直接材料标准成本

1) 直接材料的价格标准

材料价格标准通常是由财务部门和采购部门协商制订的，是以订货合同中的合同价格为基础，考虑未来各种变动因素所确定的购买材料应当支付的价格，即标准单价。它一般包括材料买价、运杂费、检验费和正常损耗等成本。

2) 直接材料的用量标准

直接材料的用量标准主要由工艺部门和生产部门制订，是企业现有生产技术条件下，生产单位产品应当耗用的原料及主要材料数量，通常也称为材料消耗定额。它一般包括构成产品实体应耗用的材料数量、生产中的必要消耗，以及不可避免的废品损失中的消耗等。

3) 直接材料标准成本的计算公式

当材料价格标准和用量标准确定之后，可利用下面公式计算单位产品耗用的直接材料的标准成本：

单位产品直接材料标准成本 = 该材料的价格标准 × 该材料的用量标准

【例 10-1】 尚铭股份有限公司生产 A 产品的主要原材料的耗用量标准和价格标准如表 10-2 所示。

表 10-2　原材料耗用量标准和价格标准

标　准	材　料　甲
单位产品用量标注	
主要材料耗用量	15 千克
辅助材料耗用量	4 千克
必要损耗量	1 千克
价格标准	
发票价格	8 元 / 千克
检验费	2 元 / 千克
正常损耗	2 元 / 千克

要求：计算该产品的直接材料标准成本。

计算过程如下：

$$A 产品单位材料耗用量 = 15 + 4 + 1 = 20 千克$$
$$A 产品材料标准价格 = 8 + 2 + 2 = 12 元 / 千克$$
$$A 产品材料标准成本 = 20 × 12 = 240 元$$

2. 直接人工标准成本

1) 直接人工的价格标准

直接人工的价格标准称为直接人工工资率标准或标准工资率，通常由企业人力资源部门依据工种、操作工人技术等级以及所在车间等情况分别制订，包括员工的基本工资及规定的附加内容。当企业采用计件工资制时，标准工资率就是单位产品应支付的计件单价；当采用计时工资制时，标准工资率就是每一标准工时应分配的工资。

2) 直接人工的用量标准

直接人工的用量标准称为直接人工工时标准，单位产品的工时定额一般由企业的工程技术部门制订。它包括直接加工工时、工人必要的休息时间、机器停工以及不可避免地形成废品所耗用的时间。

3) 直接人工标准成本的计算公式

直接人工标准成本的计算公式如下：

$$单位产品直接人工标准成本 = 单位小时工资率标准 × 单位产品工时标准$$

【例 10-2】 尚铭股份有限公司生产 A 产品的直接人工标准成本计算如表 10-3 所示。

表 10-3　直接人工标准成本计算表

项　目	标　准
标准工资率	10 元 / 小时
单位产品工时	
理想作业时间	8 小时
调整设备时间	2 小时
工间休息	1 小时
单位产品工时合计	11 小时
单位直接人工标准成本	110 元 / 件

要求：计算该产品的直接人工标准成本。

$$A 产品单位产品工时 = 8 + 2 + 1 = 11 小时$$
$$A 产品直接人工标准成本 = 10 × 11 = 110 元$$

3. 制造费用标准成本

1) 制造费用的价格标准

制造费用的价格标准称为制造费用分配率标准，通常是制造费用预算除以预算的标准工时的商。制造费用按成本性态分类，分为固定制造费用和变动制造费用。制造费用分配率标准如下：

$$制造费用分配率标准 = \frac{制造费用总额}{预算的标准总工时}$$

$$= \frac{变动制造费用+固定制造费用}{预算的标准总工时}$$

$$= 变动制造费用分配率+固定制造费用分配率$$

2) 制造费用的用量标准

制造费用的用量标准称为工时用量标准，制造费用工时标准一般可套用直接人工工时标准。

3) 制造费用标准成本的计算

制造费用标准成本的制订通常分变动制造费用和固定制造费用两部分。

【例10-3】 尚铭股份有限公司生产A产品的制造费用标准成本计算如表10-4所示。

表10-4 制造费用标准成本计算表

项 目	标 准
月标准总工时(①)	25 000 小时
变动制造费用预算总额(②)	200 000 元
变动制造费用标准分配率(③=②÷①)	8 元/小时
单位产品工时标准(④)	11 小时
变动制造费用标准成本(⑤=③×④)	88 元
固定制造费用预算总额(⑥)	700 000 元
固定制造费用标准分配率(⑦=⑥÷①)	28 元/小时
固定制造费用标准成本(⑧=④×⑦)	308 元
单位制造费用标准成本(⑨=⑤+⑧)	396 元

10.2.2 标准成本的制订

产品成本中直接材料、直接人工、制造费用标准成本确定以后，就可以编制该产品的标准成本单。

【例10-4】 汇总尚铭股份有限公司产品的标准成本，如表10-5所示。

表10-5 产品标准成本单

成本项目	价格标准	用量标准	标准成本
直接材料	12 元/千克	20 千克	240 元
直接人工	10 元/小时	11 小时	110 元
变动制造费用	8 元/小时	11 小时	88 元
固定制造费用	28 元/小时	11 小时	308 元
单位产品标准成本	—	—	746 元

产品的标准成本可以作为成本控制的手段，如果相关标准发生重大变化，要进行相应的调整。一般情况下，标准成本制订后，一年内不进行修订，以便更好地发挥标准成本的控制作用。

10.3　标准成本的差异分析

标准成本的差异分析是对企业一定时期内发生的实际成本与标准成本之间差异产生的原因进行分析，它和预算都可以作为企业规划与控制的重要手段。完整的标准成本差异分析包括三个步骤：第一步，计算差异的数额并分析其类型；第二步，寻找差异产生的具体原因；第三步，明确责任，采取积极措施改进成本控制。

标准成本差异有两种：一种是不利差异 (F)，即实际成本大于标准成本产生的差异，这种差异就是成本的超支数额；另一种是有利差异 (U)，即实际成本小于标准成本产生的差异，这种差异是成本的节约数额。

基于成本性态分类，标准成本的差异分析可分为变动成本差异分析和固定成本差异分析两部分。变动成本差异分析包括对直接材料成本差异、直接人工成本差异和变动制造费用成本差异的分析。固定成本差异分析即固定制造费用差异分析。

在标准成本制订的过程中，任何一项费用的标准成本都是由价格标准和用量标准这两个因素决定的。因此，标准成本差异分析就应该从价格差异和用量差异两方面进行分析。标准成本差异公式如下：

$$总成本差异 = 实际成本 - 标准成本$$
$$= 实际价格 \times 实际用量 - 标准价格 \times 标准用量$$
$$价格差异 = 实际价格 \times 实际用量 - 标准价格 \times 实际用量$$
$$= (实际价格 - 标准价格) \times 实际用量$$
$$用量差异 = 标准价格 \times 实际用量 - 标准价格 \times 标准用量$$
$$= 标准价格 \times (实际用量 - 标准用量)$$

10.3.1　直接材料成本差异分析

直接材料成本差异，是指直接材料的实际成本与标准成本之间的差异，该差异还可以进一步分解为直接材料价格差异和直接材料用量差异。直接材料的价格差异是由直接材料的实际价格脱离标准价格导致的；直接材料的用量差异是由实际耗用量脱离标准耗用量导致的。其计算公式如下：

$$直接材料成本差异 = 实际材料总成本 - 实际产量下的材料标准成本$$
$$直接材料价格差异 = 实际价格 \times 实际用量 - 标准价格 \times 实际用量$$
$$= (实际价格 - 标准价格) \times 实际用量$$

直接材料用量差异 = 实际用量 × 标准价格 − 标准用量 × 标准价格

= (实际用量 − 标准用量) × 标准价格

【例 10-5】 续前例 10-1，生产 A 产品所用的甲材料实际耗用为 7 500 千克，实际产量为 350 件，原材料实际价格为每千克 14 元。直接材料成本差异计算如下：

直接材料成本差异 = 实际成本 − 标准成本

= 14 × 7 500 − 12 × 20 × 350 = 21 000 元

直接材料价格差异 = (14 − 12) × 7 500 = 15 000 元

直接材料用量差异 = (7 500 − 20 × 350) × 12 = 6 000 元

直接材料总差异 = 15 000 + 6 000 = 21 000 元

例 10-5 中计算表明，直接材料成本总差异为不利差异 21 000 元，即实际成本比标准成本多出 21 000 元，其中价格差异为不利差异 15 000 元，用量差异也为不利差异 6 000 元。

造成直接材料的价格差异的原因既有可控因素也有不可控因素，例如，由于采购批量、供应商的选择、运输工具等原因导致的价格差异是采购部门可以控制的；而由于通货膨胀、经济危机等原因导致的价格差异是采购部门无法控制的。因此，要具体查明产生差异的原因，明确责任。

造成直接材料的用量差异的原因也是多种多样的，例如，产品设计结构、工人的技术熟练程度、生产设备的有效利用程度等。但有时多用料并非生产部门的责任，如原料质量差、工艺变更等原因造成用料增加。因此，要具体调查差异原因，明确责任归属。

10.3.2 直接人工成本差异分析

直接人工成本差异，是指直接人工实际成本与标准成本的差异。它可以分为直接人工工资率差异 (价格差异) 和直接人工效率差异 (用量差异) 两部分。直接人工工资率差异是由实际工资率脱离标准工资率引起的；直接人工效率差异是由实际工时脱离标准工时引起的。其计算公式如下：

直接人工总成本差异 = 实际人工成本 − 实际产量下的人工标准成本

直接人工工资率差异 = 实际工资率 × 实际工时 − 标准工资率 × 实际工时

= (实际工资率 − 标准工资率) × 实际工时

直接人工效率差异 = 实际工时 × 标准工资率 − 标准工时 × 标准工资率

= (实际工时 − 标准工时) × 标准工资率

【例 10-6】 续前例 10-2，尚铭股份有限公司用于生产的实际工时为 4 000 小时，实际每小时工资率为 8 元，实际产量为 350 件。直接人工成本差异计算如下：

直接人工工资率差异 = (8 − 10) × 4 000 = −8 000 元

直接人工效率差异 = (4 000 − 11 × 350) × 10 = 1 500 元

直接人工总成本差异 = −8 000 + 1 500 = −6 500 元

直接人工总成本差异 = 实际成本 − 标准成本

= 4 000 × 8 − 350 × 11 × 10

= −6 500 元

10.3.3　制造费用成本差异分析

在分析制造费用成本差异时，按照变动制造费用和固定制造费用分别计算成本差异。变动制造费用一般和需要工时体现的产量成正比，如果生产产品的工时与预计数发生差异，变动制造费用肯定也将发生差异。而固定制造费用属于期间费用，与该期间的产量及工时的多少没有直接关系。因此，在分析两类制造费用差异时，使用的方法是不同的。

1. 变动制造费用成本差异分析

变动制造费用差异是实际变动制造费用与标准变动制造费用之间的差额。它可以分为耗费差异（价差）和效率差异（量差）两部分。变动制造费用耗费差异是变动制造费用分配率差异，是由变动制造费用实际分配率脱离标准分配率引起的；变动制造费用效率差异是由实际耗用的工时脱离标准应耗工时引起的。其计算公式如下：

变动制造费用差异 = 实际成本 − 实际产量下的标准成本

变动制造费用耗费差异 = 变动制造费用实际分配率 × 实际工时 −
变动制造费用标准分配率 × 实际工时
= （变动制造费用实际分配率 − 变动制造费用标准分配率）×
实际工时

变动制造费用效率差异 = 实际工时 × 变动制造费用标准分配率 − 标准工时 ×
变动制造费用标准分配率
= （实际工时 − 标准工时）× 变动制造费用标准分配率

【例 10-7】　尚铭股份有限公司用于生产的实际工时为 650 小时，耗用变动制造费用的实际分配率为 7.5 元 / 小时，实际产量为 350 件。每件产品的变动制造费用标准成本为 14 元，即每件产品标准工时为 2 小时，变动制造费用标准分配率为 7 元 / 小时。变动制造费用差异计算如下：

$$变动制造费用耗费差异 = (7.5 − 7) × 650 = 325 \ 元$$
$$变动制造费用效率差异 = (650 − 2 × 350) × 7 = −350 \ 元$$
$$变动制造费用差异 = 325 − 350 = −25 \ 元$$
$$变动制造费用差异 = 实际成本 − 标准成本$$
$$= 650 × 7.5 − 2 × 7 × 350$$
$$= −25 \ 元$$

例 10-7 计算表明，变动制造费用差异为有利差异 25 元，是由变动制造费用耗费的不利差异 325 元和变动制造费用效率的有利差异 350 元引起的。

变动制造费用耗费差异的产生实际上既有价格差异的因素，又有耗用量差异的因素。实际工作中，对变动制造费用耗费差异的控制一般都是针对各费用的耗用数量差异的控制。

变动制造费用效率差异与直接人工效率差异的形成原因相同。

2. 固定制造费用成本差异分析

固定制造费用在相关范围内，不随业务量的变化而变化，成本总额保持相对稳定。它与企业生产规模的大小、时间的长短有关。固定制造费用差异是固定制造费用实际发生额与实际用量下标准数额之间的差异。对固定制造费用差异的分析可采用两种方法，即"二因素分析法"和"三因素分析法"。

二因素分析法是指将固定制造费用差异分解为预算差异和能量差异两部分的方法。其计算公式如下：

固定制造费用预算差异＝固定制造费用实际发生额－固定制造费用预算额

固定制造费用能量差异＝(预算产量下的标准工时－实际产量下的标准工时) ×
固定制造费用标准分配率

三因素分析法是将固定制造费用成本差异分解为预算差异、生产能力利用差异和效率差异三部分的方法。它是将二因素分析法下的能量差异进一步划分为生产能力利用差异和效率差异。其计算公式如下：

固定制造费用预算差异＝固定制造费用实际发生额－固定制造费用预算额

固定制造费用生产能力利用差异＝(预算产量下的标准工时－实际产量下的实际工时) ×
固定制造费用标准分配率

固定制造费用效率差异＝(实际产量下的实际工时－实际产量下的标准工时) ×
固定制造费用标准分配率

【例 10-8】　尚铭股份有限公司生产的产品应负担的固定制造费用预算总额为 16 000 元，预算产量为 360 件，固定制造费用实际发生额为 16 050 元，单位产品的实际工时为 2.1 小时，实际产量为 350 件。每件产品固定制造费用标准成本为 46 元 / 件，即每件产品标准工时为 2 小时，固定制造费用标准分配率为 23 元 / 小时。固定制造费用差异计算如下：

二因素分析法下：

固定制造费用预算差异＝16 050 － 16 000 ＝ 50 元

固定制造费用能量差异＝(360 × 2 － 350 × 2) × 23 ＝ 460 元

固定制造费用总成本差异＝50 ＋ 460 ＝ 510 元

三因素分析法下：

固定制造费用预算差异＝16 050 － 16 000 ＝ 50 元

固定制造费用生产能力利用差异＝(360 × 2 － 350 × 2.1) × 23 ＝ －345 元

固定制造费用效率差异＝(350 × 2.1 － 350 × 2) × 23 ＝ 805 元

固定制造费用总成本差异＝50 － 345 ＋ 805 ＝ 510 元

例 10-8 计算表明，三因素分析法中的生产能力利用差异和效率差异之和等于二因素分析法中的能量差异。分析固定制造费用差异时，必须结合企业实际，逐项分析形成这些差异的具体原因。导致固定制造费用预算差异的因素主要有管理人员工资及职工福利费的调整、折旧方法的改变和修理费用的变化等。导致固定制造费用能量差异 (生产能力利用差异和效率差异) 的主要因素有机械发生故障、能源短缺、设备利用程度不高、材料供应存在问题和市场销路的变化等。

10.3.4　成本差异的会计处理

标准成本系统的账务处理需要同时提供标准成本、成本差异和实际成本三项成本资料。标准成本系统的账务处理具有以下特点：

1.“原材料”“生产成本”和“产成品”账户登记标准成本

无论是借方和贷方均登记实际数量的标准成本，其余额亦反映这些资产的标准成本。

2. 设置成本差异账户分别记录各种成本差异

在需要登记“原材料”“生产成本”和“产成品”账户时，应将实际成本分离为标准成本和有关的成本差异，标准成本数据记录“原材料”“生产成本”和“产成品”账户，而有关的差异分别记入各成本差异账户。各差异账户借方登记超支差异，贷方登记节约差异。

3. 各会计期末对成本差异进行处理

各成本差异账户的累计发生额，反映了本期成本控制的业绩。在月末（或年末）对成本差异的处理方法有结转本期损益法和调整销货成本与存货法两种。

1) 结转本期损益法

按照这种方法，在会计期末将所有差异转入“本年利润”账户，或者先将差异转入“主营业务成本”账户，再随同已销产品的标准成本一起转至“本年利润”账户。采用这种方法的依据是确信标准成本是真正的正常成本，成本差异是不正常的低效率和浪费造成的，应当直接体现在本期损益之中，使利润能体现本期工作成绩的好坏。此外，这种方法的账务处理比较简便。但是，如果差异数额较大或者标准成本制订得不符合实际的正常水平，则不仅使存货成本严重脱离实际成本，而且会歪曲本期经营成果，因此，在成本差异数额不大时采用此种方法为宜。

2) 调整销货成本与存货法

按照这种方法，在会计期末将成本差异按比例分配至已销产品成本和存货成本。采用这种方法的依据是税法和会计制度均要求以实际成本反映存货成本和销货成本。本期发生的成本差异，应由存货和销货成本共同负担。当然，这种做法会增加一些计算分配的工作量。此外，有些费用计入存货成本不一定合理，例如，闲置能量差异是一种损失，并不能在未来换取收益，作为资产计入存货成本明显不合理，不如作为期间费用在当期参加损益汇总。

成本差异的处理方法选择要考虑许多因素，包括差异的类型（材料、人工或制造费用）、差异的大小、差异的原因、差异的时间（如季节性变动引起的非常性差异）等。因此，可以对各种成本差异采用不同的处理方法，如材料价格差异多采用调整销货成本与存货法，闲置能量差异多采用结转本期损益法，其他差异则可因企业具体情况而定。值得强调的是，差异处理的方法要保持历史的一致性，以便使成本数据保持可比性，并防止信息使用人发生误解。

本章小结

成本管理在企业生产经营活动中发挥着重要作用，直接关系到企业的竞争、生存和发展。标准成本系统是成本管理的重要方法之一，是围绕标准成本相关指标设计的一套成本管理系统，包括标准成本的制订，成本差异的计算、分析和处理。标准成本是一种经过实际调查、全面分析与技术测定而制订的用来评价实际成本、衡量工作效率的预计目标成本。产品的标准成本按照直接材料、直接人工和制造费用三个项目分别制订。每个标准成本项目都由价格标准和用量标准构成。实际成本与标准成本之间的差异就是标准成本差异。直接材料、直接人工和变动制造费用的标准成本差异均可以分解为价格差异和用量差异，固定制造费用的标准成本差异可以分解为耗费差异和能量差异，而能量差异又进一步分为生产能力利用差异和效率差异。为了实现成本管理的目的，需要分析这些差异产生的具体原因和责任归属，及时采取措施进行纠正。

闯关考验

一、单项选择题

1. 下列情况中，需要对基本标准成本进行修订的是（ ）。
A. 市场供求关系导致的售价变化　　B. 重要原材料的价格发生重大变化
C. 生产经营能力利用程度的变化　　D. 工作方法改变引起的效率变化

2. 在实际工作中，应用最为广泛的标准成本为（ ）。
A. 基本标准成本　　　　　　　　　B. 现实标准成本
C. 理想标准成本　　　　　　　　　D. 定额成本

3. 无论是哪个成本项目，在制订标准成本时，都需要分别确定两个标准，两者相乘即为每个项目的标准成本，这两个标准是（ ）。
A. 价格标准和质量标准　　　　　　B. 历史标准和用量标准
C. 历史标准和质量标准　　　　　　D. 价格标准和用量标准

4. 某公司正在为甲产品制订标准成本，加工一件甲产品需要的必不可少的加工操作时间为27小时，设备调整时间为1小时，必要的工间休息为3.5小时，正常的废品率为10%。甲产品的直接人工标准工时是（ ）小时。
A. 28.35　　　　　　　　　　　　B. 30
C. 35　　　　　　　　　　　　　 D. 24.3

5. 在进行直接人工成本差异分析时，若已知直接人工差异总额为不利差异3 000元，工资率差异为有利差异200元，则人工效率差异是（ ）元。
A. 不利差异3 200　　　　　　　　B. 不利差异2 800
C. 有利差异3 200　　　　　　　　D. 有利差异2 800

6. 若人工效率差异为6 400元，标准工资率为20元/小时，变动制造费用的标准分配率为12元/小时，则变动制造费用的效率差异为（ ）。
A. 106 667元　　　　　　　　　　B. 3 840元
C. 3 500元　　　　　　　　　　　D. 3 260元

7. 固定制造费用成本差异是（ ）之间的差。
A. 实际产量下的实际固定制造费用与标准固定制造费用
B. 预算产量下的实际固定制造费用与标准固定制造费用
C. 实际产量下的实际固定制造费用与预算产量下的标准固定制造费用
D. 预算产量下的实际固定制造费用与实际产量下的标准固定制造费用

8. 固定制造费用的能量差异进一步分为（ ）。
A. 闲置能量差异和耗费差异　　　　B. 能量差异和效率差异
C. 闲置能量差异和效率差异　　　　D. 以上任何两种差异

9. 反映由于直接材料、直接人工和变动制造费用等要素的实际价格水平与标准价格不一致而产生的成本差异叫 (　　　)。

A. 价格差异　　　B. 数量差异　　　C. 能力差异　　　D. 能量差异

10. 成本差异按照是否可以控制分为 (　　　)。

A. 有利差异和不利差异　　　　　B. 可控差异和不可控差异

C. 能力差异和效率差异　　　　　D. 用量差异和价格差异

二、多项选择题

1. 构成直接材料成本差异的基本因素有 (　　　)。

A. 效率差异　　　B. 耗用差异　　　C. 用量差异　　　D. 价格差异

2. 制造费用的工时标准，通常可采用 (　　　)。

A. 直接人工工时　　　　　　　B. 定额工时

C. 标准工时　　　　　　　　　D. 计划工时

3. 成本差异按成本的构成内容可以分为 (　　　)。

A. 直接材料成本差异　　　　　B. 直接人工成本差异

C. 制造费用差异　　　　　　　D. 数量差异

4. 下列标准成本差异中，通常由生产部门负责的有 (　　　)。

A. 材料用量差异　　　　　　　B. 材料价格差异

C. 人工效率差异　　　　　　　D. 固定制造费用效率差异

5. 产生材料价格差异的原因，可能会有 (　　　)。

A. 进料数量未按经济订货量办理　B. 购入低价材料

C. 发生退货　　　　　　　　　D. 增加运输途中耗费

6. 影响人工效率的因素包括 (　　　)。

A. 材料质量　　　　　　　　　B. 材料价格

C. 生产设备状况　　　　　　　D. 生产工艺

7. 在制订直接人工标准成本时，单位成本标准工时包括的内容有 (　　　)。

A. 对产品直接加工的时间　　　B. 必要的停工时间

C. 可避免废品所耗用的时间　　D. 不可避免废品所耗用的时间

三、计算题

1. 某公司生产甲产品，有关资料如下：

(1) 单位甲产品耗用 8 千克 A 材料和 20 千克 B 材料。每千克 A 材料标准价格为 30 元，每千克 B 材料标准价格为 25 元。

(2) 单位甲产品标准工时为 10 小时，直接人工标准工资率为 20 元 / 小时。

(3) 变动制造费用预算数为 14 000 元，固定制造费用预算数为 15 500 元。标准总工时为 2 000 小时。

要求：计算甲产品的标准成本。

2. 某公司甲产品的标准成本资料如表 10-6 所示。

预算产量 200 件，本月实际产量 180 件，实际耗用材料 1 700 千克，实际人工工时 3 500 小时。实际成本总额 179 600 元，其中直接材料 81 600 元、直接人工 56 000 元、变动制造费用 26 250 元、固定制造费用 15 750 元。制造费用均按人工工时分配。

表 10-6　甲产品标准成本单

项　目	作业成本	甲耗用作业量	乙耗用作业量
直接材料	45 元 / 千克	10 千克 / 件	450 元 / 件
直接人工	15 元 / 小时	20 小时 / 件	300 元 / 件
变动制造费用	6 元 / 小时	20 小时 / 件	120 元 / 件
固定制造费用	5 元 / 小时	20 小时 / 件	100 元 / 件
合计			

要求：

(1) 计算甲产品本月成本差异总额。

(2) 计算直接材料价格差异和用量差异。

(3) 计算直接人工工资率差异和效率差异。

(4) 计算变动制造费用耗费差异和效率差异。

(5) 采用二因素分析法计算固定制造费用差异。

(6) 采用三因素分析法计算固定制造费用差异。

知识拓展

扫描二维码获取《管理会计应用指引第 302 号——标准成本法》。

考证对接

扫描二维码获取对接题目。

小尚寄语：

经营者就是资源优化配置者，谁在这方面做得好，谁就是赢家。因为改革就是优化资源再分配，最大程度地发挥资源优势。

——鲁冠球

第 11 章
作 业 成 本 法

▼

目标规划

学习目标：了解作业成本系统、成本动因以及作业成本法的应用；描述作业成本法的基本流程；使用作业成本法进行成本信息管理。

技能目标：能够利用作业成本法确定产品成本；掌握作业成本法的分析模型。

思维导图

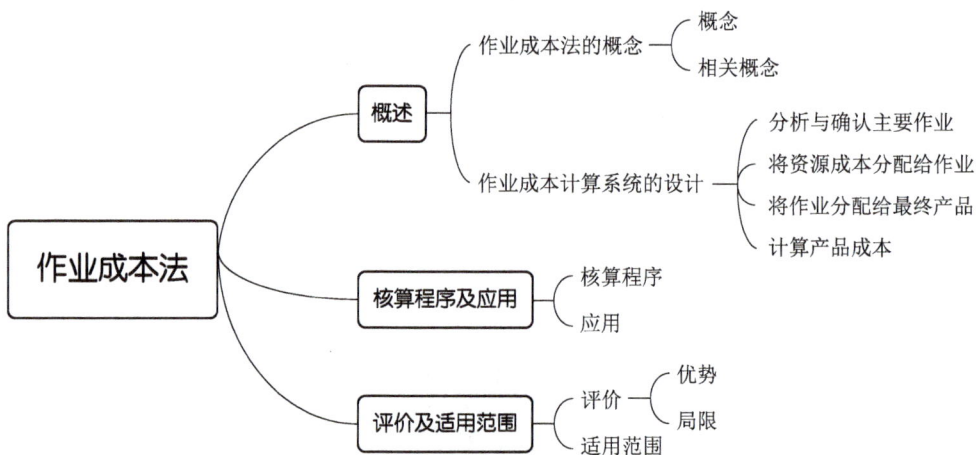

思政要点

作业成本法是一种管理方法，它通过计算完成一项任务所需的成本，来评估任务的价值和优先级。人们可以通过作业成本法的原理统筹规划日常工作和学习。员工可以通过作业成本法来评估每项工作的重要性和紧急程度。他们可以将每项工作的成本分为时间成本、精力成本和心理成本等方面，然后根据这些成本来确定每项工作的优先级。这样，可以更好地安排自己的工作时间，避免在非主要的工作上浪费太多时间和精力。学生使用作业成本法可以更好地管理自己的学习进度。学生可以将每项学习分为不同的阶段，如预习阶段、研究阶段、巩固阶段、提升阶段等，然后根据每个阶段所耗费的时间成本、物质成本等来制订一个详细的计划，以确保自己能够按时完成每个阶段的任务，这样就可以更好地掌控自己的学习进度，有效学习。

案例导入

　　化工制冷剂行业在这几年很繁荣，吸引了众多新企业纷纷加入，迫使原有企业不断扩大规模，而制冷剂行业整体市场增长空间有限，从而出现了市场严重供大于求的局面。由于制冷剂产品差异化程度低，企业间竞争激烈，行业大多数企业处于亏损或是盈亏边缘。为了在市场竞争中获得竞争优势，索特化工制冷剂公司在经营战略中力推成本领先战略，准确核算产成品灌装环节不同规格产品成本对于公司产品成本控制意义重大，在成本核算方法上转而采用作业成本法。作业成本法的实施让索特公司对小包装贡献边际有了新的认知。小包装报价高于其他包装，但是作业成本法核算的小包装成本明显高于按产量分配的小包装灌装成本，小包装需要投入更多的人工，消耗更多的易耗品成本，包装规格的不合格处理费用更多、物流配送费用同样偏高。索特公司改变过去采用降价推销小包装的策略，与客户洽谈并让利客户，使客户的需求由小包装改为相对大包装，进而减少了配送批次，降低了各环节成本，最终实现双赢。索特公司根据作业成本法分析结果，细化落实成本管控责任，或成立项目组推进，或落实具体部门、人员，严格控制成本费用，有力地推动了低成本战略的实施。

　　请思考： 索特制冷剂公司是如何发现小包装成本秘密，从而实现公司低成本战略的？

11.1 作业成本概述

11.1.1　作业成本法的概念

　　作业成本法起源于 20 世纪 80 年代的西方制造业企业，随着第三次技术革命的开始，新技术、新方法广泛应用，传统制造业由劳动密集型向技术密集型转变。在传统的劳动密集型产业中，直接人工成本占比在 40%～50%，作为间接成本的制造费用占比在 10%，在传统的成本核算方法中间接费用主要以工时作为分配标准，这和当时的生产力和生产技术水平是相适应的。但是，随着科技尤其是数字技术的发展，制造费用在产品成本中所占比例大幅度提高，再按照工时作为分配标准已经不合时宜，而将作业作为间接费用分配标准的作业成本法应运而生。

　　2013 年 8 月，中华人民共和国财政部颁布《企业产品成本核算制度（试行）》，自此作业成本法被我国政府认可，成为制度允许的一种产品成本核算方法。此法与传统成本核算方法不同，它深入作业层面，通过建立作业中心核算产品成本。

1. 作业成本法的概念

作业成本法是指以作业为中间桥梁，以作业中心作为间接费用归集和分配的对象，结合直接费用计算产品成本的一种成本核算方法。早期的作业成本法仅仅探讨如何深入作业层面核算产品成本问题，但发展中的作业成本法实际上已将其触角延伸到损益层面，探讨如何从满足内部管理角度核算税前利润问题，也就是说作业成本法不仅是一种产品成本核算方法，也是一种损益核算方法。

在作业成本法下，直接材料、直接人工及其他直接成本均与传统成本计算方法相同，可以直接计入有关产品成本，而间接费用则合理分配到作业，然后再根据作业和成本之间的关系将作业成本分配到有关产品。作业成本法遵循两条基本原则：一是作业消耗资源，产品消耗作业；二是生产导致作业的产生，作业导致成本的产生。具体而言，作业成本计算法以作业为核心，以资源流动为线索，依据不同的成本动因分别设置成本库，将间接费用按作业成本库进行归集，再分别以各成本对象所耗用的作业量分摊其在该成本库中的作业成本，然后分别汇总各成本对象的作业成本，计算出它们的总成本和单位成本。由此可见，作业成本计算法的着眼点在作业上，以作业为核算中心，先根据资源的耗费情况将资源的成本追溯到作业，再将作业依据成本动因，分配到成本对象中去，由此而得出最终产品成本，如图 11-1 所示。

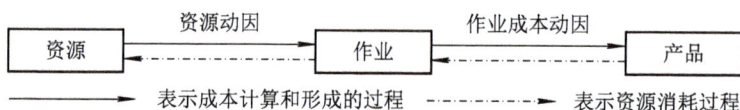

图 11-1　作业成本原理

2. 作业成本法的相关概念

1) 作业

作业是指企业生产经营过程中各项独立并相互联系的最基本的活动。作业贯穿产品生产经营的全过程，从产品设计开始，经过物料供应、生产工艺的各个环节，直至产品的发运销售。在这一过程中，每个环节、每道工序的基本活动都可以视为一项作业，如产品设计、订单处理、采购、储存等。

2) 资源

资源是指企业生产经营过程中，初始形态上的各种劳动耗费。它是作业成本、费用的来源，也可以视为一定期间内为了生产产品或提供服务而发生的各类成本、费用的具体项目耗费，或者是作业执行过程中需要花费的代价。企业的资源可能包括时间、材料、占地面积、设备、技术和其他有价值的物力。通常在企业财务部门编制的预算中可以比较清楚地得到各种资源项目的耗费值。例如，发出订单是采购部门的一项作业，那么相应办公场地的折旧、采购人员的工资、电话费、办公费等都是订货作业的资源耗费。制造行业中典型的资源项目一般有原材料、辅助材料、燃料和动力费用、工资及福利费、折旧、办公费、修理费、运输费等。

3) 成本

成本是指由作业引发的资源消耗。作业成本法下的成本与传统成本最大的不同在于明确了消耗的对象。对每一个企业而言，各类资源是有限的，明确消耗对象的目的是计量资源耗费的水平，而不仅仅强调支出水平的增减变动情况。这种界定有助于管理人员分析资源的利用状况，也有助于管理人员做出正确决策。

4) 成本动因

成本动因的发生会导致资源的耗费以及产品成本的形成，它是资源或作业成本分配的标志。成本动因具有隐蔽性，它深藏在成本发生的过程中而不易被识别，凡成本动因必须与资源或成本的发生具有相关性，另外成本动因本身还应具有可计量性。

成本动因根据其在作业成本核算中体现的分配性质不同，可以进一步分为资源动因和作业动因两类。

(1) 资源动因。

资源动因是指由于作业发生导致资源消耗的原因。它反映作业量与资源耗费之间的因果关系。这类成本动因发生在各种资源耗费向相应作业中心分配的过程中，它是将资源费用分配给作业中心所依据的分配标准，资源动因与最终产品的产量没有直接的关系。

(2) 作业动因。

作业动因是指由于产品生产等发生导致作业成本计入的原因。它反映产品产量等与作业成本之间的因果关系。这类成本动因发生在各作业中心将归集的作业成本向各产品分配的过程中，是作业成本计入产品成本的分配标准。

作业动因是作业成本法的核心内容，其数量的多少取决于该企业经营活动的复杂程度。作业动因作为成本动因的一种形式，它是将作业中心的成本分配到对象(产品或劳务、顾客)中的标准，也是资源消耗与最终产出沟通的纽带。作业动因可以分为三种类型，即业务动因、时间动因和直接动因。作业动因是否合理直接影响到作业成本法的应用效果，所以应予以重视。在确定作业动因时，应选择易于理解、易于分辨，并且与各作业部门联系紧密的成本动因。企业在选定作业动因后，就可将具有同质成本动因的相关成本归集起来，形成作业成本库。作业成本库可以归集直接人工、直接材料、机器设备和管理费用等。一个作业成本库只能有一个成本动因与之相对应。例如，车间生产若干种产品，每种产品又分若干批次完成，每批产品完工后都需要进行设备调试。假定每批次调试所发生的成本相同，则调试的"次数"就是调试成本的作业动因。作业分类以及与之相关的常见的作业动因如表 11-1 所示。

表 11-1 作业分类及常见的作业动因

作业分类	常见的作业动因
单位层作业	产品或零部件产量、机器工时、人工工时、耗电千瓦时数等
批次层作业	采购次数、机器调试次数等
产品层作业	质量检验次数、产品设计方案份数等
公司层作业	设备数量、厂房面积等

■ 11.1.2 作业成本计算系统的设计

作业成本计算系统若想成功地设计与执行，既要有高层管理者的大力支持，又要有综合职能的管理小组负责。小组不仅有会计部门的代表，还应该包括来自市场营销、生产、工程设计和上层管理部门的代表。

基于作业的成本计算系统首先把成本追溯到作业，然后再追溯到产品。其隐含的假设是作业消耗资源，而产品又消耗作业。成本计算过程包括把直接成本追溯到产品，还包括把间接费用先分配到各相关作业，然后再将作业成本分配到产品的计算过程。基于以上原理，设计作业成本计算系统可以按照以下步骤进行。

1. 分析与确认主要作业

在企业中，作业代表组织实施的工作，是连接资源与成本对象的纽带，也是作业成本计算和作业成本管理的核心。作业成本计算系统中的第一个步骤是识别与确认作业，尤其是对主要作业进行确认，这也是作业成本计算法与传统成本计算法的关键区别。一个企业在生产经营过程中往往存在成百上千个作业，管理层为了防止迷失于数据堆里，通常会采用一些有效的分类方法，即前面提到的单位层作业、批次层作业、产品层作业和公司层作业。

企业可以通过对业务流程进行分析从而确认主要作业。在确定作业时，应重点考虑两个方面的内容：一是考虑取得作业成本数据的目的。如果主要目的在于改善经营活动，如降低成本等，此时应当对成本信息进行细分，仔细甄别无效率和价值较低的作业；如果主要目的在于实施战略决策，如产品定价决策或盈利性分析，则不必对成本进行过细的划分。二是要考虑重要性原则，重点关注成本金额巨大、产品之间使用程度差异大的作业，成本较低的作业可以与其他作业进行合并。

2. 将资源成本分配给作业

对主要作业进行分析与确认之后，接下来需要确定完成每项作业所消耗的成本。首先要确定各项作业消耗的资源，作业消耗人工、物料、能源等，即所有计入产品成本的人力、物力、财力等都属于资源范畴。我们在计算成本时，应先在作业中心汇集该中心范围内所耗费的各种资源，然后把汇集的资源价值按照资源动因分解到各种作业中。作业中心是负责完成某一项特定产品制造功能的一系列作业的集合。作业成本法既是一种成本计算方法，也是一种责任考核办法。将作业中心作为成本计算对象，不仅有利于作业考核，还有利于汇集资源耗费。这些资源成本分配给作业可以采用直接追溯和动因追溯。如果资源耗费可以直接分配到某一产品中，即直接计入该产品成本，成本分配方法为直接追溯；如果资源耗费为若干作业共有，则需要通过资源动因将资源成本分配到相关作业。资源动因是计量资源被作业消耗情况的因子，一旦确定了资源动因，就可以将资源成本分配到作业。作业成本计算法通过区别消耗资源的作业，分析资源是如何被消耗的，从而找到资源动因，并按资源动因把资源耗费价值分别分解计入不同作业中去。

3. 将作业分配给最终产品

作业动因是整个作业成本法的关键环节，它是计量产品成本与作业之间的因子。因此将作业成本分配到产品中需要通过作业动因计算作业分配率，然后结合作业的实际使用量就可以计算各产品应负担的作业成本，也就是最终的产品成本。

4. 计算产品成本

作业成本法的最终目标是计算产品的成本。因此，需要将分配给某产品的各作业成本库分摊的制造费用和直接成本进行加总，求得该产品的总成本。

11.2 作业成本法的核算程序及应用

实务中如果要应用作业成本法核算产品成本，需要依据作业成本法的理论，遵循一定的核算程序。

11.2.1 作业成本法的核算程序

作业成本法区别于其他成本核算方法的关键在于以作业为成本核算的桥梁，首先应核算各作业中心的成本，汇总后再核算产品成本，所以划分并建立作业成本中心成了作业成本法的起点。

1. 划分并建立作业中心

划分并建立作业中心一方面是出于重要性和成本效益原则以控制成本核算的力度，另一方面是为了整合相似职能实现资源共享、形成专业能力。例如，材料采购、检验、入库和仓储都可以归于材料处理作业中心。

2. 区分直接成本和间接成本

在作业成本法下依然要将成本区分为直接成本和间接成本，而且此项工作非常重要。直接成本无论在传统成本法还是作业成本法下均可以直接计入产品成本单而无须进行分配；而间接成本在传统成本法和作业成本法下都需要分配计入产品成本。在传统成本法下，制造费用全部视为间接费用，将其全部分配计入产品成本；而作业成本法下，要将制造费用区分为直接费用和间接费用，直接费用部分可以直接计入产品成本而无须分配，间接费用部分在确认的作业中心基础上进行分配，计入作业中心。

3. 确定各作业中心的作业成本

各作业中心的作业成本是指经过确认的作业中心计算并归集的各类间接成本总额，包括货币资源、材料资源、人工资源、人力资源、动力资源和厂房设备等。各作业中心成本首先要区分直接成本和间接成本，然后根据资源动因对作业中心的各种资源耗费进行计量分配，从而确定各作业中心的成本。

4.计算作业中心的作业成本分配率

由于各作业中心的作业动因是唯一的，所以可以用作业动因为分配标准计算各作业中心的作业成本分配率。其公式如下：

$$作业成本分配率 = \frac{资源成本总额}{作业动因总数}$$

5.计算产品成本

首先将各作业成本中心的作业成本总额按照每个作业中心的作业成本分配率进行分配，然后再加入相关的直接成本，将各作业中心的成本汇总后即可得到产品成本。其公式如下：

$$产品成本 = \sum 产品的直接成本 + \sum 作业成本 \times 作业成本分配率$$

11.2.2 作业成本法的应用

【例 11-1】 尚铭股份有限公司生产甲、乙两种产品。甲产品产量高、技术水平要求低，年产量 10 000 件；乙产品产量低、技术水平要求高，年产量 5 000 件。在作业成本核算系统下，该企业按作业过程将制造费用划分为生产订单、质量检验、机器调整准备、机器维修、原材料进货五个成本库。甲、乙产品的制造费用分配表如表 11-2 所示。

表 11-2 制造费用分配表

成本动因	作业成本 / 元	作业量 / 次			分配率 /（元 / 次）（作业成本 / 作业量）
		甲产品	乙产品	合计	
生产订单次数	10 000	300	100	400	25
质量检验次数	10 000	400	600	1 000	10
机器调整准备次数	22 500	300	450	750	30
机器维修次数	30 000	120	280	400	75
原材料进货次数	15 000	140	60	200	75
合计	87 500	—	—	—	—

甲、乙产品的直接成本资料如表 11-3 所示。

表 11-3 直接成本分配表

产品名称	直接人工 / 小时	单位直接人工 / 小时	小时工资率 / 元	单位直接材料 / 元
甲产品	7 500	0.75	12	20
乙产品	1 250	0.25	12	0.8

根据表 11-2 和表 11-3 已知数据，按完全成本法和作业成本法两种不同的核算方法将其制造费用在甲、乙两种产品之间进行分配，可以得出不同的结果。

(1) 按完全成本法计算的制造费用分配情况如下：

制造费用分配率 = 87 500 ÷ (7 500 + 1 250) = 10 元 / 小时

甲产品应分配的制造费用 = 7 500 × 10 = 75 000 元

乙产品应分配的制造费用 = 1 250 × 10 = 12 500 元

(2) 按作业成本法计算的制造费用分配情况如下：

甲产品应分配的制造费用 = 300 × 25 + 400 × 10 + 300 × 30 + 120 × 75 + 140 × 75 = 40 000 元

乙产品应分配的制造费用 = 100 × 25 + 600 × 10 + 450 × 30 + 280 × 75 + 60 × 75 = 47 500 元

通过以上计算，我们可以得出不同计算方法下两种产品的总成本和单位成本，如表 11-4 所示。

表 11-4　产品成本计算表

成本项目	甲产品 (产量 10 000 件)				乙产品 (产量 5000 件)			
	总成本 / 元		单位成本 / 元		总成本 / 元		单位成本 / 元	
	完全成本法	作业成本法	完全成本法	作业成本法	完全成本法	作业成本法	完全成本法	作业成本法
直接材料	20 000	20 000	2	2	4 000	4 000	0.8	0.8
直接人工	90 000	90 000	9	9	15 000	15 000	3	3
制造费用	75 000	40 000	7.5	4	12 500	47 500	2.5	9.5
合计	185 000	150 000	18.5	15	31 500	66 500	6.3	13.3

由以上计算可以看出，采用不同的成本计算方法，会得出相异的成本信息，而不同的成本信息会直接影响企业的经营决策。在完全成本法下，这种不合理的成本费用可能会导致不合理的定价，这种定价造成产品的盈利水平失真，表面盈利的产品可能是由于低估成本费用，而表面亏损的产品可能实际上是盈利的。作业成本法和完全成本法所分配的对象都是产品或劳务所耗费的资源，只不过具体分配到每一种产品或劳务上的费用不一样，所以得出了不同的单位成本。

【例 11-2】 如果尚铭股份有限公司从生产甲、乙两种产品扩张到生产 A、B、C 三种电子产品，其中产品 A 工艺最简单，产品 C 工艺最复杂。公司设有一个生产车间，主要工序包括零部件排序准备、自动插件、手工插件、压焊、技术冲洗及烘干、质量检测与包装，原材料与零部件均外购。该公司当月制造费用总额 3 714 000 元。公司一直采用传统成本计算法计算产品成本。有关基本数据如表 11-5 所示。

表 11-5　A、B、C 三种产品有关资料

项　目	产品 A	产品 B	产品 C
产量 / 件	40 000	20 000	8 000
班次	由 4 个班次完成	由 1 个班次完成	由 10 个班次完成
直接材料 / 元	90	50	20
直接人工工时 /(小时 / 件)	4	3	2
每变换一个班次准备时间 / 小时	10	10	10
装配工时 /(小时 / 件)	25	1	2
直接人工工资率 /(元 / 小时)	20	20	20
准备人工工时成本 /(元 / 小时)	20	20	20

根据上述资料,用传统成本计算法计算 A、B、C 三种产品的单位成本。计算步骤如下:
各产品预计的直接人工小时:

$$产品 A \quad 40\,000 \times 4 = 160\,000\ 小时$$

$$产品 B \quad 20\,000 \times 3 = 60\,000\ 小时$$

$$产品 C \quad 8\,000 \times 2 = 16\,000\ 小时$$

$$直接人工小时合计 = 236\,000\ 小时$$

综合性的预计制造费用分配率 $3\,714\,000 \div 236\,000 = 15.74$ 元 / 小时

各产品单位成本的计算如表 11-6 所示。

表 11-6　传统成本计算法下各产品单位成本计算表　　　单位：元

项　目	产品 A	产品 B	产品 C
直接材料	90	50	20
直接人工	80(20 × 4)	60(20 × 3)	40(20 × 2)
制造费用	62.96(15.74 × 4)	47.22(15.74 × 3)	31.48(15.74 × 2)
合计	232.96	157.22	91.48

现假设该公司采用成本加成定价法作为企业的定价策略,并按成本的 25% 加成作为目标售价,则各产品的实际售价将分别定为 291.2 元、196.525 元、114.35 元。但这样的计算结果令企业管理当局十分困惑,产品 A 按目标售价正常出售;但市场上与产品 B 相类似的产品单位售价仅为 180 元,若尚铭公司也按此价格出售,将无法弥补各项销售管理费用而产生亏损;而产品 C 的订单特别多,即便将价格提高到 200 元,现有生产能力也仍然不能满足市场需求。因此尚铭公司决定对成本的计算采用更为精确的作业成本法。公司在对制造费用做出详细分析后,将生产过程中的作业分为 7 个作业中心,各作业中心全年的作业成本如表 11-7 所示。

表 11-7　各作业中心全年的作业成本　　　单位：元

制 造 费 用	金 额
装配	1 212 600
调整准备	3 000
物料处理	620 000
质量保证	421 000
产品包装	250 000
工程处理	700 000
综合管理	507 400
合计	3 714 000

将以上制造费用按作业的成本动因归属于各层次的成本库,其结果如下:

(1)"单位"层次的成本库:"装配" 1 212 600 元。

(2)"批"层次的成本库:"调整准备" 3 000 元;"物料处理" 620 000 元;"质量保证"

421 000 元；"产品包装"250 000 元。

(3) "产品"层次的成本库："工程处理"700 000 元。

(4) "综合能力维持层次"的成本库："综合管理"507 400 元。

各作业成本库的成本动因作业量如表 11-8 所示。

表 11-8　各作业成本库的成本动因作业量

制造费用	成本动因	作业量			
		产品 A	产品 B	产品 C	合计
装配	机器小时 / 小时	50 000	20 000	16 000	86 000
调整准备	准备次数 / 批次	4	1	10	15
物料处理	材料移动 / 次数	30	7	63	100
质量保证	检验小时 / 小时	2 000	1 000	2 000	5 000
产品包装	包装次数 / 次	600	80	1 320	2 000
工程处理	工程处理时间 / 小时	900	500	600	2 000
综合管理	直接人工 / 小时	160 000	60 000	160 000	380 000

单位产品各项间接费用的分配如表 11-9 所示。

表 11-9　作业成本法下单位产品间接费用分配表　　　　　单位：元

间接费用	产品 A	产品 B	产品 C
装配成本	1 212 600 ÷ 86 000 × 1.25 = 17.625	1 212 600 ÷ 86 000 × 1 = 14.1	1 212 600 ÷ 86 000 × 2 = 28.2
调整准备成本	3 000 ÷ 15 ÷ (40 000 ÷ 4) = 0.02	3 000 ÷ 15 ÷ (20 000 ÷ 1) = 0.01	3 000 ÷ 15 ÷ (8 000 ÷ 10) = 0.25
物料处理成本	620 000 × 30 ÷ 100 ÷ 40 000 = 4.65	620 000 × 7 ÷ 100 ÷ 20 000 = 2.17	620 000 × 63 ÷ 100 ÷ 8 000 = 48.825
质量保证成本	421 000 × 2 000 ÷ 5 000 ÷ 40 000 = 4.21	421 000 × 1 000 ÷ 5 000 ÷ 20 000 = 4.21	421 000 × 2 000 ÷ 5 000 ÷ 8 000 = 21.05
产品包装成本	250 000 × 600 ÷ 2 000 ÷ 40 000 = 1.875	250 000 × 80 ÷ 2 000 ÷ 20 000 = 0.5	250 000 × 1320 ÷ 2 000 ÷ 8 000 = 20.625
工程处理成本	700 000 × 900 ÷ 2 000 ÷ 40 000 = 7.875	700 000 × 500 ÷ 2 000 ÷ 20 000 = 8.75	700 000 × 600 ÷ 2 000 ÷ 8 000 = 26.25
综合管理成本	507 400 ÷ 236 000 × 4 = 8.6	507 400 ÷ 236 000 × 3 = 6.45	507 400 ÷ 236 000 × 2 = 4.3

综合上述有关资料，可得出用作业成本法计算的产品 A、B、C 的单位成本，如表 11-10 所示。

表 11-10　作业成本法下各产品单位成本计算表

项　目	产品 A	产品 B	产品 C
直接材料 / 元	90	50	20
直接人工 / 元	80(20 × 4)	60(20 × 3)	40(20 × 2)
制造费用 / 元			
"单位"层次			
装配成本	17.625(14.1 × 1.25)	14.1(14.1 × 1)	28.2(14.1 × 2)
"批"层次			
调整准备	0.02	0.01	0.25
物料处理	4.65	2.17	48.825
质量保证	4.21	4.21	21.05
产品包装	1.875	0.5	20.625
"产品"层次			
工程处理	7.875	8.75	26.25
"综合能力维持"层次			
综合管理	8.6	6.45	4.3
合计	214.855	146.19	209.5

比较传统成本计算法与作业成本法两种成本计算法所得到的单位成本，可以看出，在作业成本法下，产品 A、B 的单位成本均有所降低，产品 C 的单位成本大大提高。

11.3　作业成本法的评价及适用范围

11.3.1　作业成本法的评价

作业成本法更适合高新技术生产环境下的成本计算。在该方法下，产品与产品实际耗费之间的相关性大大提高，消除了人为因素对成本计算的影响等，但同时作业成本法也存在某些自身难以克服的缺陷。

1. 作业成本法的优势

1) 作业的分析与管理更有效率

作业成本法所提供的精确、清晰的成本信息是进行作业管理及作业分析的基础，作业成本法溯本求源核算成本的思想也是作业管理及作业分析的精髓所在。作业成本法延伸到管理层面则被称为"作业成本管理"，在作业成本管理体系中，企业管理的焦点从传统的"产品或服务"前置到"作业"上来，实行以作业管理为基础的管理思想。企业管理深入基层的作业层次，管理的幅度和深度得到了进一步的拓展。作业成本管理将企业管理深入作业层次后，使得企业管理聚焦于作业，对作业进行分析并理顺作业间的关系，对企业和行业作业链进行整合分析，进一步消除无增值作业，使得增值作业更有效率，同时还使企业管理处于动态改进的环境中。

2) 成本费用的核算更加合理、准确

传统成本法采用的是把直接成本同间接成本区分核算的方法，作业成本法则是通过对生产流程中的一系列作业活动分析后，无论一项资源是直接消耗还是间接消耗，凡是同某项作业具有关联性、对产品服务有重要影响的成本都会被纳入其中并同等对待。对于成本费用的归集，作业成本法首先分析成本资源发生的原因，通过资源动因将成本资源划分为相对应的作业，再依据作业动因将各种作业归入产品。与传统成本法比较而言，运用作业成本法进行成本核算，将原先单一化的成本分配方式转变为按资源动因和作业动因的多指标分配模式，使得成本的核算具有更高的精确度，成本信息也更为真实。

3) 有利于建立新的责任会计系统，进行业绩评价

企业的作业链同时也是一条责任链，以成本库为新的责任中心，分析评价该成本库中费用发生的合理性，以能否为最终产品增加价值作为合理性的标准，建立责任会计系统，并按照是否提高价值链的价值为依据进行业绩评价，充分发挥资源在价值链中的作用，促进企业经济效益的提高。

2. 作业成本法的局限

1) 作业的区分存在困难

企业生产经营活动简单多样，各项活动相互联系，并非全部的企业都界限清楚、责任分明，所以要科学区分作业肯定有难度。作业成本法要求以作业中心为基础设置责任中心，选取合适的成本动因，按成本库进行归集；然而在实际中哪种因素与成本变动完全相关或相关性较大并不是很清楚。假如选择的动因过少，成本数据会不精确；假如选择的动因过多，由此增加的实施成本会大于实施作业成本法产生的效益。

2) 成本动因的选择具有主观性

作业成本法在确认资源和作业，以及资源库和作业库选择成本动因等方面时，并没有科学严谨的推断方式，主要依靠相关人员对作业的理解和推断，这使得作业的计量和安排具有一定的人为操纵性。这一点为管理者操纵成本提供了可能，也降低了公司间报告结果的可比性，与会计准则的要求有一定的差距。

3) 没有合并对同类生产力量的计量

作业消耗的各种资源具有不同的计量单位，将成本归集到作业时难以反映资源消耗的数量，只能将被耗用资源的价值归集到作业中。因此，运用作业成本法无法看出资源的利用效果，也不能反映各种生产力量之间的差异。

4) 工作量大，代价昂贵，短期内实施效果不明显

作业成本法是先将企业在生产经营中发生的全部资源耗费逐项安排到作业中，形成作业成本库，然后再将作业成本库的成本按作业动因安排到最终产品，核算工作非常烦琐。而且，企业要想在激烈的竞争中求生，就要不断进行技术革新及产品结构的调整，这就要重新进行作业划分，这样会加大采纳作业成本法的耗费。同时，实施作业成本法虽然会给

企业带来长期的经济效益，但是短期内实施效果不明显。

11.3.2 作业成本法的适用范围

作业成本法适用于具有以下特点的企业：一是企业有大量的间接费用和辅助资源耗费；二是产品、客户和生产流程多样化；三是极易发生成本扭曲。例如，既采用大量生产也采用客户定制生产的企业，既有成熟产品也有新产品的企业，以及既有定制分销渠道也有标准分销渠道的企业。作业成本法最先由制造业企业采用，目前服务行业企业也开始采用作业成本法，如医院、银行、保险、电信等。这些企业不但利用作业成本法来准确计算成本，同时也将作业成本法信息用于战略和运营策略，如盈利能力分析、产品组合决策、绩效评价、流程分析等。

本章小结

作业成本法是基于作业的成本计算方法，是指以作业为间接费用归集对象，通过资源动因的确认、计量、归集资源费用到作业上，再通过作业动因的确认、计量、归集作业成本到产品或顾客上去的间接费用分配方法。作业成本管理是指以客户需求为出发点，以作业分析为核心，利用作业成本计算所获得的信息，对作业链不断进行改进和优化，以达到不断消除浪费、提高客户价值，从而使企业获得竞争优势的一种先进的成本管理方法。作业成本管理是将成本管理的起点和核心由"商品"转移到"作业"层次的一种管理方法。

闯关考验

一、单项选择题

1. 作业成本法是把企业消耗的资源按(   )分配到作业以及把作业收集的作业成本按(   )分配到成本对象的核算方法。

A. 资源动因　作业动因　　　　B. 资源动因　成本动因
C. 成本动因　作业动因　　　　D. 作业动因　资源动因

2. 作业消耗一定的(   )。

A. 成本　　　　　　　　　　　B. 时间
C. 费用　　　　　　　　　　　D. 资源

3. 按照作业成本法的理论观点，产品消耗的是(   )。

A. 成本　　　　　　　　　　　B. 资源
C. 费用　　　　　　　　　　　D. 作业

4. (   )是将作业成本分配到产品或服务中去的标准，也是将作业耗费与最终产出相沟通的中介。

A. 资源动因　　　　　　　　　B. 作业动因

C. 成本动因 D. 价值动因

5. 采购作业的作业动因是 ( )。

A. 采购次数 B. 采购批量

C. 采购数量 D. 采购员人数

6. 要想降低批量层作业成本，只能设法减少 ( )。

A. 作业的批数 B. 变动成本

C. 单位成本 D. 总成本

7. 按照作业成本法的相关理论，成本动因与成本的发生之间具有 ( )。

A. 可靠性 B. 依赖性

C. 及时性 D. 相关性

8. 作业成本计算法下的成本计算程序，首先确认作业中心，将 ( ) 归集到各作业中心。

A. 资源耗费价值 B. 直接材料

C. 直接人工 D. 制造费用

9. 如果某项资源耗费从最初消耗上呈混合耗费形态，则需要选择合适的资源动因，将资源分解并分配到各作业，例如 ( )。

A. 材料费

B. 各作业各自发生的办公费

C. 按实付工资额核定应负担工资费

D. 动力费

10. 作业成本计算法的所谓决策相关性是指基于作业基础计算出的 ( ) 能满足企业生产经营决策等多方面的需要。

A. 价格信息 B. 产量信息

C. 销售信息 D. 成本信息

二、多项选择题

1. 传统的成本计算方法把产品成本区分为 ( )。

A. 直接材料 B. 直接人工

C. 生产成本 D. 制造费用

2. 作业成本法对动因的划分包括 ( )。

A. 成本动因 B. 资源动因

C. 作业动因 D. 利润动因

3. 作业成本法的原理是 ( )。

A. 资源消耗作业 B. 成本对象消耗作业

C. 作业消耗资源 D. 产品消耗资源

4. 下列各项属于公司层作业动因的是 ( )。

A. 设备数量 B. 厂房面积

C. 采购次数 D. 机器工时

三、计算题

某车间维修甲、乙两种设备，相关资料如表 11-11 所示。

表 11-11 甲、乙设备相关资料表

作业名称	作业动因	作业成本 / 元	甲耗用作业量	乙耗用作业量
订单处理	生产订单份数	20 000	30	10
设备调整	调整次数	35 000	23	27
机器运行	机器小时数	28 000	250	150
质量检验	检验次数	8 000	25	15

要求：

(1) 计算各项作业成本分配率；

(2) 在甲、乙设备之间分配本月发生的作业成本。

知识拓展

扫描二维码获取《管理会计应用指引第 304 号——作业成本法》。

考证对接

扫描二维码获取对接题目。

小尚寄语：

成本所记录的不过是竞争的吸引力而已。

——弗兰克·奈特

第 12 章
全 面 预 算

▼

目标规划

学习目标： 解释战略、计划和预算三者之间的关系；概述全面预算管理的流程；复述全面预算的含义、作用及体系，并能够复述全面预算的编制程序；编制经营预算、专门决策预算和财务预算，熟悉并使用多种预算方法编制预算。

技能目标： 能够明确工作目标，协调各职能部门的关系，控制各部门日常经济活动，考核各部门工作业绩。

思维导图

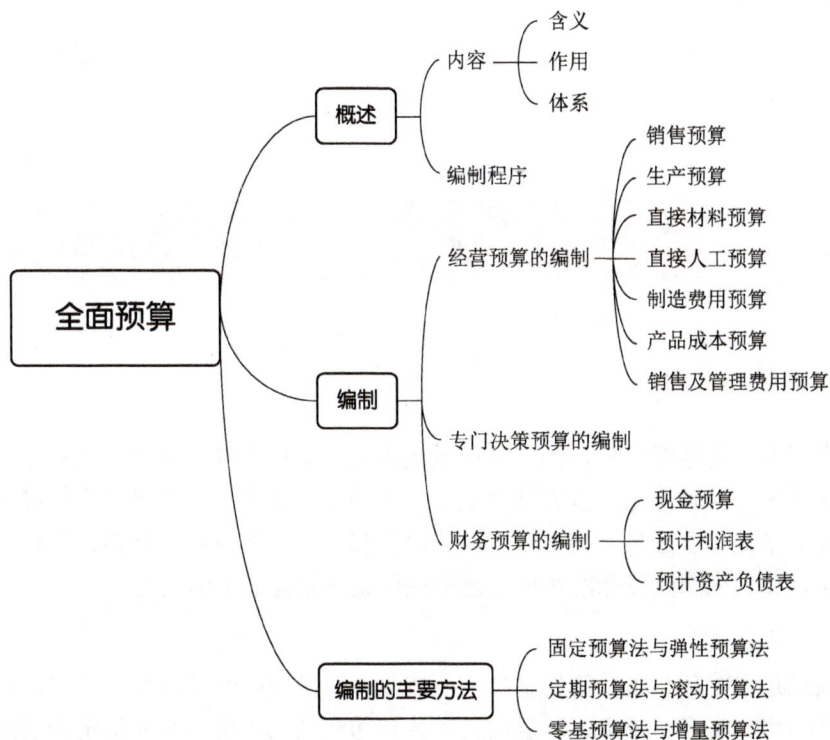

思政要点

全面预算涉及国家财政预算和经济发展规划，因此需要了解宏观经济运行原理、财政政策、税收制度等相关知识，加强对国家财政运作规律的理解。全面预算也是一种公共管理工具，需要了解公共管理学的基本概念、原理和方法，包括政府与市场的关系、行政决策与执行的过程、绩效评估等内容。全面预算还涉及财政收支的合法性和合规性，因此需要了解相关的财政法律法规，包括财政责任法、预算法、会计法等，培养法治意识和法律素养。对财政数据进行分析和统计，需要具备一定的统计学基础，包括数据采集、分析和运用统计方法进行预测的能力。

案例导入

百辰公司是我国一家大型制造业上市企业，主营业务为服装以及其他纺织品的生产和销售，总部坐落于北京市的市中心，其市场遍布全球 70 多个国家，并在全球互联网市场上占有大量的市场份额。百辰公司在生产经营活动中应用了全面预算管理工具，公司成立了预算管理委员会，委员会由董事长授权的总经理直接领导，委员会由采购部、人力资源部、财务部、生产部、行政部、营销部、物流部、市场部、研发部等部门负责人组成。百辰公司的业务种类繁杂，产品比较多样，产品的更迭速度也十分快，全面预算编制建立在各个不同产品的产品种类和订单量的基础之上。公司根据发展战略、产品种类、售价、销售量以及各项费用，主要采用两种全面预算编制方式，分别是传统预算和零基预算，其中主要采取的是零基预算。这种全面预算管理的编制方法符合百辰公司自身的实际情况，贴近百辰公司的发展战略。

请思考: 为什么百辰公司以全面预算作为管理工具？采用不同的预算编制方法能够帮助企业实现发展战略吗？

12.1 全面预算概述

12.1.1 全面预算的内容

为了实现企业的经营目标，保证企业最优决策方案的贯彻、执行，企业需要从其战略的角度，统筹安排各种资源。全面预算既是企业决策的具体化，又是对生产经营活动进行控制和考核的依据。全面预算与企业的经营决策和投资决策既相互联系，又相互作用，通过编制全面预算保证企业目标的实现，已是现代企业管理的大势所趋。

1. 全面预算的含义

全面预算是指在预测与决策的基础上，按照企业既定的经营目标和程序，规划与反映企业未来的销售、生产、成本、现金收支等各方面活动，以便对企业特定计划期内全部生产经营活动有效地进行具体组织与协调，最终以货币为主要计量单位，通过一系列预计的财务报表及附表展示其资源配置情况。

预算是企业计划、协调和控制等职能得以实现的有效手段，是连接企业内部不同单位和部门及经济业务之间的桥梁和纽带。编制全面预算就是把涉及该企业战略目标的整套经济活动连接在一起，并规定了如何去完成目标的方法。例如，企业的销售部门按照预测的方法预测目标销售量，然后通过市场销售预测，千方百计地增加产品销量，提高产品质量，降低产品成本，以保证目标销售量和目标利润的实现；生产部门根据销售部门确定销售量，结合产品的期初、期末存量，计算出计划期的预计产量，并注意产量要适当；采购部门根据计划期预计产量购进足够的合格材料，保证完成产品生产的需要；财务部门根据以上各业务部门在计划期间的经济活动备好资金，保证足够的货币资金支付到期的债务，以及料、工、费和固定资产方面的开支。因此，通过全面预算，企业可以把所有的经济活动协调起来，按预算经营管理，从而保证企业战略目标的实现。

2. 全面预算的作用

全面预算的作用主要表现在以下四个方面：

1) 明确工作目标

预算作为一种计划，规定了企业一定时期的总目标以及各级各部门的具体目标。这样就使各个部门能了解本单位的经济活动与整个企业经营目标之间的关系，明确各自的职责及努力方向，从各自的角度去完成企业总的战略目标。

2) 协调部门关系

全面预算把企业各方面的工作纳入统一计划之中，促使企业内部各部门的预算相互协调、环环紧扣，从而达到平衡。在保证企业总体目标最优的前提下，组织各自的生产经营活动。例如，在以销定产的经营方针下，生产预算应当以销售预算为依据，材料采购预算必须与生产预算相衔接。

3) 控制日常活动

编制预算是企业经营管理的起点，也是控制日常经济活动的依据。在预算的执行过程中，各部门应通过计量、对比及时揭露实际脱离预算的原因，以便采取必要措施，消除薄弱环节，保证预算目标的顺利完成。

4) 考核业绩标准

企业预算确定的各项指标，也是考核各部门工作业绩的基本尺度。在评定各部门工作业绩时，要根据预算的完成情况，分析偏离预算的程度和原因，划清责任，奖罚分明，促使各部门为完成预算规定的目标而努力工作。

3. 全面预算体系

全面预算体系是由一系列预算按其经济内容及相互关系有序排列组成的有机体，主要包括经营预算、专门决策预算和财务预算三大部分。

1) 经营预算

经营预算是与企业日常业务直接相关、具有实质性的基本活动的一系列预算的统称，又叫日常业务预算。这类预算通常与企业利润表的计算有关，主要包括销售预算、生产预算、直接材料预算、直接人工预算、制造费用预算、产品成本预算、销售费用预算和管理费用预算。这些预算大多以实物量指标和价值量指标分别反映企业收入与费用的构成情况。

2) 专门决策预算

专门决策预算是指企业不经常发生的、需要根据特定决策临时编制的一次性预算。专门决策预算包括经营决策预算和投资决策预算两种类型。

3) 财务预算

财务预算是指与企业现金收支、经营成果和财务状况有关的各项预算，主要包括现金预算、财务费用预算、预计利润表和预计资产负债表。

这些预算以价值量指标总括反映经营预算和专门决策预算的结果。企业全面预算的各项预算前后衔接、互相钩稽，形成了一个完整的体系。

企业的日常经营全面预算以企业的经营目标为出发点，以市场需求预测为基础，以销售预算为主导，进而包括生产、成本和现金收支等各个方面，并且特别重视生产经营活动对企业财务状况和经营成果的影响，因此，整个预算体系是以预计的财务报表作为终结的。

12.1.2　全面预算的编制程序

全面预算的编制工作是一项工作量大、涉及面广、时间性强、操作复杂的工作。为了保证预算编制工作有条不紊地进行，一般要在企业内部专设一个预算委员会负责预算编制并监督实施。预算委员会通常由总经理，分管销售、生产、财务等方面的副总经理和总会计师等高级管理人员组成。其主要任务是：制订和颁布有关预算制度的各项政策；审查和协调各部门的预算申报工作；解决有关方面在编制预算时可能发生的矛盾和争执，批准最终预算并经常检查预算的执行情况。

企业预算的编制涉及经营管理的各个部门，预算的编制必须有执行预算的人参与，才能使预算成为他们自愿努力完成的目标。因此，预算的编制应采取自上而下、自下而上的方法，不断反复和修正，最后由预算委员会综合平衡，并以书面形式向下传达，作为正式的预算落实到各有关部门。

"自上而下"程序是指在编制全面预算时，首先由上级部门向下级部门下达预算期内的预算目标或者预算草案，然后由下级部门分解落实下达的预算目标和预算草案，并根据历史数据将其修改完善后反馈给上级部门，最后上级部门根据下级部门的反馈意见，经过综合平衡后，最终确定预算方案的编制程序。"自下而上"程序是指在编制预算时，首先由下级部门向上级部门提报预算期内的预算目标和预算草案，然后由上级部门对预算目标和预算草案进行综合平衡，最终确定预算方案的编制程序。

全面预算编制的一般程序如下：

(1) 在预测与决策的基础上，由预算委员会拟定企业预算总方针，包括经营方针、各项政策以及企业总目标和分目标，如利润目标、销售目标、成本目标等，并下发到各有关部门；

(2) 组织各生产业务部门按具体目标要求编制本部门预算草案；

(3) 由预算委员会平衡与协商调整各部门的预算草案，并进行预算的汇总与分析；

(4) 审议预算并上报董事会最后通过企业的综合预算和部门预算；

(5) 将批准后的预算下达给各级各部门执行。

12.2　全面预算的编制

12.2.1　经营预算的编制

企业的经营预算是反映企业在计划期间日常发生的各种经济实质性的基本活动的预算。企业的经营预算是编制全面预算的起点与基石，更贴近企业的实际生产运营环节，既包括财务信息，又包括非财务信息，只有根据企业内外部环境与发展规划合理制订业务预算，才能保证全面预算的准确性和可执行性。下面将以尚铭股份有限公司为案例，介绍全面预算的编制步骤。

尚铭股份有限公司的预算的具体信息如下：

公司产品的主要材料是原料药等。根据以往的经验，每季度销售额中有 70% 在当季度收到现金，其余 30% 在下季度收回。2023 年第四季度销售额还有 40 000 元未收到。每季度采购金额的 50% 在当季度支付，其余 50% 在下季度支付。2023 年第四季度采购金额还有 95 000 元未支付。

根据以往的经验，每季度期末产成品存货数量为下季度销量的 20%。期初存货为 1 500 件。预计 2024 年第一季度的销售数量为 10 000 件。期初直接材料存货数量为 500 千克。期末直接材料存货数量为下期直接材料总耗用量的 10%。直接人工以小时计量。固定制造费用在各季度间平均分配。销售费用及管理费用全部在发生当期以现金支付。2024 年期初现金余额为 31 000 元。在产品数量忽略不计。不存在加班现象。

1. 销售预算

编制全面预算的起点是销售预算。销售预算是一个正式的财务计划，其根据销售预测公司未来一定时期内的销售量和销售额制订目标，从而保证公司销售利润的实现。销售预测是依照以往经营业绩、经济形势、季节性因素、定价原则及市场调查而进行的销售量预测，它是公司编制销售预算的基础。如果没有销售预测，产品的生产数量将无法确定，进而会导致生产不足或者生产过剩等情况发生。除此之外，若销售预测脱离实际情况将会给公司在原材料的采购等方面造成经济损失。由此可见，切合实际的销售预算是编制全面预算的基础。

尚铭公司 2024 年度预计销售情况见表 12-1，2024 年度预计现金收入见表 12-2。

表 12-1　2024 年度预计销售情况表

项　目	第一季度	第二季度	第三季度	第四季度	全年
预计销售量 / 件	5 000	15 000	20 000	10 000	50 000
预计销售单价 /(元 / 件)	30	30	30	30	30
预计销售收入 / 元	150 000	450 000	600 000	300 000	1 500 000

表 12-2　2024 年度预计现金收入表　　　　单位：元

项　目	第一季度	第二季度	第三季度	第四季度	全年
期初应收账款	40 000				40 000
第一季度销售额	105 000	45 000			150 000
第二季度销售额		315 000	135 000		450 000
第三季度销售额			420 000	180 000	600 000
第四季度销售额				210 000	210 000
现金收入合计	145 000	360 000	555 000	390 000	1 450 000

由于公司的销售政策为每季度销售收入中 70% 当季度收回，30% 下季度收回，以 2024 年第一季度为例，计算过程如下：

第一季度收到现金 = 上季度销售额的 30% + 本季度销售额的 70%

= 40 000 + 150 000 × 70%

= 145 000 元

2. 生产预算

销售预测和销售预算编制完成以后，就可以进行生产预算。生产预算是一种根据预计销售量和预计期末存货为未来一定时期内产量而编制的计划。如果没有生产预算，公司将有可能无法满足预计的销售量或者生产过剩。因此，公司必须同时对总产量及期末库存进行预测。其计算公式如下：

本期生产量 = 本期销售量 + 期末存货量 - 期初存货量

尚铭股份有限公司 2024 年度生产预算见表 12-3。

表 12-3　2024 年度生产预算表　　　　单位：件

项　目	第一季度	第二季度	第三季度	第四季度	全年
预计销售量（见表 12-1）	5 000	15 000	20 000	10 000	50 000
加：期末产成品存货量	3 000	4 000	2 000	2 000	2 000
产成品需求总量	8 000	19 000	22 000	12 000	52 000
减：期初产成品存货量	1 500	3 000	4 000	2 000	1 500
本期生产量	6 500	16 000	18 000	10 000	50 500

3. 直接材料预算

直接材料预算是一种为了满足预计生产量和预计直接材料库存的需要而对未来一定时期内原材料采购的数量和金额进行预测的计划。如果没有直接材料预算，则公司可能因原材料供应不足而导致减产或停工，反之会导致原材料积压。不论哪种情况，都会给公司造成一定的经济损失。

(1) 计算某种直接材料的预计采购量，计算公式如下：

预计材料采购量 = 生产需要量 + 期末预计存料量 - 期初材料存货量

(2) 计算预算期直接材料的采购成本，计算公式如下：

材料采购成本 = 该材料单价 × 该材料预计采购量

尚铭股份有限公司 2024 年度直接材料预算见表 12-4，2024 年度材料采购现金支出预算见表 12-5。

表 12-4　2024 年度直接材料预算表

项　目	第一季度	第二季度	第三季度	第四季度	全年
生产量 / 件 (见表 12-3)	6 500	16 000	18 000	10 000	50 500
单位产品材料用量 / 千克	0.4	0.4	0.4	0.4	0.4
产品总需用量 / 千克	2 600	6 400	7 200	4 000	20 200
加：期末材料存货量 / 件	640	720	400	550	550
总需求量 / 千克	3 240	7 120	7 600	4 550	20 750
减：期初材料存货量 / 件	500	640	720	400	500
材料采购量 / 千克	2 740	6 480	6 880	4 150	20 250
材料单位价格 /(元 / 千克)	20	20	20	20	20
材料采购金额 / 元	54 800	129 600	137 600	83 000	405 000

表 12-5　2024 年度材料采购现金支出预算表

单位：元

项　目	第一季度	第二季度	第三季度	第四季度	全年
应付账款	95 000				95 000
第一季度付现金额	27 400	27 400			54 800
第二季度付现金额		64 800	64 800		129 600
第三季度付现金额			68 800	68 800	137 600
第四季度付现金额				41 500	41 500
现金支出合计	122 400	92 200	133 600	110 300	458 500

由于公司的付款政策为当季支付采购金额的 50%，下季度支付剩余的 50%，所以：

第一季度支付采购金额 = 本季度材料采购额的 50% + 上季度材料采购额的 50%

$$= 95\,000 + 54\,800 \times 50\%$$

$$= 122\,400 \text{ 元}$$

4. 直接人工预算

直接人工预算是为未来一段时间内直接人工费用而定的一种预算。它和直接材料预算一样，也是在预计生产量的基础上制订的。直接人工预算是根据生产预算中的预计生产量、标准单位或金额所确定的直接人工工时、小时工资率进行编制的。直接人工预算可以反映预算期内人工工时的消耗水平和人工成本。

(1) 计算产品消耗的直接人工工时，计算公式如下：

产品消耗的直接人工工时 = 单位产品工时定额 × 该产品预计产量

(2) 计算某产品耗用的直接工资，计算公式如下：

产品耗用的直接工资 = 单位工时工资 × 该产品消耗的直接人工工时

尚铭股份有限公司 2024 年度直接人工预算见表 12-6。

表 12-6　2024 年度直接人工预算表

项　目	第一季度	第二季度	第三季度	第四季度	全年
生产量 / 件（见表 12-3）	6 500	16 000	18 000	10 000	50 500
标准工时 / 小时	0.8	0.8	0.8	0.8	0.8
直接人工工时合计	5 200	12 800	14 400	8 000	40 400
单位工资率 /(元 / 小时)	5	5	5	5	5
直接人工耗费总额 / 元	26 000	64 000	72 000	40 000	202 000

5. 制造费用预算

制造费用预算是一种对预计制造费用的支出而制订的预算，如厂房的租赁费、车间管理费及维修费等。考虑到制造费用的复杂性，为简化预算的编制，通常按成本性态将制造费用分为变动制造费用和固定制造费用。其计算公式如下：

制造费用 = 变动制造费用 + 固定制造费用

= 预计业务量 × 预计变动制造费用分配率 + 预计固定制造费用

尚铭股份有限公司 2024 年度制造费用预算见表 12-7，2024 年度制造费用现金支出见表 12-8。

表 12-7　2024 年度制造费用预算表　　　　单位：元

制 造 费 用	成 本 项 目	金 额
变动制造费用	间接人工费用	20 800
	间接材料费用	30 000
	维护费	13 000
	水电费	17 000
	合计	80 800
固定制造费用	折旧费	25 000
	维护费	21 000
	管理费用	45 000
	保险费	10 000
	合计	101 000

$$变动制造费用分配率 = \frac{变动制造费用合计}{标准总工时}$$

$$= \frac{80\ 800}{40\ 400}$$

$$= 2 元 / 小时$$

$$固定制造费用分配率 = \frac{固定制造费用合计}{标准总工时}$$

$$= \frac{101\,000}{40\,400}$$

$$= 2.5 元/小时$$

表 12-8　2024 年度制造费用现金支出表

项　目	第一季度	第二季度	第三季度	第四季度	全年
预计直接人工总工时/小时	5 200	12 800	14 400	8 000	40 400
变动制造费用/(元/小时)	2	2	2	2	2
预计变动制造费用/元	10 400	25 600	28 800	16 000	80 800
预计固定制造费用/元	25 250	25 250	25 250	25 250	101 000
预计制造费用/元	35 650	50 850	54 050	41 250	181 800
减：折旧费用/元	6 250	6 250	6 250	6 250	25 000
现金支出的制造费用/元	29 400	44 600	47 800	35 000	156 800

6. 产品成本预算

产品成本预算是指为规划一定预算期内每种产品的单位产品成本、生产成本、销售成本等内容而编制的一种日常业务预算。产品成本预算主要依据生产预算、直接材料预算、直接人工预算、制造费用预算等汇总编制。产品成本预算的主要内容是产品的总成本与单位成本。其中，总成本又分为生产成本、销售成本和期末产品库存成本。销货成本的公式如下：

本期预计产品销货成本 = 本期生产成本 + 期初产成品存货成本 − 期末产成品存货成本

尚铭股份有限公司 2024 年度产品成本预算见表 12-9。

表 12-9　2024 年度产品成本预算表

项　目	单 位 成 本			生产成本/元	期末存货成本/元	销货成本/元
	单价/元	单位耗用量/千克	成本/元			
直接材料	20	0.4	8	404 000	16 000	400 000
直接人工	5	0.8	4	202 000	8 000	200 000
变动制造费用	2	0.8	1.6	80 800	3 200	80 000
固定制造费用	2.5	0.8	2	101 000	4 000	100 000
合计			15.6	787 800	31 200	780 000

7. 销售及管理费用预算

销售及管理费用预算是对计划期内各类销售及管理费用进行预测而制订的预算，如销售人员的工资及提成。在销售及管理费用预算里，也要按成本性态将其分为变动部分和固定部分，并运用本量利分析方法分析销售收入与销售费用之间的比例。销售及管理费用预算是为了更好地对公司的财务进行控制，在每个会计期末将该预算与实际的费用支出进行对比，计算实际数与预算数的差距，找出产生的原因，并制订适当的方法进行纠正。另外，销售及管理费用预算是编制预计利润表及预计现金流量表的依据之一。

尚铭股份有限公司 2024 年度销售及管理费用预算见表 12-10。

表 12-10　2024 年度销售及管理费用预算表

项　目	第一季度	第二季度	第三季度	第四季度	全年
预计销售量 / 件	5 000	15 000	20 000	10 000	50 000
单位变动销售及管理费用 / 元	2	2	2	2	2
预计变动销售及管理费用 / 元	10 000	30 000	40 000	20 000	100 000
固定销售及管理费用					
广告费 / 元	25 000	25 000	45 000	25 000	120 000
管理人员工资 / 元	32 000	32 000	32 000	32 000	128 000
保险费 / 元	2 000		1 000		3 000
财产税 / 元				12 000	12 000
固定销售及管理费用合计 / 元	59 000	57 000	78 000	69 000	263 000
预计销售及管理费用合计 / 元	69 000	87 000	118 000	89 000	363 000

12.2.2　专门决策预算的编制

专门决策预算通常在经营预算完成后编制，主要是针对企业长期投资决策编制的预算，包括固定资产投资预算、权益性资本投资预算和债券投资预算。由于长期投资决策的时间跨度大，资本支出预算的编制仅仅是列出本预算期内发生的现金支出，对于长期投资决策对其他年份的影响，在影响发生年度的预算中反映。

尚铭股份有限公司 2024 年度资本支出预算见表 12-11。

表 12-11　2024 年度资本支出预算表　　　　　　　　　　　　　　　单位：元

项　目	第一季度	第二季度	第三季度	第四季度	全年
购置设备	30 000	30 000	30 000	30 000	120 000
预计现金支出	30 000	30 000	30 000	30 000	120 000

12.2.3　财务预算的编制

财务预算是一系列专门反映企业未来一定预算期内预计财务状况和经营成果以及现金收支等价值指标的各种预算的总称。它是以经营预算和专门决策预算为基础编制的。

1. 现金预算

现金预算（也称现金收支预算或现金收支计划）用于预测企业还有多少库存现金，以及在不同时点上对现金支出的需要量。现金预算是有关预算的汇总，由"现金收入""现金支出""现金多余或不足""资金的筹集和运用"四个部分组成。现金的收支取决于经营预算中反映的收入和费用的发生，因此，现金预算要在经营预算后编制。

尚铭股份有限公司 2024 年度现金预算见表 12-12。

表 12-12　2024 年度现金预算表

单位：元

项　目	第一季度	第二季度	第三季度	第四季度	全年
期初现金余额	31 000	32 200	67 400	194 000	31 000
加：销售现金收入	145 000	360 000	555 000	390 000	1 450 000
可用现金合计	176 000	392 200	622 400	584 000	1 481 000
减：现金支出					
直接材料	122 400	92 200	133 600	110 300	458 500
直接人工	26 000	64 000	72 000	40 000	202 000
制造费用	29 400	44 600	47 800	35 000	156 800
销售及管理费用	69 000	87 000	118 000	89 000	363 000
所得税	17 000	17 000	17 000	17 000	68 000
购置设备	30 000	30 000	30 000	30 000	120 000
发放股利			10 000		10 000
现金支出合计	293 800	334 800	428 000	321 300	1 378 300
现金余额	(117 800)	57 400	194 000	262 700	102 700
现金筹集					
借款	150 000	10 000			160 000
还款				(150 000)	(150 000)
支付利息				(15 750)	(15 750)
筹资合计	150 000	10 000		(165 750)	(165 750)
期末现金余额	32 200	67 400	194 000	96 950	96 950

注：1. 所得税支出额根据对计划期的销售情况及利润情况分析得出；
    2. 公司计划在 2024 年 1 月 1 日及 3 月 31 日分别借入一年期短期借款 150 000 元和三年期长期借款 10 000 元，年利率为 10%，每年年末支付利息，到期偿还本金；
    3. 第四季度偿付利息金额 = 150 000 × (1 + 10%) + 10 000 × 10% × 3 ÷ 4 = 165 750 元。

2. 预计利润表

预计利润表是反映企业在计划期内的经营成果及其分配情况的会计报表，是计划期内公司经营业绩的财务记录，反映了其销售收入、销售成本、经营费用及税收状况，报表结果为公司实现的利润或形成的亏损。预计利润表对公司至关重要，因为它反映出公司预计的盈利大小。

尚铭股份有限公司 2024 年度预计利润见表 12-13。

表 12-13　2024 年度预计利润表　　　　　　单位：元

销售收入	1 500 000
减：销售成本	780 000
毛利	720 000
减：销售管理费用	363 000
利息费用	15 750
利润总额	341 250
减：所得税	68 000
净利润	273 250

3. 预计资产负债表

预计资产负债表是一种反映企业未来一定时期内财务状况的报表。预计资产负债表以公司年初的资产负债表为基础，然后对预计损益表及预计现金流量表的预计经济业务进行相关调整。预计资产负债表为管理人员提供了公司在会计周期结束之时预期的财务状况，便于管理人员对资产流动性及经营效率潜在的问题进行预测并寻找相关的对策。

尚铭股份有限公司 2024 年度资产负债见表 12-14。

表 12-14　2024 年度资产负债表　　　　　　单位：元

资　产			负债及所有者权益		
项　目	期初余额	期末余额	项　目	期初余额	期末余额
流动资产			流动负债		
现金	31 000	96 950	应付账款	95 000	41 500
应收账款	40 000	90 000	流动负债总额	95 000	41 500
直接材料	10 000	11 000	长期负债		
产成品	23 400	31 200	长期借款	40 000	50 000
流动资产总额	104 400	229 150	长期负债总额	40 000	50 000
固定资产			负债总额	135 000	91 500
土地	80 000	80 000	所有者权益		
房屋及设备	150 000	270 000	普通股股本	100 000	100 000
减：累计折旧	(89 000)	(114 000)	未分配利润	10 400	273 650
固定资产总额	141 000	236 000	所有者权益总额	110 400	373 650
资产总额	245 400	465 150	负债及所有者权益总额	245 400	465 150

注：1. 期末应收账款 = 第四季度销售额 × 30%；

　　2. 期末应付账款 = 第四季度采购金额 × 50%；

　　3. 股本土地未发生变动；

　　4. 期末未分配利润 = 期初未分配利润 + 本期净利润 − 本期发放股利。

12.3 全面预算编制的主要方法

▎12.3.1 固定预算法与弹性预算法

按照预算编制的状态来划分，可以将预算编制方法分为固定预算法和弹性预算法。

1. 固定预算法

固定预算法又称静态预算，是根据预算期内正常的、可实现的某一业务量水平作为唯一基础来编制预算的方法。固定预算法是编制预算最基本的方法。

固定预算法的优点在于其简便易行，直观明了。固定预算法的缺点在于：一是适应性差，它是按事先确定的某一业务量来编制预算的，仅适用于预算业务量与实际业务量变化不大的预算项目；二是可比性差，当实际业务量偏离预算编制所依据的业务量时，采用固定预算法编制的预算就失去了其编制的基础，有关预算指标的实际数与预算数也会因业务量基础不同而失去可比性。固定预算法不利于控制、考核和评价企业预算的执行情况，因此使用范围狭窄，仅适用于业务量水平较为稳定的企业或非营利性组织。

2. 弹性预算法

弹性预算法又称变动预算法或滑动预算法，是指在成本习性分析的基础上，以业务量、成本和利润之间的依存关系为依据，按照预算期可预见的各种业务量水平，编制能适应多种情况预算的方法。

前述的固定预算法是企业根据某一固定业务量水平编制预算的方法，其编制的预算指标具有唯一性。这样一旦预算期内的实际业务量水平与原先预计的业务量水平不一致且相差比较大，预算指标就不能成为规划、控制和客观评价企业及职能部门经济活动与工作业绩的依据。弹性预算法恰好弥补了固定预算法的这一缺陷，它是根据预算期内可预见的多种业务量水平，分别编制相应预算指标的方法，即弹性预算法不仅适用于一个业务量水平下的预算编制，也适用于多种业务量水平下的一组预算编制及随着业务量变化而变化的项目预算编制。弹性预算法可以随着业务量的变化而反映各该业务量水平下的支出控制数，具有一定的伸缩性。由于弹性预算法随业务量的变动而做相应调整，因此与固定预算法相比，弹性预算法的预算范围宽、可比性强，理论上适用于编制全面预算中所有与业务量有关的各种预算，但从实用角度看，主要用于编制弹性成本预算、弹性利润预算。

弹性预算法的优点：一是适应性强，弹性预算是按预算期内的一系列业务量水平编制的，从而有效扩大了预算的适用范围，提高了预算的适应性；二是可比性强，由于弹性预算是按多种业务量水平编制的，因此为实际结果与预算指标的对比提供了一个动态的、可比的基础，使任何实际业务量都可以找到相同或相近的预算标准，从而使预算能够更好地履行其在控制依据和评价标准两方面的职能。它的缺点在于相对于固定预算方法而言，预算编制工作量较大。

弹性预算法适用于与业务量水平变动有关的预算的编制，包括变动性成本费用预算的编制和变动性利润预算的编制。

企业在编制弹性预算时，先要对业务量进行选择，单一的产品计量单位可以实物量为准，多种产品的计量单位可以人工小时或机器小时为准。业务量的范围通常以历史上的最高业务量和最低业务量作为上下限，一般选择正常生产能力的 70%～120%。编制弹性预算常用的方法有列表法和公式法。

列表法是在确定的业务量范围内，按照一定的业务量标准，划分若干个不同的水平，然后分别计算各项预算数额，汇总列入一个预算表格中的方法。在应用列表法时，业务量之间的间隔应根据实际情况确定。一般情况下，业务量的间隔以 5%～10% 为宜。

公式法是按照成本费用的线性公式 $y = a + bx$ 来代表一定业务范围内的预算数额的方法。其中，y 代表总成本，a 代表固定成本，b 代表单位变动成本，x 代表业务量。在公式法下，如果事先确定了业务量 x 的变动范围，则只要列示出参数 a 和 b，便可利用公式计算任意业务量水平的预算数值。

12.3.2　定期预算法与滚动预算法

按照编制的时间属性来划分，可以将预算编制方法分为定期预算法与滚动预算法。

1. 定期预算法

定期预算法是指以固定不变的会计期作为预算期的一种编制预算的方法。它的优点：一是预算期间与会计年度相一致，有利于预算执行和业绩考核；二是编制过程简单。它的缺点：一是具有盲目性，缺乏远期指导；二是没有连续性，定期预算人为划分为一段时期，将连续的经济活动割裂，导致前后各个期间预算衔接的难度大；三是具有滞后性，对预算期的各种变化不能及时进行调整，使预算滞后。

2. 滚动预算法

滚动预算法是指预算期与会计年度脱钩，随着预算的执行而不断延伸补充，逐期向后滚动，使预算期始终保持 12 个月，每过一个季度 (或月份)，立即根据前一个季度 (或月份) 的预算执行情况对以后季度 (或月份) 进行修订，并增加一个季度 (或月份) 的预算。滚动预算法包括逐季滚动预算法、逐月滚动预算法、混合滚动预算法。

滚动预算法具有三个优点：第一，透明度高，管理人员能够从动态的角度把握住企业近期的规划目标和远期的战略布局；第二，及时性强，可以根据变化的情况及时调整和修订预算，使预算更加切合实际；第三，连续性、完整性和稳定性突出，能够连续不断地规划未来的经营活动。但是，滚动预算法的工作量非常大。

滚动预算法按照"近细远粗"的原则，采用了长计划、短安排的方法，即在编制年度预算时，先将第一个季度按月划分，编制各月份的明细预算指标，以方便预算的执行与控制；其他三个季度的预算则可以粗一点，只列各季度的预算总数，等到临近第一季度结束前，再将第二季度的预算按月细分，第三、第四季度以及新增列的下一年度的第一季度预算，则只需列各季度的预算总数，以此类推，使预算不断地滚动下去。采用这种方法编制的预算有利于管理人员对预算资料进行经常性的分析研究，并能根据当前预算的执行情况修改、完善下期预算，这些优点都是传统的定期预算法所不具备的。按季滚动预算图如图 12-1 所示。

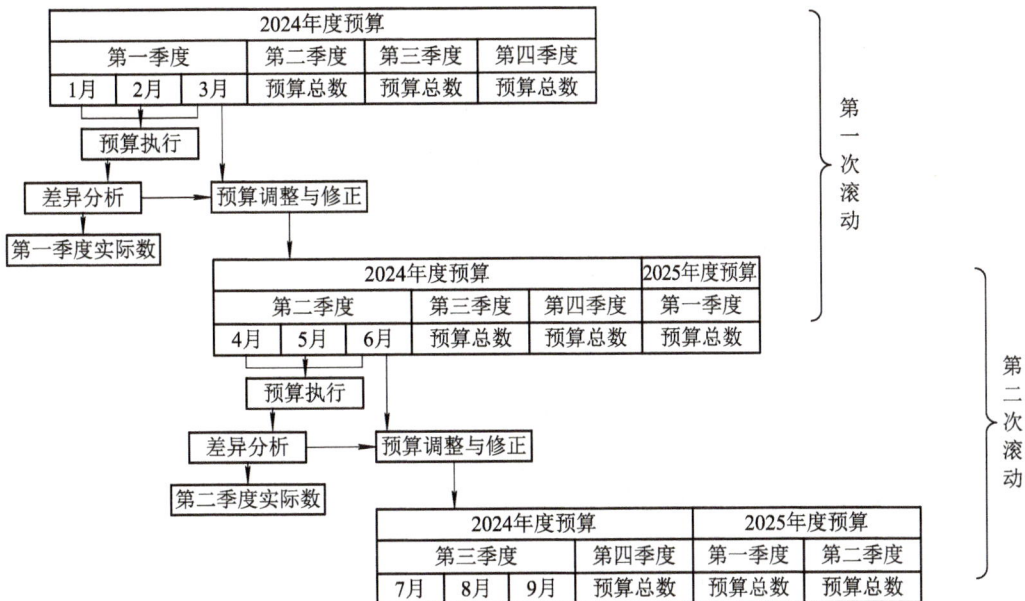

图 12-1　按季滚动预算图

12.3.3　零基预算法与增量预算法

按照编制基础来划分，可以将预算编制方法分为零基预算法和增量预算法。

1. 零基预算法

零基预算法是指在编制预算时对于所有的预算支出均以零为基底，不考虑以往情况如何，从根本上研究并分析每项预算是否有支出的必要和支出数额的大小。这种预算法不以历史为基础进行修改，而是在年初重新审查每项活动对实现组织目标的意义和效果，并在成本 - 效益分析的基础上，重新排出各项管理活动的优先次序，并据此决定资金和其他资源的分配。采用零基预算法编制成本费用预算时，不考虑以往会计期间所发生的费用项目或费用数额，而以所有的预算支出均为零为出发点，一切从实际需要与可能出发，逐项审议预算期内各项费用的内容及开支标准是否合理，在综合平衡的基础上编制费用预算。

零基预算法的优点：一是有利于合理配置企业资源，确保重点，兼顾一般，对每项经济活动都进行成本效益分析，提高了资源的使用效率；二是有利于提高全员的效益意识（零基预算法需要企业的全体员工参与编制，有效提高全员的投入产出意识并且有利于发挥全体员工的积极性和创造性），且有利于预算的贯彻执行。它的缺点：一是工作量大，费用较高，需要进行历史资料、现有情况和投入产出的逐一分析，编制预算的工作相当繁重，需要花费大量的人力、物力和时间，预算成本较高，编制预算的时间也较长；二是主观意识较强，短期行为较重，这是因为采用零基预算法在对费用项目进行分解、排序和资源配置时，极易受到主观意识的影响，并易于强调短期项目和当前利益，忽视长期项目和长远利益。

零基预算法通常适用于管理基础比较好的企业、行政事业单位、社会团体、军队，以及企业职能管理部门编制费用预算。

零基预算法的基本流程如下：

(1) 动员与讨论，确定本部门的费用项目与预算额；

(2) 划分不可避免项目和可避免项目，不可避免项目要保证，可避免项目要确定优先顺序；

(3) 划分不可延缓项目和可延缓项目，优先保证不可延缓项目的开支，按照轻重缓急确定可延缓项目的开支标准。

2. 增量预算法

增量预算法是以基期成本费用水平为基础，结合预算期业务量水平及有关降低成本的措施，通过调整有关原有费用项目而编制预算的方法。在进行增量预算时，需遵守三个假设条件：

第一，现有的业务流动是必需的；

第二，原有的各项开支都是合理的；

第三，费用的变动是在现有基础上调整的结果。

增量预算法的显著特点是：从基期的实际水平出发，对预算期的业务活动预测一个变量，然后按比例测算收入和支出指标。也就是说，根据业务活动的增减对基期预算的实际发生额进行增减调整，确定预算期的收支预算指标。

增量预算法的优点：一是简便易行，编制方法简便，容易操作；二是便于理解，易于认同，由于增量预算法考虑了基期预算的实际执行情况，因而从管理层到基层员工对于预算数据更容易接受和认同。它的缺点：一是预算理念保守，由于增量预算法是在假定上年度的经济业务活动合理的基础上编制的，因此如果存在一些不合理的项目和开支，则新的预算依然会存在同样的问题；二是容易产生懈怠情绪，增量预算法不利于调动各部门增收节支的积极性，不利于调动各部门完成预算目标的积极性。增量预算法适用于经营活动变化较大的企业。

本章小结

全面预算是企业计划期间的综合预算，包括销售额、生产数量、采购数量和其他生产成本预算金额的确认，还包括现金预算和其他财务预算的编制。全面预算主要为企业生产经营的各个方面确定总的、全面的目标和任务。全面预算的主要作用在于明确各职能部门的目标，协调各职能部门的工作，控制各职能部门的日常经济活动和考核各职能部门的工作业绩。全面预算一般包括经营预算、专门决策预算和财务预算三个部分。全面预算是一个各项预算相互衔接、前后对应的有机整体。经营预算是反映企业预算期间日常发生的各种具有实质性的基本活动的预算，主要包括销售预算、生产预算、直接材料预算、直接人工预算、制造费用预算、产品成本预算、销售及管理费用预算等。专门决策预算是指企业为那些在预算期内不经常发生的、一次性业务活动所编制的预算。专门决策预算可分为两类：资本支出预算和经营决策预算。财务预算主要是指与企业预算期现金收支、经营成果和财务状况有关的各项预算，包括现金预算、预计利润表、预计资产负债表。全面预算编制的主要方法按照属性可以分为固定预算法与弹性预算法、定期预算法与滚动预算法、零基预算法与增量预算法。企业可以根据不同预算方法的特点结合自身情况选择适合的预算编制方法。

闯关考验

一、单项选择题

1. 在管理会计中，用于概括与企业日常业务直接相关的具有实质性的基本活动的一系列预算的概念是（　　）。

A. 专门决策预算　　　　　　　　B. 业务预算

C. 财务预算　　　　　　　　　　D. 销售预算

2. 现金预算属于下列项目中的（　　）。

A. 业务预算　　　　　　　　　　B. 生产预算

C. 专门决策预算　　　　　　　　D. 财务预算

3. 下列各项中，属于编制全面预算的关键和起点的是（　　）。

A. 直接材料预算　　　　　　　　B. 直接人工预算

C. 生产预算　　　　　　　　　　D. 销售预算

4. 下列各项中，只涉及实物计量单位但不涉及价值计量单位的预算是（　　）。

A. 销售预算　　　　　　　　　　B. 生产预算

C. 专门预算　　　　　　　　　　D. 财务预算

5. 下列各项中，能够揭示滚动预算的基本特点的表述是（　　）。

A. 预算期是相对固定的　　　　　B. 预算期是连续不断的

C. 预算与会计年度一致　　　　　D. 预算期不可随意变动

6. 用弹性预算的方法编制成本预算时把所有的成本划分为（　　）。

A. 可控成本与不可控成本　　　　B. 直接成本与间接成本

C. 固定成本与变动成本　　　　　D. 计划成本与实际成本

二、多项选择题

1. 下列各项中，属于全面预算体系构成内容的有（　　）。

A. 业务预算　　　　　　　　　　B. 财务预算

C. 专门决策预算　　　　　　　　D. 零基预算

2. 下列各项中，能使预算的编制期间与会计年度相一致的预算有（　　）。

A. 销售预算　　　　　　　　　　B. 管理费用预算

C. 现金预算　　　　　　　　　　D. 投资决策预算

3. 下列各项中，属于产品成本预算编制基础的有（　　）。

A. 销售预算　　　　　　　　　　B. 生产预算

C. 直接材料采购预算　　　　　　D. 直接人工预算

4. 编制直接人工预算需要考虑的因素有（　　）。

A. 基期生产量　　　　　　　　B. 生产预算中的预计生产量

C. 标准工资率　　　　　　　　D. 标准单位直接人工工时

E. 标准工资率

5. 编制成本费用预算的方法按其出发点的特征不同，可分为（　　　　　）。

A. 固定预算法　　　　　　　　B. 弹性预算法

C. 增量预算法　　　　　　　　D. 零基预算法

三、简答题

1. 全面预算的作用有哪些？

2. 简述全面预算的编制程序。

四、计算题

已知：A 公司生产经营甲产品，在预算年度内预计各季度销量分别为 1 900 件、2 400 件、2 600 件和 2 900 件；其销售单价均为 50 元。假定该公司在当季收到 60% 的货款，其余部分在下季度收讫，年初的应收账款余额为 42 000 元。A 公司适用的增值税税率为 25%。

要求：编制销售预算表和经营现金收入预算表，并计算期末应收账款余额。

知识拓展

扫描二维码获取《管理会计应用指引第 200 号——预算管理》。

考证对接

扫描二维码获取对接题目。

小尚寄语：

成功的监督活动，要求一个人的才干要远远超过指导别人工作的能力。

——西斯克

第 13 章
责 任 会 计

目标规划

学习目标： 了解责任中心的概念及分类；了解以企业为主体的业绩考核指标的优缺点；了解 EVA 的经济内涵；了解平衡计分卡的基本原理和方法；掌握不同责任中心的业绩考核指标的应用思路和方法；掌握 EVA 业绩考核的思路和方法；掌握不同战略下平衡计分卡的应用。

技能目标： 不同责任中心的业绩考核指标的应用及平衡计分卡的应用。

思维导图

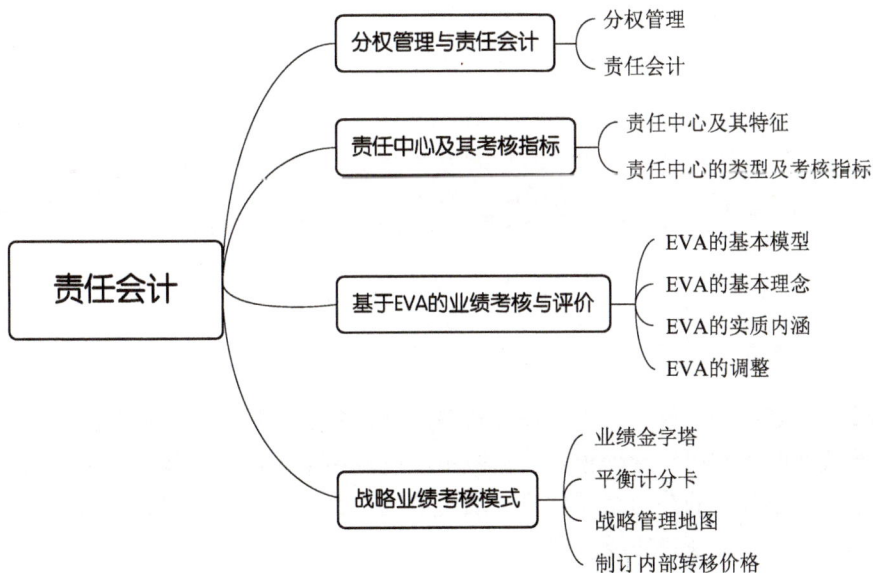

思政要点

社会主义核心价值观中强调诚信原则，诚实守信也是会计学科注重的根本理念，是会计行业得以健康发展的基本保证。相关性和可靠性是会计信息质量的最基本要求。离开了诚信，会计的可靠性也就无从谈起。由于会计诚信缺失、可靠性受损导致的会计丑闻时有发生，因此，在学习会计基本原理的过程中，也有必要接受诚信教育，培养诚信、可靠的品格。

谨慎性也被称为稳健性，是会计核算中的重要原则，"宁可预计可能的损失，不可预计可能的收益"，是管理者对于不确定性的一个审慎反应。在减轻代理冲突、避免诉讼风险中起着积极作用，有助于预警和化解风险，也是建立社会主义市场经济的客观要求。在学习基本原理时，也应注重培养谨慎、务实的品格，强调做事未雨绸缪，提高人生抗风险能力。

📋 案例导入

尚铭股份有限公司 CEO 的经营业绩考核与评价：

2024 年 1 月，徐先生被董事会选举为该公司 CEO。2023 年 12 月 31 日，集团公司根据 2023 年度公司的年报，对徐先生一年来的经营业绩进行考核。

集团董事会认为：A 公司业绩一般，尽管销售和利润都增长了 3%，但是行业平均增长率高达 5%。长期这样下去，子产品将因销售滞后而被竞争对手取代，多年的研发投入将付之东流。因此董事会建议徐先生提交新的经营计划，以改变目前的落后状态。

经过调研，徐先生向集团公司提交了 2024 年度的经营计划，内容要点是：第一，通过对现有产品实施进攻性的营销战略和再投入一条新的生产线以实现公司的电动车销售增长 10%；第二，严格控制费用，提高电动车产品的边际利润率，增强公司的整体盈利能力。集团公司经过讨论，批准了徐先生的经营计划。

请思考： 徐先生实施的计划，属于管理会计中的哪种财务管理？

13.1 分权管理与责任会计

■ 13.1.1 分权管理

分权管理，是指决策权分布于企业各管理层级，各层级管理者负责做出其职责范围内的主要经营决策的一种组织管理模式。实践中，许多大型企业，尤其是跨国企业，推行分权管理，采用事业部制的公司组织体系。通用电气、百事可乐、杜邦、宝洁、强生等国际知名企业都是分权管理模式的成功实践者。

分权管理有利于及时、有效地做出市场反应，让高层管理者集中于战略决策，并可以激励和培养中低层管理者。

由于存在不同的委托 - 代理关系，现代企业十分重视基于激励的业绩考核。基于委托 - 代理关系，业绩考核就是必然。也就是说企业除了要核算产品财务账以外，还要按照企业内部经济责任制的原则，按照责任归属，确定责任单位 (车间、技术、经营、管理部门)。

13.1.2 责任会计

责任会计是在分权管理条件下，为适应经济责任制的要求，在企业内部建立若干责任单位，并对它们分工负责的经济活动进行规划、控制、考核与业绩评价的一整套会计制度，也称为责任会计制度。责任会计是以往的各种会计管理制度的发展。与以往各种会计管理制度相比较其共性都是贯穿一个经济责任的基本原则，所不同的是以前的经济责任制没有明确直接与会计的关系，没有和会计相结合，而责任会计则是把经济责任制与会计结合起来，从实践和理论上都得出明确的概念，成为会计工作的一个领域经济责任会计。

1. 责任会计的内容

责任会计的内容主要有：

(1) 划分责任中心，确定权责范围。实行责任会计，首先应根据企业内部管理的要求和业务活动的特点，合理划分责任中心。即将企业所属的各部门、各单位设置为若干个责任中心，并明确其权责范围，使其能在权责范围内独立自主地履行职责。

(2) 编制责任预算，确定考核标准。企业的全面预算是按照生产经营过程来落实企业的总体目标的，而责任预算则是按照责任中心来落实企业的总体目标，即将企业的总体目标层层分解，具体落实到每一个责任中心，作为其开展经营活动、评价工作业绩的基本标准和主要依据。

(3) 建立跟踪系统，进行反馈控制。在预算的实施过程中，每个责任中心应建立一套责任预算执行情况的跟踪系统，定期编制业绩报告，将实际数和预算数进行对比，找出差异，分析原因，并通过信息反馈，控制和调节经济活动，以保证企业总体目标的实现。

(4) 分析评价业绩，建立奖惩制度。通过定期编制业绩报告，对各个责任中心的工作成果进行全面分析和评价，并按实际工作成果的好坏进行奖惩，做到功过分明，奖惩有据，最大限度地调动各个责任中心的积极性，促进其相互协调并卓有成效地开展各项工作。

2. 建立责任会计制度的基本原则

(1) 责任原则：要确定责任单位，明确责任指标，使企业内部的各个单位都有定量的经济责任指标 (资金、成本费用、利润)。企业的总指标都能分解落实到责任单位。

(2) 定价结算原则：按一定价格，分各个责任单位进行核算，包括各单位之间往来结算和各责任单位的责任指标完成情况的核算。

(3) 利益原则：对各责任单位指标完成情况要进行考核，在考核的基础上进行奖罚。

这三个基本原则也就是实际工作中的事先确定目标、事中核算监督、事后考核奖罚三个环节。

3. 推行责任会计的原因

推行责任会计是深化企业改革的需要，也是会计改革的深化。其目的是促进生产力的发展，提高企业经济效益。

(1) 贯彻责任制度使当事人有责、有权、有利。对企业领导来说，有利于落实任务，控制全面，调动积极性；对企业各部门来说，都有一定的工作目标，对各部门、对职工能起到既有压力、又有动力的作用，激发自觉性，发挥领导和群众两方面的积极性。

(2) 强化企业管理，向管理要效益，必须推行经济责任制，而推行责任会计就是落实、巩固、规范企业内经济责任制的有效措施。资金管理、成本管理、利润管理都实行目标管理，通过责任会计这个核算形式就可以把这些内容结合起来，建立会计管理体系、经济效益保证体系，加强企业内部管理，所以推行责任会计是一项重要内容。

(3) 从会计工作本身来说，推行责任会计，体现了会计工作是一种管理活动，具有管理职能，是从传统的记账报账型发展为经营管理型的重要标志，是会计工作发挥管理作用、更好地为企业管理服务的重要方法和途径，是企业会计工作的重要组成部分，也是企业会计改革的重要内容。所以说，有基础的企业要尽快地推行责任会计，基础不完善的企业也要创造条件，加快改革步伐，把企业经济核算纳入责任会计轨道。

13.2　责任中心及其考核指标

13.2.1　责任中心及其特征

责任中心是指企业内部承担一项或多项经济责任指标，并被授予相应职权的责任单位。责任中心的特征包括：

(1) 责任中心是一个责、权、利结合的实体。每个责任中心都要对一定的财务指标承担完成的责任，同时赋予责任中心与其所承担责任的范围和大小相适应的权力，并规定出相应的业绩考核标准和利益分配标准。

(2) 责任中心具有承担经济责任的条件。它有两方面的含义：一方面是责任中心要有履行经济责任中各条款的行为能力，另一方面是责任中心一旦不能履行经济责任时，能对其后果承担责任。

(3) 责任中心承担的责任和行使的权利具有可控性。责任中心所承担的责任和行使的权利都应是可控的，每个责任中心只能对其责权范围内可控的成本、收入、利润和投资负责，在责任预算和业绩考评中也只应包括它们能控制的项目。

(4) 责任中心具有相对独立的经营业务和财务收支活动。这是确定经济责任的客观对象，是责任中心得以存在的前提条件。

(5) 责任中心便于进行责任会计核算或单独核算。责任中心不仅要划清责任而且要单独核算，划清责任是前提，单独核算是保证。只有既划清责任又能进行单独核算的企业内部单位，才能作为一个责任中心。根据企业内部责任中心的权责范围及业务活动的特点不同，责任中心可划分为成本中心、利润中心和投资中心三大类型。

13.2.2 责任中心的类型及考核指标

1. 成本中心

1) 成本中心的定义

成本中心是对成本或费用承担责任的责任中心，它不会形成可以用货币计量的收入，因而不对收入、利润或投资负责。成本中心的应用范围最广，从一般意义出发，企业内部凡有成本发生，需要对成本负责，并能实施成本控制的单位，都可以成为成本中心。工业企业，上至工厂一级，下至车间、工段、班组，甚至个人都有可能成为成本中心。成本中心的规模不一，多个较小的成本中心共同组成一个较大的成本中心，多个较大的成本中心又能共同构成一个更大的成本中心，从而在企业形成一个逐级控制并层层负责的成本中心体系。规模大小不一和层次不同的成本中心，其控制和考核的内容也不尽相同。

2) 成本中心的类型

成本中心分为技术性成本中心和酌量性成本中心。

技术性成本是指发生的数额通过技术分析可以相对可靠地估算出来的成本，如产品生产过程中发生的直接材料、直接人工、间接制造费用等，投入与产出都是可以计量的，投入量与产出量之间有着密切的联系。技术性成本可以通过弹性预算予以控制。其典型部门是工业企业基本生产车间。

酌量性成本是指是否发生以及发生数额的多少是由管理人员的决策所决定的成本，如研发费用、广告宣传费用等。其投入可以计量，但产出无法用货币计量，投入量与产出量之间没有直接关系。酌量性成本的控制应当着重于预算总额的审批上。其典型部门是企业行政管理部门，如企业的财务部、人力资源部等。

3) 成本中心的特征

成本中心只考评成本费用，不考评收益。成本中心一般不具备经营权和销售权，其经济活动的结果不会形成可以用货币计量的收入，有的成本中心可能有少量的收入，但从整体上讲，其产出与投放之间不存在密切的对应关系，因而，这些收入不作为主要的考核内容，也不必计算这些货币收入。概括地说，成本中心只以货币形式计量投入，不以货币形式计量产出。

成本中心只对可控成本承担责任。成本费用依其责任主体是否控制分为可控成本与不可控成本。凡是责任中心能控制其发生及其数量的成本称为可控成本；凡是责任中心不能控制其发生及其数量的成本称为不可控成本。① 可控成本必须同时具备四个条件：可以预计、可以计量、可以施加影响、可以落实责任。② 成本的可控与不可控是以一个特定的责任中心和一个特定的时期作为出发点，这与责任中心所处管理层次的高低、管理权限及控制范围的大小和经营期间的长短有直接关系。③ 成本不仅可按照可控性分类，也可按照其他标志分类。一般来说，成本中心的变动成本大多为可控成本，固定成本大多是不可控成本；直接成本大多是可控成本，间接成本大多是不可控成本。

【例 13-1】尚铭股份有限公司生产 A、B 两种产品，该公司有三个成本中心即生产车间、修理车间、管理部门。2023 年该公司发生的成本费用如表 13-1 所示。

表 13-1 A、B 产品成本费用资料表   单位：元

项　目	A 产品	B 产品	合　计
直接材料	30 000	50 000	80 000
直接人工	25 000	35 000	60 000
制造费用：间接费用	10 000	5 000	15 000
间接人工	2 000	4 000	6 000
管理人员工资	7 500	6 500	14 000
折旧费	15 000	10 000	25 000
水电费	10 000	9 000	19 000

(1) 根据上述费用资料，按产品归集产品成本如表 13-2 所示。

表 13-2 按产品归集产品成本计算表   单位：元

项　目	A 产品	B 产品	合　计
直接材料	30 000	50 000	80 000
直接人工	25 000	35 000	60 000
制造费用：间接费用	10 000	5 000	15 000
间接人工	2 000	4 000	6 000
管理人员工资	7 500	6 500	14 000
折旧费	15 000	10 000	25 000
水电费	10 000	9 000	19 000
合计	99 500	119 500	219 000

A 产品的生产成本为 99 500 元，B 产品的生产成本为 119 500 元。

(2) 根据上述费用，按成本中心归集的责任成本如表 13-3 所示。

表 13-3 按成本中心归集的责任成本计算表   单位：元

成本项目	生产车间	修理车间	管理部门	合　计
直接材料	80 000	—	—	80 000
直接人工	60 000	—	—	60 000
制造费用：间接材料	—	15 000	—	15 000
间接人工	—	6 000	—	6 000
管理人员工资	—	—	14 000	14 000
折旧费	18 000	5 000	2 000	25 000
水电费	10 000	5 000	4 000	19 000
合计	168 000	31 000	20 000	219 000

成本中心——生产车间的责任成本为 168 000 元。

成本中心——修理车间的责任成本为 31 000 元。

成本中心——管理部门的责任成本为 20 000 元。

4) 成本中心的考核指标

成本中心的考核指标包括成本 (费用) 变动额和成本 (费用) 变动率。

$$成本 (费用) 变动额 = 实际责任成本 (或费用) - 预算责任成本 (或费用)$$

$$成本(费用)变动率 = \frac{成本(费用)变动额}{预算责任成本(费用)} \times 100\%$$

在进行成本中心考核时，如果预算产量与实际产量不一致，应注意按弹性预算的方法先行调整预算指标，再按上述公式计算。

【例 13-2】尚铭股份有限公司内部一车间为成本中心，生产 A 产品：预算产量 12 000 件，单位成本 100 元；实际产量 14 000 件，单位成本 95 元。

该成本中心的成本变动额和成本变动率的计算过程如下：

$$成本变动额 = 95 \times 14\ 000 - 100 \times 14\ 000 = -70\ 000\ 元$$

$$成本变动率 = \frac{-70\ 000}{100 \times 14\ 000} \times 100\% = -5\%$$

计算结果表明，该成本中心的成本降低额为 70 000 元，降低率为 5%。

2. 利润中心

1) 利润中心的定义

利润中心是指既要对成本负责又要对收入和利润负责的责任中心。它有独立或相对独立的收入和生产经营决策权。

利润中心往往处于企业内部的较高层次，如分厂、分店、分公司，一般具有独立的收入来源或能视同为一个有独立收入的部门，一般还有独立的经营权。利润中心和成本中心相比，其权利和责任都相对较大，它不仅要绝对地降低成本，而且要寻求收入的增长，并使之超过成本的增长。换言之，利润中心对成本的控制是联系着收入进行的，它强调相对成本的节约。

2) 利润中心的类型

利润中心有两种类型，一种是自然利润中心，另一种是人为利润中心。

(1) 自然利润中心。它是指可以直接对外销售产品并取得收入的利润中心。它最典型的形式就是公司内部的事业部，每个事业部均有销售、生产、采购的职能，有很大的独立性，能独立地控制成本并取得收入。

(2) 人为利润中心。它是指只对内部责任单位提供产品或劳务而取得"内部销售收入"的利润中心。这种利润中心一般不直接对外销售产品。

成为人为利润中心应具备两个条件：

第一，该中心可以向其他责任中心提供产品或劳务；

第二，能为该中心的产品确定合理的内部转移价格，以实现公平交易、等价交换。

工业企业的大多数成本中心都可以转化为人为利润中心。人为利润中心一般也应具备相对独立的经营权，即能自主决定本利润中心的产品品种 (含劳务)、产品质量、作业方法、人员调配、资金使用等。

3) 利润中心的基本特性

(1) 独立性。利润中心对外虽无法人资格，但对内却是独立的经营个体，在产品售价、采购来源、人员管理及设备投资等方面，均享有高度的自主性。

(2) 获利性。每一个利润中心都会有一张独立的损益表，并以其盈亏金额来评估其经营绩效。所以每一个利润中心都有一定的收入与支出。非属对外的营业部门，就需要设定内部交易和服务的收入，以便计算其利润。

4) 利润中心的成本计算

利润中心对利润负责,必然要考核和计算成本。对利润中心的成本计算,有两种方式:

(1) 利润中心只分担可控成本，不分担不可控成本，亦即不分摊共同成本。这种方式主要适用于共同成本难以合理分摊或无须进行共同成本分摊的场合。按这种方式计算出的盈利不是通常意义上的利润，而是相当于"贡献毛益总额"。采用这种成本计算方式的"利润中心"，实质上已经不是完整和原来意义上的利润中心，而是"贡献毛益中心"。

(2) 利润中心不仅计算可控成本，也计算不可控成本。这种方式适用于共同成本易于合理分摊或不存在共同成本分摊的场合。这种利润中心在计算时，如果采用变动成本法，应先计算出贡献毛益，再减去固定成本，才是税前利润；如果采用完全成本法，利润中心可以直接计算出税前利润。各利润中心的税前利润之和，就是企业的利润总额。自然利润中心适合采用这种方式。

5) 利润中心的考核指标

利润中心的考核指标为利润，通过比较一定期间实际实现的利润与责任预算所确定的利润，可以评价责任中心的业绩。但由于成本计算方式不同，各利润中心的利润指标的表现形式也不相同。

当利润中心不计算共同成本或不可控成本时，其考核指标是：

利润中心贡献毛益总额 = 该利润中心销售收入总额 - 该利润中心可控成本总额 (或变动成本总额)

需要说明的是，如果可控成本中包含可控固定成本，就不完全等于变动成本总额。但一般而言，利润中心的可控成本是变动成本。

当利润中心计算共同成本或不可控成本，并采取变动成本法计算成本时，其考核指标包括：

利润中心贡献毛益总额 = 该利润中心销售收入总额 - 该利润中心变动成本总额

利润中心负责人可控利润总额 = 该利润中心贡献毛益总额 - 该利润中心负责人可控固定成本

利润中心可控利润总额 = 该利润中心负责人可控利润总额 - 该利润中心负责人不可控固定成本

在这种情况下，公司利润总额等于各利润中心可控利润总额之和减去公司不可分摊的各种管理费用、财务费用等。

为了考核利润中心负责人的经营业绩，应针对经理人员的可控成本费用进行评价和考核。这就需要将各利润中心的固定成本进一步区分为可控成本和不可控成本。这要考虑有些成本费用可以划归、分摊到有关利润中心，却不能为利润中心负责人所控制，如广告费、保险费等。在考核利润中心负责人业绩时，应将其不可控的固定成本从中剔除。

【例 13-3】尚铭股份有限公司甲车间是一个人为利润中心。本期实现内部销售收入1 200 000 元，销售变动成本为 850 000 元，该中心负责人可控固定成本为 80 000 元，中心负责人不可控但应由中心负担的固定成本为 90 000 元，则该中心实际考核指标分别为

利润中心贡献边际总额 = 1 200 000 − 850 000 = 350 000 元

利润中心负责人可控利润总额 = 350 000 − 80 000 = 270 000 元

利润中心可控利润总额 = 270 000 − 90 000 = 180 000 元

3. 投资中心

1) 投资中心的含义

投资中心是指既对成本、收入和利润负责，又对投资效果负责的责任中心。投资中心与利润中心的区别主要有：

(1) 权利不同。利润中心无投资决策权，它只是在企业投资形成后进行具体的经营；而投资中心则不仅在产品生产和销售上享有较大的自主权，而且能相对独立地运用所掌握的资产，有权购置或处理固定资产，扩大或缩减现有的生产能力。

(2) 考核办法不同。考核利润中心业绩时不联系投资多少或占用资产的多少即不进行投入产出的比较；相反，考核投资中心业绩时，必须将所获得的利润与所占用的资产进行比较。

(3) 组织形式不同。投资中心一般是法人，利润中心可以是法人，也可以不是法人。投资中心是最高层次的责任中心，它具有最大的决策权，也承担最大的责任。投资中心的管理特征是较高程度的分权管理。一般而言，大型集团所属的子公司、分公司、事业部往往都是投资中心。在组织形式上，成本中心一般不是独立法人，利润中心可以是、也可以不是独立法人，而投资中心一般是独立法人。

由于投资中心独立性较高，它一般应向公司的总经理或董事会直接负责。对于投资中心不应干预过多，应使其享有投资权和较为充分的经营权；投资中心在资产和权益方面应与其他责任中心划分清楚。如果对投资中心干预过多，或者其资产和权益与其他责任中心划分不清，出现互相扯皮的现象，也无法对其进行准确的考核。

2) 投资中心的考核指标

为了准确地计算各投资中心的经济效益，应该对各投资中心共同使用的资产划定界限；对共同发生的成本按适当的标准进行分配；各投资中心之间相互调剂使用的现金、存货、固定资产等均应计算清偿，实行有偿使用。在此基础上，根据投资中心应按投入产出之比进行行业绩评价与考核的要求，除考核利润指标外，更需要计算和分析利润与投资额的关系性指标，即投资利润率和剩余收益。

(1) 投资利润率。

投资利润率又称投资收益率，是指投资中心所获得的利润与投资额之间的比率。其计算公式如下：

$$投资利润率 = \frac{利润}{投资额} \times 100\%$$

投资利润率这一指标可以进一步展开：

$$投资利润率 = \frac{销售收入}{投资额} \times \frac{成本费用}{销售收入} \times \frac{利润}{成本费用}$$
$$= 资本周转率 \times 销售成本率 \times 成本费用利润率$$

以上公式中的投资额是指投资中心的总资产扣除负债后的余额，即投资中心的净资产。所以，该指标也可以称为净资产利润率，它主要说明投资中心运用公司的每一元资产对整体利润贡献的大小，或投资中心对所有者权益的贡献程度。

为了考核投资中心的总资产运用情况，也可以计算投资中心的总资产息税前利润率。用公式表示：

$$总资产息税前利润率 = 息税前利润 \times 100\%$$

该指标主要用于评价和总资产考核由投资中心掌握、使用的全部资产的盈利能力。

由于利润或息税前利润属于期间指标，所以计算公式中的投资额和总资产额应按平均投资额或平均资产占用额来计算。

【例 13-4】尚铭股份有限公司设投资中心的资产总额为 200 万元，负债 100 万元，所有者权益 100 万元，息税前利润 30 万元，利息 10 万，则投资利润率如下：

$$投资利润率 = \frac{息税前利润}{总资产} \times 100\% = \frac{30}{200} \times 100\% = 15\%$$

投资利润率是广泛采用的评价投资中心业绩的指标，优点如下：

第一，投资利润率能反映投资中心的综合获利能力。从投资利润率的分解公式可以看出，投资利润率的高低与收入、成本、投资额和周转能力有关，提高投资利润率应通过增收节支、加速周转、减少投入来实现。

第二，投资利润率具有横向可比性。投资利润率将各投资中心的投入与产出进行比较，剔除了因投资额不同而导致的利润差异的不可比因素，有利于进行各投资中心经营业绩的比较。

第三，投资利润率可以作为选择投资机会的依据，有利于调整资产的存量，优化资源配置。

第四，以投资利润率作为评价投资中心经营业绩的尺度，可以正确引导投资中心的经营管理行为，使其行为长期化。

投资利润率的局限性如下：

第一，世界性的通货膨胀，会使企业资产账面价值失真、失实，导致相应的折旧少计，利润多计，使计算的投资利润率无法揭示投资中心的实际经营能力。

第二，使用投资利润率往往会使投资中心只顾本身利益而放弃对整个企业有利的投资机会，造成投资中心的近期目标与整个企业的长远目标相背离。

第三，投资利润率的计算与资本支出预算所用的现金流量分析方法不一致，不便于投资项目建成投产后与原定目标的比较。

第四，由于一些共同费用无法为投资中心所控制，投资利润率的计量不全是投资中心所能控制的。

例如，某企业投资利润率为10%，该企业的甲投资中心目前投资利润率为15%。假设甲投资中心现有一个投资利润率为14%的项目。如果以投资利润率对投资中心进行考核，甲投资中心显然不会接受该项目，因为接受之后会使其投资利润率下降。但从整个企业的角度来看，接受该项目显然是有利的，会提高这个企业整体的投资利润率。这样，投资中心利益就与企业利益产生了矛盾。

(2) 剩余收益。

剩余收益是指投资中心获得的利润，扣减其投资额或净资产占用额按规定或预期的最低投资收益率计算的最低投资收益后的余额。

剩余收益的计算公式如下：

剩余收益 = 利润 − 投资额或净资产占用额 × 规定或预期的最低投资报酬率

如果预期指标用总资产息税前利润率，计算公式可调整如下：

剩余收益 = 息税前利润 − 总资产占用额 × 规定或预期的总资产息税前利润率

剩余收益指标与投资利润率指标的关系如下：

剩余收益 = 利润 − 投资额规定或预期的最低投资报酬率

= 投资额 × 投资利润率 − 投资额 × 规定或预期的最低投资利润率

= 投资额 × (投资利润率 − 规定或预期的最低投资利润率)

可以看出，如果投资利润率大于规定或预期的最低投资利润率，则剩余收益大于0。

以剩余收益作为投资中心经营业绩评价指标，各投资中心只要投资利润率大于规定或预期的最低投资利润率 (或总资产息税前利润率大于规定或预期的最低总资产息税前利润率)，该项投资 (或资产占用) 便是可行的。

【例 13-5】尚铭股份有限公司设有 A、B 两个投资中心。A 投资中心今年的净利润为40 万元，资产 200 万元，投资利润率为 20%，B 投资中心今年的净利润为 10 万元，资产100 万元，投资利润率为 10%，则

$$公司今年的净利润 = 40 + 10 = 50 万元$$

$$公司今年的资产 - 200 + 100 = 300 万元$$

$$公司的投资利润率 = \frac{50}{300} = 16.67\%$$

设 A 投资中心现有一个投资项目，投资金额为 200 万元，期望利润为 35 万元。若 A投资中心接受该项目，则

$$A投资中心的投资利润率 = \frac{35+40}{200+200} = 18.75\%$$

该利润率比原来 A 投资中心的利润率 20% 有所下降。接受该投资项目对 A 投资中心不利。但是对整个公司而言，公司的利润率为

$$\frac{35+40+10}{200+200+100} = 17\%$$

该利润率比原来的 16.67% 上升了。从总公司的立场上看，A 投资中心接受该投资项目对公司是有利的，A 投资中心的利益与公司的整体利益出现了不一致的现象。这是由于

采用单一的投资利润率作为评价投资中心指标所造成的。

【例 13-6】沿用例 13-5 的资料和结论。在考虑剩余收益指标的情况下，设公司规定的最低利润率为 10%，则

$$A 投资中心在接受投资项目前的剩余收益 = 40 - 200 \times 10\% = 20 万元$$

若 A 投资中心接受投资项目，则

$$剩余收益 = (40 + 35) - (200 + 200) \times 10\% = 35 万元$$

所以，A 投资中心应该接受投资项目，从而使得 A 投资中心的利益与公司的整体利益保持一致。

剩余收益指标具有以下两个特点：

第一，体现投入产出关系。由于减少投资同样可以达到增加剩余收益的目的，因而与投资利润率一样，该指标也可以用于全面评价和考核投资中心的业绩。

第二，避免本位主义。剩余收益指标避免了投资中心狭隘的本位倾向，即单纯追求投资利润率而放弃一些对企业整体有利的投资机会。在以剩余收益作为考核指标时，所采用的规定或预期的最低投资利润率的高低对剩余收益的影响很大，通常可用公司的平均利润率（或加权平均利润率）作为基准收益率。

综上所述，责任中心根据其控制区域和权责范围的大小，分为成本中心、利润中心和投资中心三种类型。它们各自不是孤立存在的，每个责任中心承担经管责任。最基层的成本中心应就其经营的可控成本向其上层成本中心负责；上层的成本中心应就其本身的可控成本和下层转来的责任成本一并向利润中心负责；利润中心应就其本身经营的收入、成本（含下层转来的成本）和利润（或贡献毛益）向投资中心负责；投资中心最终就其经营的投资利润和剩余收益向总经理和董事长负责。所以，企业各种类型和层次的责任中心形成一个网络，这就促使每个责任中心为保证经营目标一致而协调运转。

13.3　基于 EVA 的业绩考核与评价

经济增加值 (Economic Value Added，EVA) 是美国思腾思特咨询公司基于税后营业净利润和产生这些利润所需资本投入的总成本（即资本成本）于 1982 年提出并实施的一套以经济增加值理念为基础的财务管理系统、决策机制、激励报酬制度和绩效评价方法。许多世界知名的跨国公司如孟山都、宝洁、通用电气、联邦快递等都先后采用该方法评价企业及内部各业务部门的经营业绩，可口可乐公司则因较早在管理上应用 EVA 业绩考核方法而获得巨大成功。

13.3.1　EVA 的基本模型

EVA 并不是什么新的概念。事实上，EVA 发源于剩余收益，其基本思想在 1776 年亚

当·斯密的《国富论》和1800年约翰·贝克曼的《商品学导论》中就已经出现。1890年，英国著名的古典经济学家阿尔弗雷德·马歇尔在《经济学原理》中提出了"经济利润"的概念：只有在净利润基础上减去资本以现行利率计算的利息，才能获得实际意义上的利润。剩余收益的概念还在20世纪早期的会计理论文献和20世纪60年代的管理会计文献中出现过。经济增加值只是对剩余收益加以调整后的变形。

EVA指调整后的税后净营业利润(NOPAT)扣除企业全部资本经济价值的机会成本后的余额：

$$EVA = NOPAT - C \times WACC$$
$$= (RONA - WACC) \times C$$

式中，NOPAT为调整后的税后净营业利润；C为全部资本的经济价值(包括权益资本和债权资本)；RONA为资产收益率；WACC为企业加权平均资本成本。

可见，EVA取决于上述三个变量，企业可以通过增加税后净营业利润、减少资本占用或者降低加权平均资本成本率来提高EVA。上述模型表明，EVA是超过资本成本的那部分价值，反映股东价值的增量；企业不能单纯追求经营规模，更要注重自身价值的创造。一般来说，EVA大于零，意味着从经营利润中减去整个公司的资本成本后，股东投资得到的净回报，为股东创造价值，否则就形成价值毁灭。EVA的值越大，表明管理者的业绩越好。企业EVA持续增长意味着公司市场价值的不断增加和股东财富的增长，从而实现股东财富最大化的财务目标。EVA管理在于寻找价值创造的有效途径。

13.3.2 EVA 的基本理念

管理大师彼得·德鲁克1995年在《哈佛商业评论》发表文章指出，EVA的基础是我们长期以来一直熟知、称为利润的东西，也就是企业为股东剩下的金钱，从根本上说是利润。只要一家公司的利润低于资金成本，公司就处于亏损状态，尽管公司仍要缴纳所得税，好像公司真的盈利了一样。相对于消耗的资源来说，企业对国民经济的贡献太少，在创造财富之前，企业一直在消耗财富。许多公司往往只关心常规的会计利润。会计利润只扣除了债务利息，完全没有考虑股东资金的成本。同样，大多数业务经理只关注经营利润，而经营利润甚至没有扣除债务利息。于是，只有经营利润扣除债务的正常利息，剩下的才是利润；而只有股东资金的成本像债务资金的成本一样被扣除后，剩下的才是真正的利润。

例如，利润从100万元增加到500万元，好不好？利润率由15%提升到25%，好不好？传统上人们认为好，因为利润额和利润率都多了。但此时有两个问题：一是投资多少？二是必要回报率水平如何？

于是，传统业绩考核存在两个重大的缺陷：一是指标计算没有扣除权益资本的成本(即投资者的必要回报率)，因此无法准确判断企业为股东创造的财富数量；二是指标对企业资本和利润的反映存在部分扭曲，不能准确反映企业的经营状况和经营业绩。

EVA显然充分考虑了投入资本、资本的机会成本以及利润的扭曲，具有以下突出特点。

第一，EVA度量的是资本利润，而不是通常的企业利润。EVA从资本提供者角度出发，度量资本在一段时期内的净收益。只有净收益高于资本的社会平均收益（资本维持"保值"需要的最低收益），资本才能增值。而企业利润衡量的是企业一段时间内产出和消耗的差异，而不关注资本的投入规模、投入时间、投入成本和投资风险等重要因素。

第二，不同投资者在不同环境下对资本具有不同的获利要求。EVA剔除了资本的"个性"特征，同一风险水平的资本的最低收益要求并不因持有人和具体环境不同而不同。因此，EVA度量的是资本的社会利润，而不是具体资本在具体环境中的个别利润，这使EVA度量有了统一的标尺，并体现了企业对所有投资的平等性。

第三，EVA度量的是资本的超额收益，而不是利润总额。为了留住逐利的资本，企业的利润率不应低于相同风险的其他企业一般能够达到的水平，这个"最低限度的可以接受的利润"就是资本的正常利润。EVA度量的正是高出正常利润的那部分利润，而不是通常的利润总额。

以EVA作为考核指标的目的就是促使经营者像所有者一样思考，从而使两者的利益趋于一致。对经营者的奖励是他为所有者创造的增量价值的一部分，于是，经营者的利益与所有者的利益挂钩，可以鼓励他们采取符合企业最大利益的行动，并在很大程度上缓解因委托-代理关系而产生的道德风险和逆向选择，最终降低管理成本。

13.3.3　EVA的实质内涵

EVA只是考核指标吗？显然，这种理解十分狭隘。EVA是四个"M"！

【例13-7】2023年甲企业集团进行中高级管理者的财务培训。在预算管理的讨论中，集团财务总监提出，在现实中预算管理没法做，如资金预算就没法做，因为各个单位都在高报资金需求。以甲企业集团为例，其下属有A、B、C三家子公司，在预算会议上A、B、C公司提出的资金需求分别为500万元、800万元和1 500万元。集团财务总监认为各子公司提出的资金需求有较大水分，而各子公司认为自己提出的资金需求是合理的。怎么解决这一问题？

1. EVA是理念体系(Mindset)

EVA是一种将价值创造置于所有管理活动核心的企业文化，是计划、决策和经营关注的焦点，是每个员工利益的体现和切实保障，因而应成为每个员工的责任。

EVA强调企业所有营运功能都从提高企业EVA的基点出发，各部门在正确理解的基础上将会形成自动合作的机能。可以说，EVA是一个理念体系，强调全员管理、全过程管理、全面管理，任何单位和个人的行为都会影响EVA的结果。

学员小李：既然你发现各子公司提出的资金需求有较大水分，那你可以和他们谈啊，摆事实、讲道理嘛！

财务总监：没用。当你和他讲第一点时，他有五个理由在等着你，你说不过他。

学员小张：这倒也是，信息不对称嘛。

显然，各讲各的理，并没有形成将价值创造置于所有管理活动核心的企业文化，在个体利益最大化的面前，企业利益被损害了。

2. EVA 是考核指标 (Measurement)

作为考核指标，EVA 在计算过程中，首先对传统收入概念进行了一系列调整，从而消除了会计核算产生的异常状况，并使其尽量与真实状况相吻合。例如，会计准则要求公司把研发费用计入当期成本，而 EVA 则建议把研发费用资本化并在相应期间内分期摊销，以反映研发的长期经济效益，从而鼓励企业进行新技术、新产品的开发。另外，资本化后的研发费用还要支付相应的资本费用，从而使业绩考核更趋于合理。所以说 EVA 的调整是双向的。

EVA 通过将所有资本成本纳入核算，并引入可接受最低投资回报的概念，使股东得到的回报有了正确的表述，也使业绩考核更趋于合理。

财务总监：我们继续讨论。如果企业只能募集 2 000 万元的资金，怎么解决各个子公司的资金需求问题？

学员小张：既然信息不对称，谁都不让步，那可以将可用资金 2 000 万元除以各个子公司的资金需求总额 2 800 万元，得出分配率，再分别乘以各个子公司的资金需求额，以确定各个子公司的资金预算，不也行吗？

财务总监：这个看来最简单的方法在预算中叫"一刀切"，看似解决了问题，却犯了两个错误：第一，资金是为了保障完成既定任务的，如果减少了资金，就有完不成任务的借口和理由；第二，更严重的是会造成管理者的行为扭曲。例如，A 公司的老总很实在，需要 500 万元就报 500 万元，那么按比例缩减的结果是钱不够用，完不成任务挨批评了。但 C 公司的老总很圆滑，需要 1 000 万元却报 1 500 万元，那么按比例缩减的结果是钱富余，不仅完成任务受到表扬，而且钱花得痛快。于是，A 公司老总向 C 公司老总学，最终结果是所有子公司的领导都会高报资金需求，集团公司领导看到的数据就是假的，基于假的数据又怎么做出正确的决策呢？

学员小王：那怎么才能解决这个问题呢？

财务总监：正确的做法是考核 EVA。如果本行业的平均报酬率为 15%，各个子公司本年利润指标增加数分别为 75 万元 (500×15%)、120 万元 (800×15%)、225 万元 (1500×15%)。如果 A、B、C 三个子公司本年新增税后净营业利润分别为 75 万元、120 万元和 165 万元，则

$$A\ 公司\ EVA = 75 - 500 \times 15\% = 0$$
$$A\ 公司\ EVA = 120 - 800 \times 15\% = 0$$
$$A\ 公司\ EVA = 165 - 1500 \times 15\% = -60\ 万元$$

A、B 公司考核合格，C 公司考核不合格。

3. EVA 是激励制度 (Motivation)

EVA 通过其奖励计划，使企业管理者在为股东着想的同时，也像股东一样得到报酬。EVA 奖励计划的主要特征：一是只对 EVA 的增加提供奖励；二是不设临界值和上限；三是按照计划目标设奖；四是设立奖金库；五是不通过谈判，而是通过公式确定业绩指标。这样的奖励计划实际上使管理者更关注公司业绩的改进。

EVA 帮助管理者将两个最基本的财务原则 (企业价值最大化或者股东权益最大化，企

业价值依赖于投资者预期的未来利润能否超过资本成本）列入其决策中。过去用奖金与利润挂钩的激励办法忽略了资本成本的概念，而利用 EVA 设计激励计划，便于经理人员更关注资产及其收益，并能够像投资者一样思考和工作。

学员小王：这样做，虽然能够解决"一刀切"的问题并能够正确考核绩效，但用什么方法才能激励各个子公司这样做呢？

财务总监：建立以 EVA 考核为基础的激励制度。如果经营者的薪酬由生活费、基本年薪和 EVA 奖金构成。当 EVA＞0 时，经营者薪酬＝生活费（假设每月 800 元）+基本年薪（假设每年 30 万元）+EVA 奖金（假设按 EVA 的 10% 计算）；当 EVA＜0 时，经营者薪酬＝生活费；当 EVA＝0 时，经营者薪酬＝生活费+基本年薪。A、B 公司考核合格，A、B 公司总经理的总收入由生活费和基本年薪构成；而 C 公司考核不合格，则 C 公司总经理的总收入只有生活费。这时，经营者的利益和股东的利益是一致的：你给股东创造了价值，得到的就多；你给股东造成了损失，也将受到惩罚，从而使经营者更关注资产及其收益，并能够像投资者一样思考和工作。

学员小王：为什么这样做会使经营者更关注资产及其收益，并能够像投资者一样思考和工作呢？

4. EVA 是管理体系 (Management)

由于 EVA 是企业全部生产力的度量指标，所以能够取代其他财务指标和经营指标，并与决策过程相统一，形成完整的企业管理体系。EVA 指标真正的作用在于将其广泛地应用到企业管理中，包括企业的制度、工作程序和方法及一系列管理决策。建立在 EVA 基础上的管理体系密切关注股东财富的创造，并以此指导公司的决策和营运管理，从而使经营更加符合股东利益的要求，经营计划运行更加有效。

财务总监：由于经营者对自身利益的关注，他会采取增加 EVA 的措施。例如，C 公司因需要 1 000 万元而报 1 500 万元导致总经理的自身利益受到损害时，他就会按实际需要报 1 000 万元。于是，该公司增加的考核利润就不再是 225 万元，而是 150 万元；由于 EVA＝0，总经理的总收入将包括生活费和基本年薪。我不用再和他谈资金问题了，他会根据实际需要报资金需求。又如，如果 A 公司需要 500 万元但只报 300 万元，另外的 200 万元通过占用供应商或顾客的资金来解决，那么该公司增加的考核利润就只有 45 万元。但由于实际运用总资金仍然是 500 万元，实现税后净营业利润 75 万元，EVA＝75－45＝30 万元，由于 EVA＞0，其总收入将包括生活费、基本年薪及 EVA 奖金 (800×12+300 000+300 000×10%＝339 600 元)。这样，就可以促使各个子公司从增加税后净营业利润、减少资本占用、降低资本成本等三个方面入手，解决科学管理的问题。

13.3.4　EVA 的调整

经过以上计算只是粗略地得到企业的经济利润。EVA 真正不同于传统会计的利润概念之处在于，还需要以传统的会计方法作为基础对一些项目进行调整，增加或扣除某些项目，以消除根据会计准则编制的财务报表对公司真实情况的扭曲，将息税前利润调整为税后净经营利润的调整项，如表 13-4 所示。

表 13-4　税后净经营利润的调整

利润表的调整 EBIT-NOPAT	资产负债表的调整 账面资本——投入资本
加：坏账准备的增加	加：坏账准备的冲回
加：包括经营性租赁的利息	加：未来经营租赁义务的现值
加：资本化研发费用的增加	加：资本化的研发投资
加：计提的少数股东权益（如果之前没有包括在内）	加：少数股东权益
加：递延所得税转回的增加	加：递延所得税负债

显然，调整是为了完整反映企业的管理业绩，因为营业利润往往反映诸多因素的影响：主观、客观，内部、外部，可控、不可控，财务、非财务……

这种调整使 EVA 比会计利润更加接近企业的经济现实。从经济学的观点来看，凡是对公司未来利润有贡献的现金支出（如研发费用）都应算作投资，而不是费用。从会计学的角度来看，净利润是基于稳健性原则的要求计算的，因而将许多能为公司带来长期利益的投资（如研发费用）作为支出当期的费用来考虑。在经济增加值的计算中，将这些费用项目调整回来，以反映公司的真实获利情况和公司进行经营的长期资本投入。思腾思特咨询公司发现，可以对公认会计原则和企业内部会计做出 160 多项调整，这些调整都有利于改进对经营利润和资金的度量。常见的调整项目有研发费用、广告营销支出、培训支出、无形资产、战略投资、商誉、资产处置损益、重组费用、其他收购问题、存货估值、坏账准备等准备金、经营租赁、税收等。

制订适合自己企业的经济增加值计算公式，关键的一步就是根据企业的具体情况，确定该公司应对哪些会计科目的处理方法进行调整。但各个公司的情况有所不同，有些调整对于某些行业的企业非常必要，而对其他行业的企业并不重要。考虑到各公司的不同组织结构、业务组合、战略和会计政策，需要量身定做最适合的会计调整措施。根据它们的经验，大多数公司的调整不超过 15 项即可解释市场增加值（MVA，被认为是公司的真正价值）的 60%～85%。

13.4　战略业绩考核模式

以收益为基础的财务数据只能衡量过去决策的结果，却无法评估未来的绩效表现，容易误导企业未来发展方向。同时，当财务指标为企业绩效考核的唯一指标时，容易使经营者过分注重短期财务结果。在一定程度上，也使经营者变得急功近利，有强烈动机操纵报表上的数字，而不愿就企业长期策略目标进行资本投资。如何将业绩考核的目光投向公司的战略计划和未来发展，成为决定业绩考核的重大转折。

这一转变表现为，以战略目标为导向，通过指标间的各种平衡关系以及战略指标或关键指标的选取来体现企业的战略要求，其最大特点在于引入了非财务指标。

战略业绩考核模式中，比较有代表性并引起广泛关注的有业绩金字塔、平衡计分卡和战略管理地图等。

■ 13.4.1　业绩金字塔

业绩金字塔由麦克奈尔、林奇和克罗斯于 1990 年提出，它强调公司总体战略与业绩指标间的重要联系。企业分为四个层次：公司总体战略位于最高层，由此产生企业的具体战略目标，并在企业内部逐级传递，直到最基层的作业中心。有了合理的战略目标，作业中心就可以开始建立合理的经营效率指标，以满足战略目标的要求。然后，这些指标再反馈给企业高层管理人员，作为制订企业未来战略目标的基础。

从业绩金字塔可以看出，战略目标传递的过程是多级瀑布式的，它首先传递给业务单位层次，由此产生了市场满意度（市场目标）和财务业绩指标（财务目标）；然后继续向下传给业务经营系统，产生顾客满意度、灵活性、生产效率等指标；最后传递到作业中心层次，产生质量、交货、周转期和成本等指标。

由此，业绩信息渗透到整个企业的各个层面。这些信息由下而上逐级汇总，最终使高层管理人员可以利用这些信息制订未来的战略目标。

业绩金字塔着重强调企业战略在确定业绩指标中所扮演的重要角色，反映战略目标和业绩指标的互动性，揭示战略目标自上而下和经营指标自下而上逐级反复运动的层级结构。这个逐级的循环过程揭示了企业持续发展的能力，为正确评价企业业绩做出了意义深远的重要贡献。

业绩金字塔模型从战略管理角度给出了业绩指标之间的因果关系，对指标体系的设计具有启发性，但没有形成具有可操作性的业绩考核系统。此外，业绩金字塔没有考虑企业的学习和创新能力，这在竞争日益激烈的今天，不能不说是一个明显的缺点。

■ 13.4.2　平衡计分卡

平衡计分卡 (Balanced Score Card，BSC)，是绩效管理的一种新思路，是 20 世纪 90 年代初由哈佛商学院的罗伯特·卡普兰和诺朗诺顿研究所所长大卫·诺顿发展出的基于公司战略角度对部门进行考核的一种全新的组织绩效管理方法。

平衡计分卡以公司战略为导向，寻找能够驱动战略成功的关键成功因素，并建立与之密切联系的指标体系来衡量战略实施过程，并进行必要的修改以维持战略的持续成功。

平衡计分卡并非认为财务指标不重要，而是需要取得一个平衡：短期收益与长期收益的平衡，财务指标与非财务指标的平衡，外部计量（股东与客户）和内部计量（内部流程、创新与人员等）的平衡。传统过分强调财务指标往往导致企业内部关系的失衡，对企业的战略实施和长期发展不利。

平衡计分卡主要是通过财务与非财务考核手段之间的相互补充，不仅使绩效考核的地位上升到组织的战略层面，使之成为组织战略的实施工具，同时也是在定量评价和定性评价之间、客观评价和主观评价之间、指标的前馈指导和后馈控制之间、组织的短期增长与长期增长之间、组织的各个利益相关者之间寻求平衡的基础上完成的绩效管理与战略实施过程。平衡计分卡将战略置于中心地位，并使管理者看到了公司绩效的广度与总额。

1. 平衡计分卡的基本框架

平衡计分卡并没有否定传统战略和评估方法，而是对其的进一步发展和改进，把企业的使命和战略转变为目标和各种指标，在保留财务维度目标和指标的基础上，又加上了客户、内部运营、学习与成长三个维度。平衡计分卡通过四大维度指标体系的设计来阐明和沟通企业战略，促使个人、部门和企业的行动方案达成一致和协调，以实现企业价值最大化和长期发展的目标。其基本框架如图13-1所示。

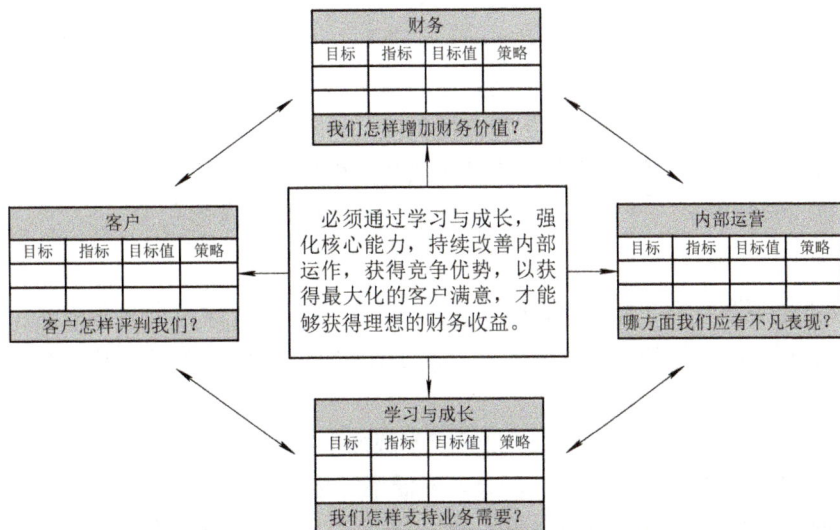

图 13-1　平衡记分卡的基本框架

(1) 财务维度。平衡计分卡要求企业的战略实施和执行最终带来财务维度的目标实现和财务指标(如利润)的改善，非财务指标(如质量、生产时间、生产率和新产品等)的改善和提高是实现财务目标的手段，而不是目的本身。财务指标衡量的主要内容包括收入的增长和结构、降低成本、提高生产率、资产的利用和投资战略等。

(2) 客户维度。平衡计分卡要求企业将使命和战略诠释为具体的与客户相关的目标和要点，在这个过程中企业应当关注是否满足核心客户的需求，而不是企图满足所有客户的偏好。客户最关心的不外乎五个方面：时间、质量、性能、服务和成本。企业必须基于不同的战略在这五个方面确立清晰的目标，然后将这些目标细化为具体的指标。客户维度指标衡量的主要内容包括市场份额、老客户挽留率、新客户获得率、顾客满意度、从客户处获得的利润率等。

(3) 内部运营维度。建立平衡计分卡的顺序，通常是在制订财务和客户维度的目标与指标后，才制订企业内部流程维度的目标与指标，这个顺序使企业能够抓住重点，专心衡量那些与股东和客户目标息息相关的流程。内部运营绩效考核应以客户满意度和实现财务目标影响最大的业务流程为核心，一般来说，既包括短期的现有业务的改善，又涉及长远的产品和服务的革新。内部运营维度指标主要涉及企业业务流程和管理流程的改良、创新过程、经营过程和售后服务过程等。

(4) 学习与成长维度。学习与成长维度的目标为其他三个维度的目标实现提供了基础架构，是驱使上述三个维度获得卓越成功的动力。面对激烈的全球竞争，企业现有的技术和能力已无法确保其不断实现未来的业务目标。尤其是在知识、技术和人工智能深刻影响未来的情况下，削减对企业学习和成长能力的投资虽然能在短期内增加财务收入，但由此造成的不利影响将在未来给企业带来沉重打击。学习和成长维度指标涉及员工的能力、信息系统的能力以及激励、授权与相互配合等。

平衡计分卡的发展过程中特别强调描述战略背后的因果关系，借助客户维度、内部运营维度、学习与成长维度评估指标的完成而达到最终的财务目标。平衡计分卡四个维度之间的关系如下：

【财务维度】——净资产回报率·销售净利率·总资产周转率

【客户维度】——客户满意度·品牌市场价值

【内部运营维度】——供应商管理改善·生产流程改善

【学习与成长维度】——员工生产力·员工满意度信息系统建立

2. 基于低成本战略的平衡计分卡应用

低成本战略是企业为赢得价格竞争而追求行业内成本领先地位的竞争战略。企业采用这种战略能够获得成本优势，使得企业获得高于行业平均水平的收益，从而在竞争中受到更多的保护。

(1) 财务维度。平衡计分卡要求企业低成本战略的实施和执行最终实现行业内成本领先的地位和财务指标(如成本降低额、成本降低率、标准成本、利润等)的改善，非财务指标(如工时利用率、设备利用率、材料利用率、劳动生产率等)的改善和提高保障了行业内成本领先地位的实现。

(2) 客户维度。低成本战略要求企业在满足客户核心需求的同时，不断降低成本，节约费用。因此，企业必须在客户最关心的价格、质量、服务等方面确立清晰的目标，然后将这些目标细化为具体的指标，如市场占有率、老客户挽留率、新客户获得率、顾客满意度等。

(3) 内部运营维度。低成本战略的目标是最大限度地降低成本，以赢得价格竞争。内部运营主要强调基于现有产品的成本动因分析以降低成本，如扩大经营规模以实现规模经济，采用技术革新降低产品单位消耗的材料或人工。此时，通过实际成本与标准成本间的差异分析来控制成本一般就可满足需要，采用的方法多为标准成本法、定额成本法等。

(4) 学习与成长维度。正确理解成本的内涵，把握有效降低成本的途径和方法，是保障低成本战略获得成功的内在动力。基于管理需要的成本分类，从更多的视角寻找降低成本的可能。此时多采用功能成本分析、质量成本管理等方法。

基于低成本战略的平衡计分卡强调财务结果，客户、内部运营、学习与成长三个维度都是为了实现行业内成本领先地位，主次关系十分明确。

3. 基于差异化战略的平衡计分卡应用

差异化战略是企业通过追求产品或服务的独特个性而赢得市场竞争的竞争战略。这种战略要求企业所提供的产品或服务具有"差异性"，在全产业范围内形成一些独特的、其他企业的产品或服务无法替代的东西，从而取得一定的竞争优势。

(1) 财务维度。平衡计分卡要求企业差异化战略的实施和执行最终实现在产品或服务的某个方面的差异化，因此，首先重视客户的需求满足，其次考核财务指标（如 EVA、毛利率、销售增长率等）的改善。可以说，财务是为业务服务的。

(2) 客户维度。差异化战略要求企业满足客户核心需求，形成"你无我有，都有我比你更好"的竞争格局。因此，企业必须在客户最关心的功能、质量、服务等方面确立"差异性"目标，然后将这些目标细化为具体的指标。因此，企业更加重视非财务指标的改善和提高，如独创性、市场占有率、顾客满意度、产品返修率等。

(3) 内部运营维度。差异化战略主要强调基于竞争优势的动因分析，如新技术、新产品、新材料、新工艺等创新性活动，以及围绕流程再造的组织创新。例如，面向市场，成本控制较多地考虑生命周期中产品成本在企业上下游的分布情况，将研发成本、消费成本纳入成本控制的范围。

(4) 学习与成长维度。只有不断学习与创新的企业才会创造持久的竞争优势。学习与成长确定了对战略最重要的无形资产，对该维度进行考核可以评价企业获得持续发展能力的情况。企业学习与成长的主体和基础是人，因而学习与成长是指企业投资于员工培训，从而改进技术和提高学习能力。一般来讲，企业学习与成长的能力可以从四个方面分析，即员工能力、员工满意度、员工积极性、信息系统的灵敏性。

13.4.3　战略管理地图

战略管理地图是一种可视化工具，用于描述组织战略目标、指标和行动计划之间的逻辑关系。它通过将战略目标细化为可操作的具体指标和行动计划，帮助组织实现战略目标。

1. 战略管理地图的核心要素

(1) 财务目标：组织在财务方面的战略目标，如提高收入、降低成本等。

(2) 客户目标：组织在客户方面的战略目标，如提高客户满意度、增加客户忠诚度等。

(3) 内部业务流程目标：组织在内部业务流程方面的战略目标，如优化供应链管理、改进产品质量等。

(4) 学习与成长目标：组织在学习与成长方面的战略目标，如提高员工满意度、培养领导力等。

2. 战略管理地图的构建过程

(1) 确定组织的战略目标，并将其细化为可操作的具体指标。

(2) 分析实现这些指标所需的内部业务流程，并制订相应的行动计划。

(3) 确定组织在学习与成长方面的战略目标，并制订相应的行动计划。

(4) 分析实现这些目标所需的财务投入，并制订相应的行动计划。

(5) 分析实现这些目标所需的客户价值主张，并制订相应的行动计划。

(6) 将所有行动计划整合成一张战略地图，并将其传达给所有的利益相关者。

通过使用战略管理地图，组织可以更好地理解和跟踪战略目标的进展情况，同时确保所有行动计划都是相互支持的，从而更好地实现战略目标。

13.4.4 制订内部转移价格

内部转移价格是企业各责任中心之间相互结算所选用的一种计价标准。在责任会计体系中，企业内部每一个提供产品或劳务的责任中心，都有经济往来关系，都要进行计价结算。结算时采用的价格是观念上的，我们称之为内部转移价格。

1. 制订内部转移价格的原则

1) 全局性原则

制订内部转移价格应强调企业的整体利益。由于内部转移价格直接关系到各责任中心经济利益的大小，各责任中心必然会为本中心争取最大的价格好处。在利益彼此冲突的情况下，企业和各责任中心应本着企业利润最大化要求，制订内部转移价格。

2) 自主性原则

在确保企业整体利益的前提下，只要可能，就应通过各责任中心的自主竞争或讨价还价来确定内部转移价格，真正在企业内部实现市场模拟，使企业内部转移价格能为各责任中心所接受。

3) 公平性原则

内部转移价格的制订应公平合理，应充分体现各责任中心的经营努力或经营业绩，尽可能体现商品经济条件下的等价原则，高质高价，低质低价。所谓公平性，就是指各责任中心所采用的内部转移价格能使其经营努力与所得到的收益相适应。

4) 重要性原则

企业制订内部转移价格时，应"大宗细，零星简"，对原材料、半成品、产成品等重要物资从细；而对一些价低量多的物资，如劳保用品、修理用备件等，可以从简定价。

2. 制订内部转移价格的方法与应用

1) 以市价为基础制订内部转移价格

凡企业内部产品或劳务的转移，有一方涉及利润中心或投资中心，则尽可能地以市价为基础作为内部转移价格。这种处理，可以使企业的"内部市场"产生竞争性，将"内购"与"外购"对比，从而做出最优购货决策。

以市价为基础制订内部转移价格的方法，主要有市场价格定价法、协商定价法和双重定价法。

(1) 市场价格定价法。这种定价法是直接根据市场上的商品价格来制订企业内部转移价格。将外部市场竞争机制引入企业内部，给"买卖"双方提供主动权。但一般来说，内部转移价格不能高于外部市场价格，对于"卖"方来说少付出销售费用、运输费用等。这样，"买"方在同等条件下，也乐于接受"卖"方提供的产品，因为内部转移价格低于外部市场价格，降低了采购成本。

(2) 协商定价法。这种定价法是"买卖"双方以正常的市价为基础，协商确定双方满意的价格。它一般低于市价，高于单位产品的变动成本。对于"卖"方来说节约了销售费用，减少了税金，将经营风险降低了。对于"买"方来说，"内购"的诱惑力强于"外购"，成本得到有效的控制。

(3) 双重定价法。所谓双重定价法就是在产品或劳务出现几种不同市价时，或为了同时满足不同责任中心的需要，"买卖"双方所发生的购销活动，可分别采用不同的计价基础进行结算。如"卖方"可采用较高价计算，"买方"可采用较低价计算，其差额由企业财务部门处理。这样"买卖"双方都按自己可接受的价格来确定成本与收入，有利于"买卖"双方维持长久的买卖关系。

2) 以成本为基础制订内部转移价格

成本中心相互间提供产品或劳务，及有关成本中心的责任成本转账，一般应以成本作为内部转移价格，该成本通常指标准成本而不是实际发生的成本。其优点是简便易行，责任清楚，不会把供应单位的浪费或无效劳动转给耗用单位负担，有利于调动双方降低成本的积极性。

以成本为基础制订内部转移价格的方法，主要有标准成本法、标准成本加成法和变动成本法。

(1) 标准成本法。该法是以各中间产品标准成本作为内部转移价格。这种方法可以将管理和核算工作结合起来，并能避免上游责任中心将其工作业绩或缺陷转嫁给下游中心的现象，能明确供需双方的责任，有利于责任中心的管理和考核，可以避免供应方成本高低对使用方的影响，有利于调动供需双方降低成本的积极性。

(2) 标准成本加成法。该法是在标准成本基础上，加上一定利润作为内部转移价格的方法。使用这种方法内部转移价格不仅能避免成绩不足的转嫁现象，便于分清双方责任，且能调动供应部门的积极性，但确定加成利润率时，也难免带有主观随意性。

(3) 变动成本法。该法是以变动成本作为内部转移价格的一种方法。它符合成本习性，能够明确揭示成本与产量的依存关系，便于考核各责任中心的工作业绩，有利于各责任中心调控可控的成本。它的不足之处是产品(半成品)或劳务中不包含固定成本，不能反映劳动生产率的变化对固定成本的影响，不利于调动各责任中心提高产量的积极性。

本章小结

本章主要介绍了企业责任会计的含义、各责任中心的界定、EVA 业绩考核与评价，及其平衡记分卡，重点掌握各责任中心的指标运用及其评价标准。业绩评价是企业管理中的一个至关重要的环节。通过科学、公正的评价，组织可以更好地激发员工的积极性和创造力，提高整体运营效率。

闯关考验

一、单项选择题

1. 下列各项中，属于建立责任会计目标的是（　　）。
   A. 实现责权利的协调统一　　　　B. 划分责任中心
   C. 编制责任预算　　　　　　　　D. 提交责任报告

2. 下列各项中，属于责任会计主体的项目是（　　）。
   A. 责任中心　　　　　　　　　　B. 产品成本
   C. 生产部门　　　　　　　　　　D. 管理部门

3. 成本中心控制和考核的内容是（　　）。
   A. 责任成本　　　　　　　　　　B. 产品成本
   C. 直接成本　　　　　　　　　　D. 目标成本

4. 下列项目中，不属于利润中心负责范围的是（　　）。
   A. 成本　　　　　　　　　　　　B. 收入
   C. 利润　　　　　　　　　　　　D. 投资效果

5. 产品在企业内部各责任中心之间销售，只能按照"内部转移价格"取得收入的利润中心是（　　）。
   A. 责任中心　　　　　　　　　　B. 局部的利润中心
   C. 自然的利润中心　　　　　　　D. 人为的利润中心

6. 对于任何一个成本中心来说，其责任成本应等于该中心的（　　）。
   A. 产品成本　　　　　　　　　　B. 固定成本之和
   C. 可控成本之和　　　　　　　　D. 不可控成本之和

7. 在下列各项中，需要同时对成本、收入和利润负责的是（　　）。
   A. 投资中心　　　　　　　　　　B. 利润中心
   C. 成本中心　　　　　　　　　　D. 责任中心

二、多项选择题

1. 下列各项中，属于建立责任会计制度必须遵循的原则的有（　　）。
   A. 责任主体原则　　　　　　　　B. 可控性原则
   C. 目标一致原则　　　　　　　　D. 激励原则
   E. 反馈原则

2. 下列各项中，属于责任会计制度内容的有（　　）。
   A. 设置责任中心　　　　　　　　B. 编制责任预算
   C. 提交责任报告　　　　　　　　D. 评价经营业绩
   E. 反映财务状况

3. 下列各项中，属于责任中心内容的有（　　）。
   A. 成本中心　　　　　　　　　　B. 包装中心

C. 销售中心 　　　　　　　　　　D. 利润中心

E. 投资中心

4. 在下列各项中，能够揭示责任中心特点的项目有 (　　　)。

A. 责权利相结合 　　　　　　B. 责任与权力都是可控的

C. 具有承担经济责任的条件 　　D. 能进行责任核算、业绩考核与评价

E. 有相对独立的经营业务和财务收支活动

5. 下列各项中，属于某复合成本中心责任成本的有 (　　　)。

A. 本中心的产品成本 　　　　B. 本中心的变动成本

C. 本中心的责任成本 　　　　D. 本中心的不可控成本

E. 其下属成本中心的责任成本

三、计算题

已知：某投资中心投资额为 100 000 元，年净利润额为 18 000 元，企业为该投资中心规定的投资利润率为 15%。

要求：计算该投资中心的投资利润率和剩余收益。

知识拓展

扫描二维码获取《管理会计应用指引第 600 号——绩效管理》。

考证对接

扫描二维码获取对接题目。

小尚寄语：

　　员工培训是企业风险最小，收益最大的战略性投资。

——沃伦·贝尼斯

参 考 文 献

[1] 胡国强，陈春艳. 成本管理会计 [M]. 5 版. 成都：西南财经大学出版社，2021.

[2] 张敏，黎来芳，于富生. 成本会计学 [M]. 9 版. 北京：中国人民大学出版社，2021.

[3] 李成云，陈国金. 管理会计 [M]. 2 版. 北京：科学出版社，2022.

[4] 高樱，徐琪霞. 管理会计 [M]. 北京：清华大学出版社，2021.

[5] 刘俊勇. 成本与管理会计 [M]. 北京：中国人民大学出版社，2021.

[6] 孙茂祝，支晓强，戴璐. 管理会计学 [M]. 8 版. 北京：中国人民大学出版社，2020.

[7] 李跃升. 成本管理会计与企业决策分析 [M]. 北京：人民邮电出版社，2019.

[8] 徐伟丽. 管理会计 [M]. 2 版. 上海：立信会计出版社，2019.

[9] 吴大军，牛彦秀. 管理会计 [M]. 5 版. 大连：东北财经大学出版社，2018.

[10] 王满，耿云江. 管理会计 [M]. 北京：人民邮电出版社，2016.